李静波　著

当代中国竞技体育举国体制历史沿革研究

当代中国出版社
Contemporary China Publishing House
2020 年 · 北京

图书在版编目(CIP)数据

当代中国竞技体育举国体制历史沿革研究 / 李静波著 . -- 北京 : 当代中国出版社 , 2020.7
ISBN 978-7-5154-1038-8

Ⅰ . ①当… Ⅱ . ①李… Ⅲ . ①竞技体育—体育运动史—研究—中国—现代 Ⅳ . ① G812.9

中国版本图书馆 CIP 数据核字(2020)第 127790 号

出 版 人　曹宏举
责任编辑　聂文聪
责任校对　康　莹
装帧设计　观止堂_未　氓
出版发行　当代中国出版社
地　　址　北京市地安门西大街旌勇里 8 号
网　　址　http://www.ddzg.net　邮箱：ddzgcbs@sina.com
邮政编码　100009
编 辑 部　(010)66572264　66572154　66572132　66572180
市 场 部　(010)66572281　66572161　66572157　83221785
印　　刷　北京润田金辉印刷有限公司
开　　本　720 毫米 × 1020 毫米　1/16
印　　张　15.75 印张　1 插页　233 千字
版　　次　2020 年 7 月第 1 版
印　　次　2020 年 7 月第 1 次印刷
定　　价　59.00 元

序

这部《当代中国竞技体育举国体制历史沿革研究》是李静波博士在他的学位论文基础上，经过修改、补充、完善后呈现在读者面前的。这部论著以当代中国竞技体育领域的举国体制为主要研究对象，从理论与实践相结合、历史与现实相贯通、国际与国内相联系的宽广视角，围绕不同历史时期中国社会主义建设和体育事业发展面临的国际、国内形势，通过比较剖析中国在激烈的竞争中角逐现代奥运会所经历的波折、取得的成就和面临的困难，系统总结了当代中国竞技体育举国体制在 20 世纪 50 年代初步萌芽、80 年代基本定型、90 年代渐趋成熟和 21 世纪后发展完善的历史进程。

论著深入研究了当代中国选择以举国体制发展竞技体育事业的历史背景、国情条件和制度保障，充分肯定了当代中国竞技体育举国体制对实现赶超发展、创造奥运辉煌发挥的重要作用，客观分析了竞技体育举国体制存在的不足和面临的挑战，深刻阐明了举国体制是当代中国竞技体育的制胜法宝和成功经验，是中国特色社会主义集中力量办大事的制度优势在体育领域的彰显。这部论著对深入研究总结当代中国竞技体育举国体制的正反两方面历史经验，有重要的理论意义和学术价值；对继续坚持和完善竞技体育举国体制，有重要的现实借鉴作用。

党的十八大以来，习近平同志强调要更好发挥举国体制在攀登顶峰中的重要作用，进一步提升我国竞技体育综合实力和在国际大赛中为国争光的能力，努力将体育建设成为中华民族伟大复兴的标志性事业。2019 年 10 月，中共十九届四中全会指出，“坚持全国一盘棋，调动各方面积极性，集中力量办大事”是中国国家制度和治理体系的显著优势，也是中国竞技体育举国体制的精髓，其本质特征是党和政府主导、以夺取奥运会等重大国际赛事优异成绩为载体、以展示国家形象和助力民族复兴为目标导向的竞技体育管理体制、机制及经验做法。实践证明，举国体制是中国竞技体育从无到有、从弱到强及实现赶超发展、跨越发展的制胜法宝和成功经验。在新的时代条件下，坚持和完善竞技体育举国体制，必须进一步探讨充分发挥市场决定性作用与更好发挥政府作用相结合的新路径，为建成社会主义现代化体育强国奠定制度基础。

这部论著坚持论从史出、史论结合，全面客观辩证地认识和评价举国体制的历史贡献与现实局限，批驳全盘否定或诋毁举国体制的自由主义观点，为新时代讲好中国体育故事、传播好中国体育声音、提高中国体育话语权、坚定中国特色社会主义体育发展道路自信做出了有益的探索。当然，论著的研究视野还有进一步拓展的空间，特别是新时代如何改进和完善竞技体育举国体制的具体举措和实施路径，还需要更为深入、详尽的分析论证。期待李静波博士在未来的学术研究中，能够就上述问题奉献出新的成果。是以为序。

张星星

2020 年 1 月于北京

前 言

2017 年 10 月，党的十九大在党和国家事业取得历史性成就、发生历史性变革的基础上，郑重作出中国特色社会主义进入新时代的重大政治判断，提出了“不平衡不充分的发展”与“人民日益增长的美好生活需要”之间的矛盾已经成为中国社会主要矛盾的重要理论论断，并以党章修正案的形式将习近平新时代中国特色社会主义思想确立为党的行动纲领，实现了党的指导思想的又一次与时俱进。新时代中国特色社会主义开启了经济社会发展新的历史方位。以习近平新时代中国特色社会主义思想为指导，“广泛开展全民健身活动，加快推进体育强国建设，筹办好北京冬奥会、冬残奥会”①，成为新时代竞技体育事业改革发展的动员令和冲锋号。

改革开放是决定当代中国命运的关键抉择，是当代中国最鲜明的特色，也是中国共产党最鲜明的旗帜。中共十八届三中全会《关于全面深化改革若干重大问题的决定》(以下简称《决定》)，强调“改革开放是党在新的时代条件下带领全国各族人民进行的新的伟大革命”②。在新的历史条件下，为更好发挥中国特色社会主义制度优势，破解经济社会发展中的突出问题，仍然需要全面深化改革，以壮士断腕、刮骨疗毒的勇气“冲破思想观念的障碍、突破利益固化的藩篱”。《决定》既阐明了全面深化改革的指导思想、目标任务和重大原则，还具体擘画了“六个紧紧围绕”的全面深化改革路线图，强调紧紧依靠人民以促进社会公平正义、增进人民福祉为出发点和落脚点推进

① 习近平：《决胜全面建成小康社会　夺取新时代中国特色社会主义伟大胜利》，《人民日报》2017 年 10 月 18 日。

② 《党的十八大以来重要文献选编》(上)，中央文献出版社 2014 年版，第 511 页。

改革，是党在新时代全面深化改革的政治宣言和行动纲领。另外，《决定》提出“使市场在资源配置中起决定性作用”和“更好发挥政府作用”相结合的社会主义市场经济体制改革方向，也必然深刻影响竞技体育事业的改革发展，为新时代全面深化竞技体育改革提供了宏大的时代背景。

竞技体育举国体制是指中国为实现体育“赶超”发展目标，尽快提升运动技术水平和国际竞争力，以夺取奥林匹克运动会（以下简称奥运会）等重大国际赛事奖牌为重要目标，在竞技体育运动领域采取的一系列理论、方针、政策、措施和制度的总和。举国体制并不是中国特有的，其影响和适用范围也不仅仅局限于竞技体育领域，在抗击重大自然灾害、实现国家确立的重要战略目标方面都存在类似的体制机制。1949 年，中华人民共和国成立以来发展竞技体育的成功实践表明，举国体制既符合中国国情，又符合竞技体育发展规律，是中国竞技体育在激烈的国际竞争中取胜的“基本经验”和“制胜法宝”，集中体现了社会主义制度的优越性。改革开放以来，随着社会主义市场经济体制的逐步确立和完善，市场在资源配置中的“基础性”“决定性”作用日趋显现，由此带来社会结构、利益格局、思想观念发生深刻变化，举国体制运行的外部制度环境发生了重大变化。另外，竞技体育市场化、职业化、全球化发展趋势，使得竞技体育的功能定位更加多种多样、运动员教练员的价值目标也呈现功利化等问题，举国体制的内部机制迫切需要改革完善。2008 年在北京举办的夏季奥运会上中国史无前例超越美国登上金牌榜首位，举国体制发挥了重要的基础保障作用。自 1991 年北京申办奥运会开始，直至北京奥运会顺利举办并圆满闭幕，包括申办、举办过程中的火炬传递、安全保卫等各个环节，无不体现着中国政府和人民对奥运会的热忱期待。北京奥运会的成功举办，“靠的是社会主义制度能够集中力量办大事的优越性”，举国体制的强大动员能力再一次得到实践的验证。[①] 但是，在之后的连续两届奥运会上，中国代表团的成绩都有所下滑，而且也暴露出诸如兴奋剂等丑闻，学术界围绕举国体制的存废和改革争论再度兴起。由于对举国

① 胡锦涛：《在北京奥运会残奥会总结表彰大会上发表重要讲话》，《人民日报》2008 年 9 月 29 日。

体制历史贡献的认识不同，进而引起对于近代中国竞技体育发展道路、发展模式的质疑，甚至引发关于社会主义制度优越性的争议，造成了一定的思想混乱，不利于凝聚改革共识，推进体育强国建设。回应竞技体育举国体制的巨大争议，要求以历史唯物主义和辩证唯物主义的立场、观点和方法，对举国体制的历史演变进行客观、全面的梳理，以利于更好发挥举国体制的制度优势，加快推进体育强国建设的国家战略。

“人们自己创造自己的历史，但是他们并不是随心所欲地创造，并不是在他们自己选定的条件下创造，而是在直接碰到的、既定的、从过去继承下来的条件下创造。”① 站在新的历史起点上，必须从理论与实践相结合、历史与现实相贯通、国际与国内相联系的宽广历史视角，全面认识、合理解释中国竞技体育事业发展的历史成就，深刻理解近代中国参与现代奥运会的曲折历史，正确分析判断新时代加快推进体育强国建设面临的优势和不足，增强坚定不移走中国特色社会主义体育发展道路的自信。

李静波

2019 年 12 月于济南

① 《马克思恩格斯选集》第 1 卷，人民出版社 2012 年版，第 669 页。

目 录

绪 论

国家兴则体育兴，体育强则国家强。竞技体育既是综合国力的重要体现，又是综合国力的重要组成部分。“竞争是竞技体育的灵魂”，竞技体育以其特有的形式而具有特殊的魅力，被南非前总统曼德拉誉为“具有改变世界的力量”，又被称为“特殊的、礼仪化的战争”，受到世界人民的欢迎和喜爱，并在商业和市场的裹挟下获得巨大的社会影响力。现代竞技体育起源于欧洲，是资本主义大工业和市场经济的产物，并随着资本主义全球扩张而成为世界性的运动。当今世界竞技体育的最高殿堂非奥林匹克莫属。经过近百年的发展，现代奥运会已经成为参赛国家最多、影响最广的国际体育赛事。竞技体育的特性决定了包括欧美发达资本主义国家在内的世界各国都积极参与奥运会的竞争，甚至将在奥运会的胜利视为国家荣誉和社会制度优越性的表现。但是，竞技体育传入中国和中国人民学习竞技体育以及中国参与现代奥运会的历程都不是一帆风顺、田园牧歌式的，而是伴随着国家和人民的血泪心酸、挣扎呐喊，记载着无数屈辱的影像、案例。1896 年，第一届现代奥运会在希腊的雅典举办，迄今奥运会已经走过了 120 余年，历经 31 届。其间，原本定于 1916 年、1940 年、1944 年举办的第 6 届和第 12 届、13 届奥运会由于两次世界大战未能举办。120 年间，从 1932 年刘长春首次参加奥运会，到 1984 年许海峰夺得首枚奥运金牌，再到 2008 年成功举办第 29 届夏季奥运会，中国相继经历了晚清、中华民国、中华人民共和国三个不同历史时期，中华人民共和国成立后的历史又可以划分为改革开放前和改革开放后两个历史阶段。在不同历史时期，“体育承载着国家强盛、民族振兴的梦想”[①]，参加奥运会、夺得奥运金牌、成功举办奥运会可以振奋民族精神，也有助于向世界展示中国改革开放成就、和平发展主张，凝聚中华儿女为实现民族伟大复兴奋斗的强大正能量。在不同历史阶段，中国在现代奥运会上的表现天壤之别，“老大帝国”“东亚病夫”早已被扔进了历史的垃圾堆，中国人民和中华民族的精神面貌都发生了前所未有的变化。回顾中国百年奥运历程，可以清晰地印证“只有社会主义才能救中国，只有改革开放才能发展中国”的历史结论，而其中极具社会主义特色的举国体制更是作出了彪炳史册的巨大贡献。

一、选题缘由

长期以来，体育界也深受西方自由主义思潮影响，一些人在竞技体育管理体制改革研究领域，盲目崇拜西方资本主义发达国家通过市场力量和社会组织发展竞技体育的模式，罔顾竞技体育举国体制取得的巨大成就，“不是从全部事实的总和，从事实的联系去掌握事实”而是从“片面的和随便挑出来的”个别案例出发，肆意攻击、诋毁、歪曲、抹黑竞技体育举国体制，试图以此为突破口达到否定我国社会主义制度优越性和我们党领导竞技体育事业发展正当性的目的。坚持历史唯物主义和辩证唯物主义，对举国体制进行系统的研究和实事求是的分析，不仅有利于丰富和发展具有中国特色社会主义体育哲学和体育人文社会科学理论体系，而且为切实增强中国特色社会主义道路、理论、制度和文化自信提供有力支撑。举国体制作为中国特色社会主义制度在竞技体育领域的具体体现，已经成为中国特色社会主义制度的重要组成部分，加强举国体制历史沿革研究可以为推进竞技体育治理体系和治理能力现代化提供经验借鉴，为实现中共十八届三中全会确立的到 2020 年构建“系统完备、科学规范、运行高效”的制度体系打下基础。

① 习近平：《开创我国体育事业发展新局面　加快把我国建设成为体育强国》，《人民日报》2017 年 8 月 28 日。

具体而言，之所以选择竞技体育管理体制的演变作为研究主题，原因在于三个方面。首先，从宏观的角度，当前我国正处于全面深化改革的新的历史条件下，竞技体育管理体制改革也是大势所趋和人心所向。在新的历史条件下，改革开放对于坚持和完善中国特色社会主义制度，破解我国经济社会发展中的突出矛盾，建成社会主义现代化强国和实现中华民族伟大复兴中国梦都具有重要意义，因此又被形象地称为“关键一招”。全面深化包括竞技体育管理体制在内的各项社会事业的改革，对于坚持和完善中国特色社会主义制度具有重要的意义。其次，从中观的角度，经过改革开放，我国综合国力的国际地位显著提升，竞技体育实力明显增强，成为奥运会等国际综合性体育赛事的金牌大国。同时，我国竞技体育发展又面临着不平衡、不可持续的问题，足球、篮球等市场化、职业化程度高的竞赛项目成绩下滑，与我国的国家实力和国际地位不相称，与人民群众的期待不相符，传统的管理体制迫切需要全面深化改革。另外，从我国经济发展进入新常态，经济结构和经济增长方式需要转型升级，对体育产业的发展提出更高要求，需要发挥竞技体育的拉动和示范作用。随着经济社会的发展，人民群众对体育公共服务也提出了更高的要求，需要通过深化改革增加体育公共产品的供给。近年来，党和国家相继制定了《关于加快发展体育产业促进体育消费的若干意见》《中国足球改革总体方案》等政策措施，明确提出“实现中华民族伟大复兴的中国梦与中国体育强国梦息息相关”。我国政府从全面建成小康社会、实现民族伟大复兴的战略高度重视体育事业发展，重视奥林匹克运动在社会发展中的作用，把体育事业的重要性提到了更高的层面，为深化竞技体育举国体制改革提供了难得的历史机遇。再次，从微观的角度，在于个人兴趣和工作需要。本人在山东体育学院从事《中国近现代纲要》《毛泽东思想和中国特色社会主义理论体系概论》等理论课教学工作，授课对象主要是体育专业本科生。在教学实践过程中，如何讲清楚近代中国历史发展规律、如何认识中国特色社会主义的历史必然性是我和我的学生经常面对和思考的重大理论问题。竞技体育举国体制的形成和发展与近代中国历史和中国特色社会主义制度具有内在的密切联系，讲清楚竞技体育举国体制的历史就成为正确理解上述重大理论问题的关键点。

二、选题意义

竞技体育举国体制改革是学术界和社会各界广泛关注的热点议题，正确评价其历史贡献，客观认识其存在的问题和不足，不仅直接关系竞技体育管理体制改革方向的确立和政策选择，而且影响到体育强国战略的顺利推进，更重要的是有助于增强坚定不移走中国特色社会主义体育强国道路的自信。总体来看，体育哲学社会科学中关于竞技体育举国体制的研究成果非常丰硕，研究的选题也较为集中，但是也存在研究方法实效性不高、研究队伍结构单一等问题。已有研究成果定性分析较多，定量分析不足，难以合理解释中国体育的“历史性成就”，也不能够生动地讲好“中国故事”，对重大理论和实践问题缺乏说服力，在国际竞技体育舞台上“中国声音”影响力还较小，与中国竞技体育大国的国际地位不相符合。研究队伍局限于体育界人士，多学科交叉和跨学科联合攻关不足，还存在着“用单一的知识和简单的方法分析复杂问题的先天缺陷”。据此，本文坚持以唯物史观为指导，综合运用历史学、政治学等多学科理论，采用实证分析和逻辑分析相结合的方法，选取现代奥运会为研究样本，作为透视和剖析举国体制的中心线索，为深化举国体制改革提供理论支撑和实践指导，具有重要意义。

选题的理论意义在于坚持论从史出、史论结合，以历史唯物主义和辩证唯物主义的科学世界观和方法论为指导，全面客观梳理举国体制的历史沿革，结合特定历史条件和历史背景，驳斥竞技体育领域出现的虚无主义和新自由主义错误思潮，科学界定举国体制的内涵和外延，准确解释当代中国竞技体育取得的成就，客观分析其面临的问题及其原因，为构建具有中国特色的体育哲学和社会科学贡献力量。

实践意义在于开展举国体制历史沿革相关研究，总结我国竞技体育发展规律，可以为在新的历史条件下全面深化举国体制改革，“更好发挥举国体制在攀登顶峰中的重要作用”提供历史借鉴。举国体制充分发挥社会主义“集中力量办大事”的制度优势，是我国竞技体育参与以奥运会为代表的国际体育竞争的制胜法宝，已经成为我国发展竞技体育管理制度的标志，并有机内化为中国特色社会主义文化制度体系的重要组成部分。竞技体育举国体制的改革坚持社会主义方向，也可以为其他方面的改革积累经验，为坚定中国特色社会主义“四个自信”夯实基础。另外，对举国体制参与奥运竞争的研究，一方面有助于深化对奥林匹克精神的理解和对奥运会的认识，推动奥林匹克运动在我国深入发展，另一方面也有助于我国更好参与国际体育治理，推动国际奥委会治理体系更加公平合理，从而为解决全球体育问题提供中国方案和中国智慧。

三、文献综述

围绕竞技体育举国体制，学术界和理论界展开了广泛的探讨，既取得了丰富的研究成果，同时还存在一些争议。有研究者认为，竞技体育举国体制符合中国国情，能够发挥社会主义制度优越性，应当继续坚持并通过改革和完善；还有研究者认为举国体制是与计划经济体制相适应的，随着社会主义市场经济体制改革的深入推进，其暴露出的效率低下、唯金牌主义等严重问题，已经成为制约我国体育经济和竞技体育自身可持续发展的障碍，应该彻底否定、果断废止；还有研究者从“名实论”的角度出发，认为我国根本不存在所谓的竞技体育举国体制，竞技体育面临的真正问题是要不要向社会开放和社会力量能否承担竞技体育任务的问题；也有的研究者从举国体制产生的历史背景出发，提出要客观全面看待举国体制的历史地位、作用和历史意义。因此，在全面深化改革的大背景下，有必要运用历史唯物主义和辩证唯物主义立场、观点和方法，对竞技体育举国体制产生的历史背景和历史条件进行深刻剖析，客观全面评价其历史地位，为完善和发展中国特色的竞技体育管理制度、推进国家体育治理能力和治理体系现代化提供理论指导和经验借鉴。

（一）关于近代中国体育和竞技体育发展历程的研究

郝勤、谭华、刘晖等学者从不同角度论述了近代中国学习、传播西方体育的历史过程，同时也较为客观地呈现了近代中国吸收、参与西方体育的历史背景，认为近代中国的竞技体育是西方主动输入和中国被动引进的双向过程，而且长期处于落后和学习的状态，甚至被打上了“东亚病夫”“老大帝国”的耻辱印记，所以竞技体育在近代中国承担着“强国强兵强种”的重任，肩负“民族救亡”和“民族复兴”的使命。研究的结论主要有以下几个特点：第一，关于体育和近代中国体育的基本观点比较一致，认为体育是人类社会特有的文化现象，竞技体育作为体育运动的重要组成部分，是现代体育文化发展的最高层次。尽管古代中国创造了辉煌灿烂的文明，也孕育产生了许多体育运动项目，比如蹴鞠等。但是，当代中国绝大多数竞技体育项目都是来源于西方近代体育活动，即Sports。竞技体育是随着大工业的产生、发展而逐步发育起来的，并在市场经济条件下趋于成熟。第二，当代中国竞技体育事业起源于近代中国半殖民地半封建社会，是在面对西方资本帝国主义军事侵略、政治奴役、经济剥削、文化控制形势下，被动学习西方资本主义生活方式的结果。竞技体育在近代中国的传播过程中，西方传教士和教会学校发挥了重要的示范作用，在一定意义上带有文化入侵的痕迹。因此，近代中国竞技体育发展的理论不可避免带有“西方中心论”和“普世价值”的烙印。第三，当代中国参与全球竞技体育盛会——奥林匹克运动会的过程也是崎岖坎坷，从无力参加到有限参与、再到被非法剥夺资格，再到积极融入国际奥林匹克大家庭，经过近百年的努力直到1984年才获得第一块金牌，改革开放后又经过30多年的顽强拼搏才挤进金牌榜前列。当代中国发展竞技体育和参与奥运会的历史过程，承担了“强国强种”的艰难职能，被赋予了民族“救亡”“复兴”的光荣使命。[①] 第四，当前欧美发达国家仍然占据竞技体育优

---

① 参见刘晖：《从“民族救亡”到“民族复兴”——我国近现代体育发展的历史动因》，北京体育大学出版社2011年版。

势地位，垄断包括国际奥委会在内的国际体育组织管理权和话语权。第五，当代中国竞技体育的成功主要得益于走出了具有中国特色的体育发展道路，竞技体育举国体制是具有中国特色的成功的竞技体育管理体制。第六，我国竞技体育举国体制面临全球化、商业化、职业化的挑战，其国家至上、为国争光的核心理念受到商业利益的侵蚀，以竞赛表演和大型商业赛事为平台的体育经济规模和影响力逐步壮大，职业运动员更加追求个人价值的实现，管理体制的官僚化也对公平竞赛和运动员权益保障产生了消极影响，成为西方国家攻击我国社会主义制度的借口。

（二）关于当前我国竞技体育中存在的问题的研究

现代竞技体育活动与政治、经济、社会问题联系越来越紧密，体育竞赛对各个国家和国际社会生活产生的影响越来越大，甚至成为国际竞争和大国博弈的前沿。但是，竞技体育自身也存在着严重的问题，一方面制约着竞技体育自身的可持续发展，另一方面也对竞技体育管理体制和运行模式产生了严重制约。颜绍泸认为，竞技体育正在沦为商业活动的“附属物”和投资商的“捞钱机器”；“国际竞技体育成为政治的附庸”，受到大国关系的制约和领土争端、宗教及民族问题的干扰，特别是恐怖主义，更是为国际竞技体育发展投下浓重阴影；还存在种族主义和性别歧视的困扰，至今有些国家还禁止女性参加体育竞赛；国际体育组织民主改革的呼声高涨，国际奥委会及国际单项体育组织被欧美大国控制的局面仍然没有根本改变；兴奋剂、球场暴力、赌球、裁判贿赂等问题也制约着现代竞技体育。[①] 熊文提出，由于“竞技体育文化本身的通约性”和全球化浪潮的推动，借助发达的现代传播媒介，使得竞技体育的赛事规模、频次不断扩大，其世界影响力也空前广泛，表现为奥林匹克精神和基本竞赛规则的全球一致化程度越来越高，但是竞技体育的全球化实质上是西方化和资本主义化，其对应的社会伦理是与西方的市场经济和社会人文思潮相适应的，强调自由、平等和个人奋斗等，突出的是个

① 参见颜绍泸：《竞技体育史》，人民体育出版社 2006 年版。

人本位的伦理思想。由于社会制度和意识形态的差异，当代中国在深度融入全球体育竞争的过程中，必然产生激烈的伦理冲突，对传统的国家至上、奉献牺牲精神和集体主义价值观产生冲击。为此，一方面要积极吸纳西方竞技体育伦理中尊重个人价值等积极的部分，同时又要坚持求同存异、和而不同的包容性的态度，发挥我国“天人合一”“以义制利”等优秀伦理资源对西方体育伦理的影响，对纠正竞技体育中出现的片面追求物质、经济利益而忽视精神价值甚至不惜破坏规则、践踏公平等错误伦理观念发挥积极作用。①

（三）关于竞技体育举国体制的研究

关于竞技体育举国体制的研究成果较多，观点和结论各异，甚至是大相径庭，体育界官员、学者认同、支持举国体制的声音较多，但也普遍认为举国体制需要根据经济社会发展实际进行改革完善，还有部分其他专业领域的知名人士也包括体育院校的专家学者则尖锐地批评举国体制，甚至认为应当果断废止。2001 年，袁伟民在 2001 年全国体育发展战略研讨会上提出：“我国体育得益于举国体制，改革开放后又受益于社会主义市场经济。举国体制的实质，就是发挥社会主义能集中力量办大事的优越性”。2004 年，郝勤较为全面和客观地界定了举国体制的概念、特点和功能，提出“举国体制”是特定历史时期的“特殊体育体制”的观点，认为其萌芽于 20 世纪 50 年代，八九十年代逐步成型，但出现在官方文件、领导人讲话和媒体报道中则是在 2000 年悉尼奥运会之后，其内容主要是指“为了在较短的时间内使中国竞技体育迅速提高，在国际重大赛事中取得优异成绩，国家实施以政府为主导，以行政手段管理体育事务，以计划手段配置体育资源，形成包括以体委为中心的管理体制、专业运动队为中心的训练体制、全运会为中心的竞赛体制这样一个三维一体的管理体制和运行机制”。② 这种体育体制的主要特点有 6 个方面，包括服从于国家利益和政治目标，依靠政府的行政手段来管理体

---

① 参见熊文：《竞技体育与伦理》，华东师范大学出版社 2008 年版。

② 郝勤：《论中国体育“举国体制”的概念、特点与功能》，《成都体育学院学报》2004 年第 1 期。

育，依靠计划的手段来为体育的发展提供必要的财政支持，以提高国家竞技体育能力为目标，具有完善的组织机构和坚持正确政治方向、强大的思想政治工作能力。举国体制具有整合各级行政资源，为体育事业的发展获得必要的行政支持，利用国家的财政资源为体育事业的发展获得必要的资金等 6 个方面的功能。从 21 世纪中国体育的任务与发展趋势来看，举国体制仍然在相当一段历史时期内对于中国体育事业的发展是必不可少的。关键在于，在保持这一体制的巨大优势前提下，如何通过改革来使之适应市场经济体制的变革。2005 年，时任体育总局局长刘鹏提出："举国体制是我国竞技体育在国际竞争中取得胜利的基本经验和制胜法宝，必须坚定不移地坚持下去，不能有丝毫动摇。"体育社会学知名专家、北京体育大学博士生导师卢元镇认为，由于竞技体育一直在我国体育事业中占据首要地位，所以在一定意义上竞技体育举国体制成为我国体育体制和体育改革的代名词，其形成和发展是个长期的历史过程，曾经在快速提高竞技体育成绩、振奋民族精神、拓展外交途径方面起到举足轻重的作用，但是也面临政事不分、体制僵化、与市场经济体制冲突等现实困境，给我国体育事业发展带来严重危害。[①]2006 年，梁晓龙在《举国体制》一书中，对我国竞技体育举国体制的基本内涵、历史成就、形成的历史沿革、基本内容和基本体系、客观依据、坚持和完善举国体制的时代价值、举国体制的改革和完善的思路与举措等重大理论和实践问题进行了系统的归纳和梳理，认为举国体制使新中国基础薄弱的竞技体育在比较短的时间内以比较小的代价取得了比较好、比较快的发展，创造了举世瞩目的成就，是我国发展竞技体育不同于其他一些国家的成功做法，是一条成功的"中国道路、中国模式和中国经验。"梁著还认为，举国体制虽然产生于计划经济时代，而且也是学习和借鉴苏联等社会主义国家发展竞技体育成功经验基础上逐步确立和发展的，必然带有计划经济的烙印，但是举国体制同社会主义市场经济并不存在根本矛盾和必然冲突。"竞技体育举国体制不是任何一种经济体制条件下特有的产物，在计划经济条件下可以搞竞技

---

① 参见卢元镇：《体育社会学》，高等教育出版社 2010 年版。

体育举国体制，在市场经济条件下也可以搞竞技体育举国体制。”梁著还认为，随着社会主义市场经济体制的改革和完善，竞技体育举国体制必然要不断发展，“发生新的变化、出现新的特征”，但是只要奥运会的世界影响不断扩大，只要我国还继续参与全球体育竞争并且希望取得优异成绩，举国体制仍然有积极的作用，“将会伴随着我国的社会主义初级阶段和国际竞技体育的激烈竞争，在一个相当长的历史阶段中存在，并且将不断得到完善和发展”。①

但是，伴随举国体制的并不都是鲜花和掌声，也有质疑和非议，甚至有部分社会知名人士提出应废止举国体制。2010 年，胡舒立提出“已经摒除了自卑感的中华民族，不需要用不断增长的金牌数字来证明自己”，认为举国体制犹如计划经济体制，弊端重重，效率低下，且垄断竞技体育资源，限制了商业体育的发展，导致篮排足等项目水平低下。另外从投入产出比来看，金牌成本高昂，“国家培养的金牌选手们可成为各种商品的形象代理，但巨额现金收益主要属于运动员个人及其教练团队；所属机构或有机会‘利益均沾’，少部分还可能会成为未来训练补充资金，但经济上回报出资人的可能性等于零”。所以，北京夏季奥运会尽管史无前例取得 51 枚金牌的好成绩，但也不能成为继续高举“举国体制”大旗的理由，相反，还应当尽快告别“举国体制”。但是，由于举国体制与“中国政治、经济和社会体制改革的全局息息相关”，所以胡舒立认为告别还需要策略，首先要“结束国有垄断局面”，大幅缩小“举国体制”的范围，让市场机制成为竞技体育兴盛的基石。其次要国家集中财力“做该做的事”，就是发展全民健身和大众体育。最后要顺应“大部制”政府机构改革，实现政府体育部门职能转型。总之，要重建中国体育文化价值体系，让体育回归本位，冷静看待金牌价值，金牌的意义大可不必夸大，更不能政治化。② 另外，卢元镇也对举国体制进行了非常有针对性的批评，认为应当对举国体制进行更为彻底和深入的改革。

① 参见梁晓龙、鲍明晓、张林：《举国体制》，人民体育出版社 2006 年版。
② 胡舒立：《“举国体制”淡出正其时》，《领导荟萃》2010 年第 8 期。

综上所述，举国体制作为极具中国特色的竞技体育管理制度，关于举国体制的研究成果自然也是中国特色体育理论体系的重要组成部分，但是与我国竞技体育综合实力和所取得的巨大成就相比，学术理论界关于我国竞技体育举国体制的研究成果虽然较为丰富，观点却不尽相同甚至截然相反，这种状况是对“经济体制深刻变革，社会结构深刻变动、利益格局深刻调整、思想观念深刻变化”社会现状的必然反映，说明一方面我国社会已经进入改革发展的关键期和深水区，另一方面也说明对举国体制进行系统的、理论联系实际的梳理是非常必要和迫切的。理论界关于举国体制褒贬不一、争论不休的现状，也是促成本选题的重要原因。梁著虽然从社会主义制度优越性出发，阐述了举国体制的客观依据和必然性，但是受制于时代的局限，没有把坚持举国体制上升到中国特色社会主义自信的高度，更没有触及体育治理现代化和国际体育治理改革的问题，需要进一步深化。郝勤比较客观地概括了举国体制的概念、特点和功能，但是过分强调举国体制是“特定时代和特定历史背景下”“特殊的国家行政管理体系和运行机制”，并且也明确指出了举国体制改革的关键在于适应市场经济体制，但是并没有把举国体制上升到社会主义制度自信的高度来认识和理解。

（四）关于现代奥运会及我国奥运战略的研究

回顾近代中国与现代奥运的关系，可谓一波三折、错综复杂，研究现代奥运和中国奥运战略的文章也是汗牛充栋、浩如烟海。北京举办 2008 年第 29 届夏季奥运会，带动了国内关于现代奥运会的研究，出版了一系列介绍现代奥运的图书资料，国内学者也纷纷从各自角度阐释了现代奥运的起源、组织及影响等，也有文章研究了现代奥运遇到的困境，比如民族主义、恐怖势力、过度市场化等。王润斌在其博士论文《民族主义演进与奥林匹克发展》一文中，主要从民族主义的角度阐述了现代奥运民族主义现实与国际主义理想的博弈，回顾梳理了奥林匹克运动从创立、成长、困境、重生的历史轨迹和民族国家与奥运政治互动的关联，还用相当大的篇幅介绍了欧美秉持冷战思维不放的个别西方国家仇视、敌视、漠视北京奥运会的问题，还对当代中国在未来奥林匹克运动发展中的新使命作了阐述。[①] 梁晓龙认为，奥运战略与举国体制是目标与手段的关系，“举国体制就是为了实现奥运战略最高目标的有效手段和方式”。[②] 国家体育总局也主张在奥运会上取得优异的运动成绩，为国争光，使竞技体育能够起到振奋民族精神、增强民族凝聚力的作用，是实施奥运战略、发展竞技体育最终目标的有效手段和方式。[③] 熊文在其硕士论文中，对我国竞技体育奥运战略的内涵、历史沿革和改革举措进行了分析论述，认为奥运战略是以在最高层次的奥运会上取得优异成绩为最高战略任务的竞技体育发展战略，是对我国竞技体育发展战略的高度概括和集中体现，在我国体育事业发展总体战略中占有重要地位。奥运战略自 20 世纪 80 年代形成以来，取得了巨大成功，同时也面临目标单一、价值取向功利、发展方式滞后等问题，需要依据科学发展观实现发展目标、发展观念和发展方式的转型。[④] 国家体委原主任伍绍祖认为《奥运争光计划纲要》是为实施奥运战略而制定的竞技体育发展战略规划，对促进我国竞技体育发展、提高奥运成绩发挥了积极作用，同时，也存在助长“金牌主义”、使奥运战略向金牌战略蜕变、影响竞技体育自身造血机能、投入过大等不足和问题。[⑤] 对此，有学者指出《奥运争光计划纲要》的实施要立足于新型“举国体制”，培育新的“金牌增长点”，协调好奥运战略与全运战略，积极引导社会公民参与。[⑥]

综上所述，奥运会作为当今世界规模最大、影响最广的综合性国际体育赛事，成为大国竞争的舞台，甚至在一定意义上成为展示社会制度优越性的平台，包括欧美发达国家在内的大国围绕奥运会展开了激烈的竞争。以奥运会为龙头带动竞技体育发展是我国体育战略的重要基础，中国“奥运战略”和《奥运争光计划纲要》(1984 年首次提出“奥运战略”，迄今已经推出 3

① 参见王润斌：《民族主义演进与奥林匹克发展》，北京体育大学出版社 2010 年版。
② 参见梁晓龙、鲍明晓、张林：《举国体制》，人民体育出版社 2006 年版。
③ 参见国家体育总局编：《改革开放 30 年的中国体育》，人民体育出版社 2008 年版。
④ 参见熊文硕士学位论文《我国竞技体育奥运战略的历史演进与改革趋势研究》，武汉体育学院 2013 年。
⑤ 伍绍祖：《中国的体育改革及奥运战略》，《体育文史》1994 年第 5 期。
⑥ 韩春利、孙晋海、曹莉：《我国“奥运争光计划”可持续发展的研究》，《体育科学》2004 年第 8 期。

期），把在奥运会获得优异成绩作为竞技体育发展战略的核心取得了显著的成就，中国已经连续多届位居奥运会金牌榜和奖牌榜前列，成为名副其实的竞技体育大国。但是，奥运战略也面临着不足和问题，成为制约我国竞技体育发展的障碍因素。上述研究成果，为正确分析评价我国竞技体育举国体制的作用和功能具有重要的启示，但是，关于我国奥运战略同竞技体育发展的内在辩证关系还需要进一步厘清，首先，奥运战略不能等同于奥运会战略，更不能等同于体育战略，而只是竞技体育发展战略；其次，奥运战略不能简单化为金牌战略，更不能蜕变为唯金牌主义，为了获得金牌不惜铤而走险、服用兴奋剂等；再次，要正确评估奥运金牌与民族复兴和国家政治利益的关系，竞技体育要树立正确的政绩观、价值观，避免陷入西方资本主义发展竞技体育的邪路。为此，仍然需要对以奥运会为最高目标的竞技体育举国体制作出系统的分析，为转变竞技体育发展观念寻找理论依据和实现途径。

四、研究思路

本文以奥运会为中心线索，立足市场经济体制改革和竞技体育举国体制逐步确立的历史进程，结合新时代推进体育强国建设战略的时代背景和国际治理体系深刻变革的国际环境，阐述举国体制的历史沿革、主要成就、问题挑战和对策建议。首先，完成对竞技体育、奥运会和举国体制概念和发展历程的梳理，界定研究的主要范畴和范式。其次，通过对竞技体育举国体制在不同历史时期的运行机制和主要特点的分析，明确举国体制形成的理论基础、国际环境和制度因素，阐明举国体制历史沿革的合理性和必然性。然后，从奥运金牌、民族精神、制度经验三个方面简要阐述举国体制取得的历史成就，主要通过历史比较和逻辑推理，论述举国体制对于中国实现奥运突破的决定性作用。再次，结合新的历史条件，特别是当今国际国内形势，以及竞技体育发展规律和国际竞技体育竞争趋势，重点论述全球化、职业化、市场化、个性化对竞技体育举国体制的挑战，分析举国体制存在的问题和改革的迫切性。最后，从坚定“四个自信”的战略高度，立足全球治理格局深刻调整和促进我国竞技体育可持续发展的现实需要，提出从法治化、公益化和国际化层面完善举国体制的建议，为建立公正合理的国际体育秩序提供中国方案和中国智慧，最终实现竞技体育促进人的全面发展的价值回归。

五、研究方法

（一）文献资料法

根据研究需要，查阅梳理与本研究相关的图书、档案、文件、期刊报纸等文献资料，然后加以分析、考证、评述和借鉴，还借助社科院图书馆馆藏图书和电子资源，通过中国知网查询期刊全文、学位论文和人大复印资料数据库，以“竞技体育”“举国体制”“奥运会”“治理现代化”为关键词，系统收集了国内外相关学术研究资料。

（二）历史分析法

坚持历史唯物主义和辩证唯物主义联系的、发展的观点，尽可能“从事实的全部综合，从事实的联系去掌握事实”而不是从“片段的和随便挑选出来的”个别事例出发，全面梳理当代中国竞技体育举国体制形成的历史背景、历史过程，客观评价其历史作用和历史局限性，分析举国体制的本质和运行规律。

（三）逻辑分析法

通过对竞技体育举国体制形成、确立过程资料的分析、归纳，科学界定举国体制概念的历史沿革，剖析其历史贡献和历史局限，并通过历史与现实、国际与国内的对比，综合分析研判竞技体育举国体制的成效。

六、创新之处

现有关于竞技体育举国体制的研究成果，局限于体育人文社会学的学科视角，研究路径由体育而竞技体育再到竞技体育的发展规律和管理体制，从中国近现代历史以及中国与现代奥运会的关系的宏观视域研究竞技体育管理体制的成果还比较少。尽管党和国家领导人，包括体育业界都曾明确提到竞技体育举国体制，但是在学术界仍有争议，其内涵和外延都没有明确的界定，客观评价举国体制历史作用的文献也相对较少。本文的特色和创新之处就在于研究方法和视角更加宽广，着眼于中国竞技体育发展实际问题，贯通历史和现实、联系国际和国内，客观全面地梳理举国体制的是非功过，为解决现实问题提供参考借鉴。

首先，研究方法更为严谨。如何准确归纳举国体制的内涵、客观评价举国体制的历史贡献是本研究的前提。本书通过查阅梳理档案文献，在归纳与演绎基础上予以了明确界定，并比较分析了美国、苏联、俄罗斯、印度、日本等国家的奥运数据，进而对举国体制的历史贡献进行定量、定性分析，得出符合史实的结论。

其次，研究立场更加鲜明。坚持马克思主义基本立场、观点和方法，运用历史分析法和比较分析法，全面剖析当代中国竞技体育发展道路的历史背景和历史过程，客观准确地评价竞技体育举国体制的历史作用，并结合我国市场经济体制改革要求，找出举国体制面临的弊端和存在的问题，为全面深化竞技体育管理体制改革、进一步发挥举国体制在攀登顶峰中的作用提供理论指导和方法借鉴。另外，始终站在人民立场上，以促进公平正义和增进民生福祉作为评判改革得失的基本依据和价值导向。

最后，研究视野更加开阔。本文围绕坚持和发展中国特色社会主义制度展开对举国体制历史沿革的梳理，并将举国体制的历史贡献同社会主义制度优越性紧密结合，从而超越了仅仅将举国体制视为具有中国特色的体育管理制度，提出举国体制是中国特色社会主义制度在竞技体育领域的具体体现，举国体制尽管也存在弊端和不足，但可以通过全面深化改革加以完善。

第一章　竞技体育举国体制的基本问题

现代意义上的体育和竞技体育是“舶来品”[①]，体育和竞技体育传入近代中国和中国人民接触体育及参与竞技体育的过程是在“西学东渐”的背景下完成的。奥运会经过百年的沿革，已经成为当今世界规模最大、影响最广的综合性运动会，是不同国家、民族竞相角逐的平台。举国体制作为新中国参与奥运竞争的制度安排，为实现奥运金牌零的突破作出重大历史贡献，是被实践证明了的既符合中国实际又遵循竞技体育规律的成功模式。

第一节　体育与竞技体育概念界定

一、体育概念的内涵及外延辨析

概念准确是逻辑推理和科学研究的起点，没有概念或者概念不清晰就不能展开科学的论证。黑格尔曾说，“熟知非真知”，习以为常的社会现象未必能够准确把握其本质和规律。体育已经融入人民日常生活的各个方面，打开电视、报纸、广播、网络，各种体育赛事的报道俯首可见，体育明星代言的广告更是铺天盖地……但是，面对“何谓体育”这样的问题仍然存在较大的争论。作为本文研究的逻辑起点，首先要明确界定体育的内涵及外延，竞技

① 体育史教材编写组:《体育史（第二版）》，高等教育出版社 1996 年版，第 2 页。

体育的本质是什么，拥有五千年文明史的中国古代有没有体育等问题。

（一）关于体育概念的争议及其延展

1. 体育概念及其争议。何谓体育作为体育理论研究的基本问题，至今尚没有统一规范和界定，学术界仍然存在较大争议。中外学者围绕体育的概念曾从不同的角度给予解释和阐释，虽然各有其充分的理由和依据，但尚不足以涵盖所有业已出现的体育形态。例如，有学者从教育的视角出发，认为“体育就是身体教育”，体育既是教育的重要组成部分又是重要的教育手段，并因此提出“体教结合”的主张；还有学者从文化的视角出发，认为“体育是人类社会一种独有的文化现象”；也有学者站在更为宏观的角度，认为“体育是社会发展与文明进步的重要标志”，等等。在西方文献中，体育的基本含义是一致的，指“存在于教育过程中的身体活动过程”。但是，在西方文献中对竞技体育的称谓则是 Sports。由此可见，西方文献中关于体育和竞技体育的概念是分开的，而中国对体育概念的界定则更为综合。这种差异与其说是语言文化不同造成的，但更多的是反映了近代中国在不同历史时期学习接触西方体育的不同心态，更确切地说是由于体育作为“舶来品”的事实决定的。

2. 体育概念的延展。事实上，体育现象自古有之，古代西方和中国都曾经孕育了形式多样、内容丰富的游戏和身体锻炼活动。例如，古代中国“六艺”，即“礼、乐、射、御、书、数”，其中“射”和“御”就明显带有体育活动的特点；而马球、蹴鞠等游戏活动则具有竞赛的性质，至于“导引术”“五禽戏”等则实现了身体运动质的飞跃，更趋向于现代意义上的体育运动。在漫长的生产和生活实践中，体育逐步形成“一种独特的、以身体运动来表达的社会文化现象”。以体育为职业和职业运动员以及专门用于观赏的体育竞赛，则是近代伴随着资本主义工业文明逐步形成的。

目前，理论界普遍认同的看法是现代体育起源于 19 世纪的英国。[①] 工业革命极大解放了资本主义生产力的发展，驱使资产阶级奔走于世界各地、建

① 裴海泓：《体育（第 4 版）》，人民卫生出版社 2008 年版，第 1—3 页。

立联系，瓦解了分散在各个不同地方的民族的闭关自守状态，推动了统一的世界市场的形成。马克思在《共产党宣言》中，敏锐地指出“民族的片面性和局限性日益成为不可能，于是由许多种民族的和地方的文学形成了一种世界的文学”。[①]很显然，在这里马克思笔下的“文学”不是狭义的，而是还包括科学、艺术、哲学、政治和历史等多方面的范畴，自然也涵盖了体育的内容。新兴资产阶级携带“商品的低廉价格”作为摧毁“一切万里长城”的“重炮”，建立了符合资产阶级利益的统治秩序，农村从属于城市、农民的民族从属于资产阶级的民族，东方从属于西方。严格意义上的世界史也由此拉开帷幕，资产阶级在建立世界秩序的同时，也必然将其生活方式和文明带向世界各地，在这个过程中，西方体育也在全世界不断获得推广并占据了统治地位，而许多国家延续已久的民族传统体育则日渐边缘化，直至踪影全无、消失殆尽。近代中国最早是在“洋务运动”时期从德国和瑞典引入了“体操”，最初的目的是训练新式军队，所以“体操”又等同于“兵操”，随后在洋务派开设的新式学堂中教习体操，反映了当时中国对体育认识的局限。19 世纪末，“体育”一词从日本传入中国。1902 年，清政府颁布的学校法令中首次出现“体育”字样。“体育的现代化进程也就是全球化的体育形成的过程。”[②]在由西方资本主义主导的全球化时代，体育的文化内涵和社会功能获得巨大的社会影响，已经发展成为人类社会普遍认同的经常性社会文化现象。体育与政治、经济、教育和科学技术的联系更为紧密，渗透到人民日常生活的各个方面，成为人类社会的有机组成部分，其内涵和外延也呈现出更强的包容性。

（二）体育概念的本质界定

与西方不同，中国文献更倾向于把体育界定为一个综合的概念，不仅包括锻炼身体、增强体质等多种身体教育的基本内容，而且还包括向人类生理

① 马克思、恩格斯：《共产党宣言》，人民出版社 2014 年版，第 31 页。
② 谭华：《体育史》，高等教育出版社 2005 年版，第 5 页。

极限挑战和丰富社会文化生活的竞技体育活动。这种界定能够更为准确地反映体育运动在社会生活的实际发展状况，而且也符合人民群众对体育的理解和认识，更重要的是便于国家和社会组织促进体育事业的发展。所以，有学者将体育界定为“人类通过专门设计的身体运动和游戏，达到增强体质、提高竞技水平和丰富社会文化生活的目的的一种独特的社会文化现象”。① 还有学者从一般意义上指出，体育“是人们锻炼身体、增强体质、延长生命的重要方法；是与德育、智育、美育等相配合的整个教育的组成部分；它以竞技的形式成为人们文化生活的内容和各国人民之间加强联系的纽带”。② 体育院校通用教材，使用了体育是“人类为适应自然和社会以身体练习为基本手段而自觉的改造自我身心和开发自身潜能的社会实践活动”的观点。③《现代汉语词典》认为“体育”是通过各项运动实现的“以发展体力、增强体质为主要任务的教育”。从狭义上，体育可以延伸出众多的研究领域，相应的其研究对象、范围和方法也各有其特殊性，以参加体育活动的主体划分，可以延展出学校体育、群众体育、社会体育、军事体育；以体育活动的主要目的划分，可以延展出全民健身、竞技体育、职业体育；从国家体育管理政策的视角，又有体育事业、体育产业的区分；从有利于学科研究的角度，又可以细分为体育哲学、体育伦理、体育经济、体育文化等不同的概念。从广义上，现代体育业已发展成为集竞技运动、科学研究、产业经济和精神文化为一体的社会现象。④ 综合上述已有的研究成果，可以将体育的本质归结为“以身体运动为基本手段，实现强身健体、提高竞技水平和丰富社会生活为目的的社会文化现象”。其中，身体运动是手段、目的在于强身健体、提高竞技水平、丰富文化生活等，二者辩证统一于体育运动的全过程、贯穿于体育组织的各个环节，身体运动则反映体育的本质特征，目的的多种多样反映了体育实践

---

① 梁晓龙、杨卫东：《当代中国体育概述》，苏州大学出版社 2012 年版，第 41 页。

② 中国大百科全书出版社编辑部：《中国大百科全书（体育）》，中国大百科全书出版社 1982 年版，第 1 页。

③ 周西宽：《体育基本理论教材（体育院校通用教材）》，人民体育出版社 2004 年版，第 35 页。

④ 刘湘溶、刘雪丰：《体育伦理：理论视域与价值范导》，湖南师范大学出版社 2008 年版，第 2 页。

的发展现状。

二、竞技体育的本质及其功能趋势

尽管学术理论界对于体育的概念及其分类的认识尚有分歧，但是对竞技体育作为体育的重要分支还是有基本共识。一般意义上的竞技体育可以追溯至远古时期，以决胜负为特点的古朴的竞赛运动，其产生的时间不晚于体育产生和发展的历史。无论是古罗马的“脚斗士”，还是中国唐宋时代的“蹴鞠”，都意味着竞技体育在古代的发展已经达到较高的水平。有资料表明，公元前 5 世纪西方就出现了职业竞技者；战国时代诸侯门下的剑客、力士也可以称为中国最早的职业竞技者。“近代竞技体育是资本主义制度产生和确立，以及大工业兴起的产物。”[①] 随着资本主义世界秩序的确立，西方竞技体育的产生、发展和世界传播成为近代竞技体育形成的主体。现代竞技体育主要是指第二次世界大战以来，伴随经济全球化、政治多极化、文化多样化、社会信息化的世界形势，竞技体育与政治、经济、文化和社会生活更为紧密地融合，其形式、内容、功能和面临的问题挑战也更为丰富和多变。

（一）竞技体育的概念及本质特征

1. 何谓竞技体育。竞技体育毋庸置疑是体育的重要组成部分，甚至可以说是体育王国中最吸引社会关注的“王冠”，引领体育发展的方向。但是竞技体育又与体育存在着巨大的差异，以至于在很多场合及语境中，竞技体育和体育指代的内涵完全不同。据此，有学者认为虽然竞技体育同学校体育和社会体育紧密联系，呈现相互包容、相互促进的格局，但是竞技体育以其更加鲜明的特质而获得与日俱增的影响力，因此“将竞技体育与非竞技体育分开来就非常必要”。[②] 竞技体育“鲜明的特质”和与日俱增的影响力是相辅相

---

① 颜绍泸：《竞技体育史》，人民体育出版社 2006 年版，第 20 页。
② 周爱光：《试论竞技运动在学校体育中的地位与作用》，《中国学校体育》1999 年第 4 期。

成的，正是因为竞技体育的特质鲜明才获得了社会的关注，同时由于社会的关注特别是借助资本的青睐和科技的助推，更加助长和放大了竞技体育的特质。颜天民认为，竞技体育是“在进行体育活动的主体之间，采用公开的、共同认可的方式和规范，以相互之间身体运动能力（包括智力）优劣比较的形式所进行的挑战极限、超越自我的社会性竞争活动”。[①] 梁晓龙提出，竞技体育是指“在严格的竞赛规程和竞赛规则所规定的条件下，运动员通过最大限度地发挥个人和集体的体力和智力，以夺取运动竞赛锦标为目标的单项或集体项目的体育运动”。[②] 还有学者认为，竞技体育是由“‘群众性的普及型竞技运动’和‘优秀运动员的高水平竞技运动’”[③] 两者共同构成的竞技运动。学校体育和社会体育可以归结为“群众性的普及型竞技运动”，虽然也有竞技的成分，但是根本不同于“优秀运动员的高水平竞技运动”，并且主要由优秀运动员参加的高水平竞技运动又可以划分为职业和非职业两类。还有学者从人类文化发展的宏大视野出发，将竞技体育定义为“一种特殊的、礼仪化的战争”。[④] 另有学者则从竞技体育起源于游戏出发，认为“竞技体育就是一种高层次的游戏”。[⑤] 更有学者直接将竞技体育概念界定为，竞赛者自主地在特定时空内进行的、具有绝对的秩序性、非功利性和非确定性的竞争类游戏。[⑥] 游戏作为体育的重要源头，和体育一样同为身体运动，也都有相应的规则，但是体育已从游戏中独立出来并具备显著特征，体育尤其是竞技体育中的职业体育有直接的功利性目的和强制性的规则体系及竞赛形式并伴随着激烈紧张的竞争，而游戏则没有明确的功利目的、其规则和形式也相对宽松、多变，带给参与者的是轻松愉悦的身心感受。因此，有学者将体育同游戏的区别概括为，体育的目的性、强制性、单一性和竞争性同游戏的过程性、变

① 颜天民:《竞技体育的价值研究》,《体育科学》2000 年第 1 期。
② 梁晓龙:《当代体育运动发展的基本趋势、规律与特点》,《体育文化导刊》2003 年第 8 期。
③ 徐本力:《21 世纪中国竞技体育》，北京体育大学出版社 2001 年版，第 7 页。
④ 卢元镇:《体育社会学》，高等教育出版社 2010 年版，第 201 页。
⑤ 杨奇虎:《追寻经济正义：竞技体育伦理批判》，中南大学出版社 2015 年版，第 46 页。
⑥ 董虫草:《胡伊青加的游戏理论》,《浙江大学学报（人文社会科学版）》2005 年第 3 期。

通性、多样性和趣味性的对立。[①] 显然，上述学者关于竞技体育“社会性竞争活动”“以夺取锦标为目标的体育运动”“战争”“游戏”的阐述，虽然已经凝练出“规则”“竞争”“挑战极限、超越自我”“体育运动”等突出特征，但都如同“盲人摸象”，只是从不同的视角概述了竞技体育的局部特征，已经难以完全包容和概括现代竞技体育的全部实践。本文研究的竞技体育主要是指“为了最大限度发挥和提高个人和集体在体格、身体能力等方面的潜力，以取得优异成绩为目的而进行的科学、系统的训练和竞赛”。[②] 因此，综合学者已有研究成果，认为竞技体育的内涵和外延主要是体现在其功能方面，超越了体育强身健体、休闲娱乐等基本功能，而成为彰显个体、团体、甚至是民族和国家力量的运动能力竞争，因而被赋予了广泛的政治、经济、外交、军事等职能，其组成部分包括但不限于运动会、运动员、运动器材、运动场馆等硬件设施设备，还涉及运动员选拔、经费筹措、制度保障等方面，构成了一个复杂而精密的系统。

2. *竞技体育的本质特征*。现代竞技体育与一般意义上的“体育”具有不可分割的联系。体育的本质特征自然也会呈现在竞技体育领域，只是竞技体育相较于非竞技体育而言其特质更为鲜明，在一定意义上可以将其概括为竞技体育的本质特征。竞技体育的本质特征主要体现在理论基础、规则体系、参赛资格、评价体系、竞赛形式、目标导向等方面。第一，“竞争是竞技体育的灵魂”[③]，竞争是竞技体育最鲜明的本质特征，没有竞争就没有竞技体育。但是竞技体育的竞争是公平的积极的竞争，首先，竞争的目标要符合人类经济社会发展的目标，在中国还要符合社会主义发展方向和价值取向。其次，竞争必须符合规则，要健康、有序、规范并在公平的基础上进行。再次，竞技体育还通过制度设计，最大程度地保证竞争主体的公平，只对竞争主体的性别、年龄、体重、数量等做出技术性要求，而对竞争主体的肤色、

① 刘福林：《体育游戏（修订版）》，北京体育大学出版社 2009 年版，第 6—9 页。

② 刘湘溶、刘雪丰：《体育伦理：理论视域与价值范导》，湖南师范大学出版社 2008 年版，第 37 页。

③ 卢元镇：《中国体育社会学》，北京体育大学出版社 2001 年版，第 130 页。

种族等与公平竞赛无关的社会属性不做具体要求。在竞赛形式上可以区分为团体赛和个人赛，又可以细分为单打、双打、混双等多种形式，但无论哪种竞赛，都要去竞赛主体的形式上对等，如个人对个人、团体对团体，男子对男子、女子对女子，混双只能是一男一女，双打只能是两男、两女，而不允许男打女、重打轻。为确保公平竞争，还要求竞赛主体在数量上相等，五人制和三人制篮球比赛要求五对五或者三对三，而足球比赛十一对十一或者七对七等形式，规则不允许多打少。当然，在不同运动项目上也有特殊性，比如没有女子参加的项目或者女子参赛人数较少的项目，如激光帆船等个别项目，允许女子参加男子组竞争，但同样不允许男子参加女子组竞赛；在举重和拳击等运动项目中，按运动员体重细分不同重量级比赛，不允许重打轻。总之，公平竞争是竞技体育的灵魂，现代竞技体育设置了细密的形式和烦琐的程序，目的在于至少确保竞争形式的公平。第二，致胜是竞技体育的重要目的。围绕致胜，竞技体育建构了以运动医学、运动解剖学、运动生理学、运动生物化学、运动生物力学、运动心理学、运动营养学、运动选材学、运动数学和专项运动理论为基础的科学理论支撑体系，其对运动科学性的要求远远超过了一般体育的标准，成为相对独立的学科群。致胜对竞技体育的场馆环境、运动器材、运动装备也提出了更为苛刻的要求，比如竞技乒乓球、羽毛球的尺寸、重量都有严格要求，篮球场地的大小、篮筐的高度也都有明确而具体的标准，再比如灯光、风向也会影响到竞赛成绩，个别运动项目甚至对参赛观众也会提出相应要求，等等。竞技体育的参加者都是高水平的优秀运动员，在正式比赛、决赛之前要举办资格赛、预选赛，以确保竞赛的高水平，因而参赛运动员数量少、规模小，职业化和竞技水平越来越高，在某种程度上只有精英运动员才能够获得竞赛的资格。致胜竞技体育最重要的评价标准，也是衡量竞技体育各个环节的质量的依据。竞赛结果的可视性、可比性和单一性，即同一场次比赛冠军只有一个，也构成了竞技体育独特的魅力。另外，竞技体育的比赛形式也是有严苛规定的，具有最大的“国际通约性”，比如田径比赛中各个项目的比赛形式、测量标准、裁判规则都有统一明确而又具体的要求，否则其成绩就不能获得官方的认可。第三，规则至上，建构主义理论认为竞技体育是由规则构建出来的，没有规则就没有竞技体育，“与游戏规则相关之地，怀疑主义行不通，因为规则所蕴含的原则是不容动摇的真理”。[①] 竞技体育的规则具有强制性、统一性，要求所有的参赛者在形式上都要遵守和执行同样的规则，并且对参赛者的年龄、性别、级别甚至体重都要严格地区分。最后，竞技体育不包括职业体育中的竞赛表演部分，还要求运动员不断突破极限、刷新纪录，以“更快、更高、更强”为奋斗目标。综上所述，竞技体育的本质特征主要体现在致胜目标、公平竞争、规则至上，并且为了致胜在竞赛各个环节采取了更为严苛、科学的标准限定和规则体系。当然，竞技体育在致胜的过程中也滋生了不道德现象，比如假球、黑哨、兴奋剂等问题，需要通过更为细致的法律规章和先进的科技手段予以规避。

（二）功能及发展趋势

1. 竞技体育的功能。在人类社会现代化进程中，体育、竞技体育伴随着经济发展和科技进步更多地融入人民的日常生活，成为社会经济文化生活的重要组成部分，并进而被视为衡量社会发展和人类进步以及国家综合实力和文明程度的重要标志。竞技体育的功能大致可以分为两大类即基本功能和派生功能，基本功能是由于竞技体育自身特点决定的独有的功能，而派生功能则是由基本功能衍生出的职能作用。体育的独特功能是指体育区别与其他社会现象所能产生的基本功能，主要体现在强身健体、砥砺意志、增进交流、丰富生活、促进公平等方面，是由体育活动的自然属性和体育赛事的形式所决定的。毛泽东在《体育之研究》中，高屋建瓴地阐述了体育强身健体、砥砺精神方面的重要作用，提出“体者，载知识之车而寓道德之舍也”，故要“文明其精神，野蛮其体魄”。[②] 1952 年，毛泽东亲笔题词“发展体育运动，增强人民体质”，并明确指出“体育是关系 6 亿人民健康的大事”。[③] 体

① ［荷兰］胡伊青加：《人：游戏者》，成穷译，贵州人民出版社 1998 年版，第 13 页。

② 参见毛泽东：《体育之研究》，人民体育出版社 1979 年版。

③ 参见首都体育“三老”联谊会：《人民没有忘记——纪念毛主席题词四十周年集》，人民体育出版社 1992 年版。

育的派生功能更多地体现在以竞技体育为载体的综合性运动会，主要表现在扩大交流、发展经济、政治交往等方面。全球化时代，国际间体育交往有助于增进不同民族、国家的了解和互信，成为联结不同民族和文化的桥梁与纽带。2016 年，习近平在听取冬奥会筹备工作报告时说："在北京举办一场全球瞩目的冬奥盛会，必将极大振奋民族精神，有利于凝聚海内外中华儿女为实现中华民族伟大复兴而团结奋斗，也有利于向世界进一步展示我国改革开放成就、和平发展主张。"[①] 此后，习近平总书记在第十三届全国运动会开幕之际，再次强调"体育强则中国强，国运兴则体育兴"[②]，认为体育强国梦同中华民族伟大复兴中国梦息息相关，要努力开创体育事业发展新局面，加快建设体育强国步伐。这也充分说明，体育的独特功能和派生功能都获得了更高的认同，被纳入了国家发展和民族振兴的宏大视野，赢得了更加广阔的发展空间。另外，高水平体育竞技和竞赛表演对促进经济发展和活跃精神文化生活起到重要的拉动作用。总之，体育、特别是竞技体育全方位渗透到人民生活，其功能和作用获得高度认可，成为被世界广泛接受的独特文化现象。

2. *竞技体育的发展趋势*。现代竞技体育全球化、科学化、产业化、职业化发展趋势，一方面为竞技体育的发展奠定了坚实的物质基础、科学理论支撑，促进了竞技水平和竞赛质量的显著提升；另一方面也深刻改变了竞技体育的竞赛组织形式和价值初衷，加大了竞技体育"异化"的风险，在一定程度上抑制了竞技体育的可持续发展，损害了运动员的权益。

（1）竞技体育全球化。现代竞技体育的全球化首先表现在奥委会成员数量的急剧扩大。据统计，当前国际奥委会成员国和地区已达到 206 个，2000 年奥委会数量为 199 个，而 1896 年奥委会成员国只有 14 个。世界范围内的高水平竞技体育是以奥运会为主要平台进行的，国际奥委会成员队伍的扩大可以有力地佐证竞技体育的全球化程度加深。竞技体育全球化还表现在赛事

---

① 习近平：《绿色办奥共享办奥开放办奥廉洁办奥 办成一届精彩非凡卓越的奥运盛会》，《人民日报》2016 年 3 月 19 日。

② 习近平：《开创我国体育事业发展新局面 加快把我国建设成为体育强国》，《人民日报》2017 年 8 月 28 日。

规模不断扩大、次数不断增多、传播更为发达等方面，奥运会每四年一届，但其他锦标赛、世界杯、大奖赛等单项赛事数量众多，借助卫星电视和互联网等传媒渠道，可以让高水平的竞技体育赛事便捷高效地传递到世界的各个角落。一些国家和地区的职业联赛也获得了较高的关注度，并且采用吸引外籍球员加盟、归化运动员等多种渠道，成为具有全球影响力的赛事，比如美国男子篮球职业联赛、欧洲足球锦标赛等。商业资本的参与是现代竞技体育全球化的助推剂，“第一，那些控制、赞助和举办体育的人不断寻求新的方法去扩展它们的市场和挣更多的钱；第二，那些在许多国家进行生产和配置的跨国公司把体育当作向全世界介绍它们产品和服务的工具”。[①] 跨国公司是现代竞技体育全球化的重要推手，奥运会和跨国公司在全球影响力打造基础上实现了合作共赢，奥运会合作伙伴项目（TOP 赞助商）可以在全世界使用奥运会五环标志，同时为奥运会提供技术、服务、产品保障，借助电视媒体共同获得全球影响力。截至 2016 年里约奥运会，在已经举办了 28 届奥运会（不含因一战和二战停办的 3 届）中，欧洲举办了 16 次，北美洲举办了 6 次，亚洲举办了 3 次，大洋洲举办了 2 次，南美洲举办 1 次。尽管在奥运五环旗中，还缺少非洲一环，但是奥运会已经走进了四大洲 19 个国家的 23 个城市，举办地点更具世界性，其中英国伦敦、法国巴黎、美国洛杉矶都曾经两次举办奥运会，日本东京也即将于 2020 年再次承办奥运会，而 2022 年的北京将成为唯一既举办过夏季奥运会又承办冬季奥运会的城市。另外，奥运会项目设置、参赛运动员、参赛国家、门票销售、电视观众和参与报道的新闻记者数量都实现了大幅增加，全面反映了奥运会的全球化深度。[②]

（2）竞技体育科学化。现代竞技体育科学化突出表现就是大量先进科学理念和技术成果全方位地渗透到从运动员选拔到训练、竞赛以及运动器材设备制造和竞赛转播等各个环节，成为提高训练质量和竞赛水平的关键因素。电子计算机、视频成像、卫星转播等技术措施大量应用到运动员训练监测、

① ［美］杰·科克利：《体育社会学：议题与争议（第 6 版）》，管兵、刘穗琴等译，清华大学出版社 2003 年版，第 415 页。

② 董杰：《论奥运会的全球化特征》，《体育与科学》2006 年第 2 期。

比赛监控和赛事播报领域，高精度计时器已经可以达到千分之一的精确度，红外摄像设备可以实时还原比赛场景，先进科技成果的应用显著提高了现代竞技体育的竞技水平和竞争的激烈程度，许多世界纪录被刷新，“极限”成绩屡创新高。科学化让现代竞技体育成为“高精尖”的专业，终结了运动员凭借天赋战胜对手、教练员凭借经验培养一流运动员的旧时代。但是也由此带来了新的不公平，竞赛越来越成为科技综合实力的较量，运动员能否获得科技助力成为获胜的重要因素，对各国竞技体育管理体制改革提出了新的要求。

（3）竞技体育产业化及职业化。产业化和职业化是现代竞技体育发展又一重要趋势，两者互为存在的重要前提并共同作用于现代竞技体育。现代竞技体育产业化是体育产业化的自然拓展，主张使用市场经济的观念、原则、手段和方式决定竞技体育资源配置，承认和遵循物质利益原则、鼓励竞争和“优胜劣汰”、追求效益最大化，更加要求完善公平竞争规则体制。竞技体育产业化、职业化都属于体育事业的派生物，是基于体育事业发展基础上竞技体育功能拓展的结果，本质上说都是发展体育事业的手段和举措。现代竞技体育产业化催生了庞大的竞技体育市场，最直接的表现就是拉升了赛事版权收入，其次是提高了运动员的薪水待遇，再次是为竞技体育提供了稳定的经费保障机制。有学者测算，截至 2007 年 12 月 1 日，2008 年北京奥运会仅电视转播权一项销售就超过了 16 亿美元。至于运动员的天价薪水，NBA 球员动辄千万美元的年薪也早已不是新闻。竞技体育科学化、产业化也必然要求职业化。竞技体育职业化是市场经济的产物，本质上也属于体育事业的派生物。现代竞技体育职业化的突出表现在培育了规模巨大的职业联赛市场、职业运动员数量增加等方面。美国是世界上体育产业最发达的国家，也是竞技体育产业化、职业化最为成熟的国家，不仅拥有众多享誉世界的著名体育用品商标，而且还拥有具备世界影响力的竞技体育赛事，培育了众多体育运动明星，如 Nike、NBA、Jordan 等。有统计数据材料显示，自 20 世纪 80 年代起，体育产业就逐步成长为美国支柱产业。迟至 1999 年，美国体育产业产值已达 2125.3 亿美元，占其国内生产总值的 2.4%，而且近年来其产值长期稳居前 10 位。[①]

（4）中国体育产业化、职业化改革进展。中国对体育产业属性的认识和竞技体育职业化、产业化的发展是在改革开放以后，特别是 20 世纪 90 年代明确提出社会主义市场经济体制改革目标以来，体育职业化、产业化的步伐才有实质性进展。1992 年，中国足球职业化改革率先吹响了竞技体育产业化、职业化的号角。1994 年，推出中国足球甲级 A 组联赛正式向职业化进军，2004 年又改组为中国足球超级联赛，足球成为中国竞技体育产业化、职业化改革的“排头兵”“突破口”和“试验田”。2014 年和 2015 年，国务院分别颁布了《关于加快发展体育产业促进体育消费的若干意见》和《中国足球改革发展总体方案》两份指导性意见和方案，凸显了新时代体育在党和国家事业全局中的重要地位。其中，《意见》提出到 2025 年体育产业总规模达到 5 万亿元的发展目标，同时提出把“拓宽职业体育发展渠道，鼓励具备条件的运动项目走职业化道路，支持教练员、运动员职业化发展”作为主要任务。《方案》则指明由于中国足球“组织管理体制落后”，导致“运动成绩持续下滑”，因此要通过“深化体育管理体制改革”发展和振兴足球，并强调发展和振兴足球“是建设体育强国的必然要求，也是人民群众的热切期盼，对提高国民身体素质、丰富文化生活、弘扬爱国主义集体主义精神、培育体育文化、发展体育产业、实现体育强国梦具有重要意义，对经济、社会、文化建设也具有积极促进作用”。中央全面深化改革领导小组审议通过足球改革方案更被广泛解读，2015 年又被称为中国全面深化体育改革元年，在一定意义上开启了竞技体育产业化、职业化全面深改的新时代。

（三）现代竞技体育“异化”现象剖析

1. *马克思异化劳动理论*。“异化”作为哲学概念，早在马克思之前就已经出现在黑格尔、费尔巴哈的研究视野。黑格尔“异化”主要是在精神和意识领域，其辩证运动的过程包括两个方面：首先是“自己变成他物、变成它

① 曹可强：《体育产业概论》，复旦大学出版社 2015 年版，第 5 页。

自己的对象和扬弃这个他物的过程”，也就是“先将自己予以异化，然后从这个异化中返回自身”，其结果是“绝对观念”转化成为“蚕食他”的力量，指主体的产物反过来成为统摄、压迫主体的力量。① 费尔巴哈则将异化理论用于对宗教的批判，指出“上帝是人的本质的异化”，人创造了宗教，宗教却成为统治人的异己力量，人反过来要向自己的创造物屈膝下跪。黑格尔、费尔巴哈关于“异化”的理论的阐述非常形象，但是仍然还停留在对现象的描述，而马克思则批判继承了他们的思想，把“异化”拓展至社会的本质和事物的内部联系，创立了“异化劳动”理论。马克思继承和发展了德国古典哲学的成果并以“异化劳动”为线索，剖析了资本主义社会的种种异化现象，提出了人的本质异化的重要论断和为了实现“人自由而全面的发展”必须消灭异化的思想。马克思从“劳动者生产的财富越多，他的产品的力量和数量就越大，他就越贫穷”这一资本主义社会的经济现象出发，具体指出了劳动者同劳动产品、劳动本身、人的类本质和人的社会关系四个方面的异化。第一，劳动者同劳动产品相异化，指劳动产品作为劳动的结果理应归劳动者所有，但在资本主义制度下却归资本家所有，而且劳动者生产的产品越多，劳动者能够占有的劳动成果就越少，劳动者的劳动产品反过来成为压迫劳动者的异己力量。第二，劳动者本身同劳动过程的异化，指资本主义条件下的劳动是“被迫的强制劳动”，劳动只是劳动者赖以谋生的手段，劳动不再是劳动者“自由自觉的活动”，而是在受到“肉体的强制或其他强制”之下的奴役，劳动成为压迫劳动者的异己力量。第三，同人的类本质相异化，指的是劳动变成“维持人的肉体生存的手段”，而不再是一切人共有的本质即人的类本质。劳动作为“人的类本质”是人区别与动物的根本特征，但是在资本主义私有条件下劳动的本质属性发生了异化，因此劳动异化即人的本质的异化。第四，人与人的关系的异化，即劳动者的劳动成果作为劳动者的异己力量归属于资本家所有，劳动者的劳动不仅创造出劳动产品并且也在生产资本主义生产关系，“如果工人的活动对他本身来说是一种痛苦，那么，这种活

① ［德］黑格尔：《精神现象学》，贺麟、王玖兴译，商务印书馆 1979 年版，第 23 页。

动就必然给另一个人带来享受和欢乐”。[1] 谁能从工人痛苦的劳动中得到欢愉，谁能够享受工人劳动成果，享受工人的劳动并从中得到快乐的人即资本家，这就揭露了资本主义社会工人阶级与资产阶级剥削与被剥削的秘密，也是资本主义阶级对立的根源。

2. 异化劳动理论为剖析现代竞技体育提供了独特视角。“异化劳动理论中折射出的人本思想为人的全面发展指明了方向。”[2] “异化劳动”是马克思主义哲学的重要组成部分，劳动异化理论是“贯穿马克思一生哲学思考的基本理论，这一理论在马克思哲学中拥有基础性的、核心的地位和作用”。[3] 马克思主义认为：“人们为了能够‘创造历史’，必须能够生活。但是为了生活，首先就需要吃喝住穿以及其他一些东西。”[4] 劳动不仅“创造了人本身”，而且也是人类赖以生存的首要条件。体育的产生和发展直接源自人类的生产劳动，由于劳动要求实际动手和自由活动，就像在农业中那样，这个过程同时就是身体锻炼。当然，不能由此得出劳动等同于体育的结论，但至少足以证明体育起源于劳动并且同劳动存在着密切的联系，因而体育通常又被称之为体育运动。体育和劳动从物理属性看都属于身体活动，但在漫长的人类社会发展实践中，体育、竞技体育逐步从劳动中独立出来，恰恰正是“由于人的力量的软弱而使人类摆脱自然、走进文化”。[5] 体育从劳动中分离出来和竞技体育成为独立的行业一样，是人类社会物质生产发展和对自身改造的成果，并没有改变体育作为人类特殊的文化现象的本质属性。因此，从这个意义上，有学者认为人类是因为自身的缺陷才在生产实践中催生了体育运动。竞技体育起源于劳动，尽管现代竞技体育也具备了生产性的特征，创造了庞大的体育产业、体育市场，带动了数以千万计的人员就业，但是竞技体育改造的直接对象是人自身而不是客观自然，其作用的结果是人类自身的改变、包

---

① 《马克思恩格斯全集》第 42 卷，人民出版社 1979 年版，第 99 页。

② 潘宁、丁丽丽：《马克思的异化劳动理论及其当代意义》，《江西社会科学》2010 年第 3 期。

③ 俞吾金：《再论异化理论在马克思哲学中的地位和作用》，《哲学研究》2009 年第 12 期。

④ 《马克思恩格斯文集》第 1 卷，人民出版社 2009 年版，第 531 页。

⑤ ［德］康德：《康德经典文存论种类的特性》，上海大学出版社 2002 年版，第 92 页。

括身心两个方面而不是物质产品。所以，从马克思劳动异化理论出发，可以更为深刻地认识和把握现代竞技体育中出现的“异化”现象，展开正确的伦理批判和政策建构。

3. 现代竞技体育异化现象及成因。竞技体育作为“独特的文化现象”，其存在的伦理价值在于“可以给人类塑造强健的身体和为人类的有秩序的生活提供了一种有参考价值的公平、公开竞争的关系范式”。[①] 由此凝练而成的“竞技善”有助于塑造健康的身体，培养人们勇敢、公平、正义的美德，为人类过上更美好生活提供了价值引领，也构成了竞技体育的内在价值。竞技体育优胜者获得的奖金、荣誉、鲜花和掌声，是人们对能够公平竞赛并拥有上述美德的竞技者的奖赏，构成了竞技体育的外在价值。外在价值的设立意在鼓励更多的人参与竞技体育并通过竞技体育的训练而拥有强健的身体和更完美的人格。全球化、科学化、产业化、职业化深度发展的趋势，促进了包括运动员、教练员、品牌赛事、先进训练理念等竞技体育资源在全球范围内的加速流动，显著提升了现代竞技体育质量和竞赛表演业的观赏性、娱乐性，也造就了规模庞大的竞技体育市场和数量众多的体育明星，同时也使得竞技体育竞争更趋白热化，成为经济体育各种异化现象的重要诱因。所谓现代竞技体育的异化是指竞技主体（包括运动员、教练员、裁判员、体育官员、也涵盖诸如球迷等竞技体育爱好者在内的竞技体育的参加者和管理者）在竞技过程中，采取不正当手段追求偏离竞技体育内在价值的目标，导致竞技主体丧失自主性而被外在价值反制的过程，即内在价值被不断剥离、压缩，外在价值逐渐膨胀并占据统摄地位的转化。现代竞技体育的异化作为一个客观存在，也有其演变的过程，并不是现在才出现的。有研究者认为职业运动员的出现意味着竞技体育的异化，即竞技运动脱离了生产实践，不再是为了强健身体，而是成为谋生的工具。也有研究者认为竞技体育的异化表现为政治化、商业化、职业化。通过现代奥运会表现出的竞技体育异化也经历一个漫长的演变过程，古代奥运会具有浓厚的宗教祭祀色彩，通过竞技展示形体美

① 杨奇虎：《追寻经济正义：竞技体育伦理批判》，中南大学出版社 2015 年版，第 232 页。

表达对神和自然的崇拜及敬畏；现代奥运会也曾长期坚持业余原则，刻意保持同政治和商业的距离，对获胜者的奖励更多是精神层面，意在彰显奥林匹克运动的神圣、和平及高尚。但是，早在二战之前的1936年柏林奥运会开始，竞技体育被当成显示制度优越和国家实力的工具受到世界各国越来越多的关注；冷战开始后，两大阵营又在奥运会上展开了针锋相对的争斗，奥运会一度沦为不同社会制度国家和地区争夺的前沿；而现在越来越明显的商业化几乎又让竞技体育沦为了商业的奴隶，奥运会的商业气氛也越来越浓厚。

现代竞技体育的“异化”贯穿竞技体育本质、过程和结果三个领域，直接表现在目的和手段两个方面。首先，竞技体育本质的异化，竞技体育本身是人类为实现美好生活而创造的，却转化为压迫和统治人的异己力量，人的主体性逐渐丧失、内在价值日渐萎缩，作为手段的竞技演变为目的。竞技体育是“为实现人的和谐发展服务”的手段，但是片面追求竞技成绩所带来的物质利益和社会荣誉，导致竞技主体为了尽可能提高竞技水平、战胜竞争对手而强化对竞技技能的训练和战术的运用，作为对象的竞技技能成为支配竞技主体的异己力量，竞技主体的主动性和创造性被外在的竞赛规则反制。为了追求竞技成绩，扭曲了竞技主体的身心发展，竞技主体的发展完全被竞技技能的训练所主导，成为“单向度的人”、竞技机器和金牌工具，由此导致肢体畸形和器官损伤。

竞技体育的异化还表现在竞技运动过程被外在的政治、经济力量控制，竞技主体成为完成竞技任务的工具，竞技结果不再仅仅是区分竞技主体水平和能力的标志，而是更多地被用于展示国家政治制度优越、经济发展成就、甚至是种族优劣的凭据。竞技体育过程的异化是指在竞技运动过程中，竞技主体使用非正当手段和方法，人为制造对己方有利的竞赛成绩以牟取不正当利益的行为，其本质是不公平竞争。竞技体育过程的异化表现在竞技主体服用违禁药物、使用虚假凭证获得参赛资格、使用高科技装备参赛、贿赂裁判等。违禁药物直接损害竞技主体中运动员的生命健康，摧毁了竞技体育公平竞争的精神支柱，但是运动员服用违禁药物不能仅仅被定位为对竞赛成绩的渴望，因为运动员作为自主的个体，对兴奋剂的危害有明确的认知，而且对于兴奋剂的处罚规则也有清晰的判断，之所以“冒天下之大不韪”，仍然是根源于运动员的异化。1988 年韩国汉城奥运会，加拿大男子短跑运动员本·约翰逊以 9 秒 79 的成绩打破世界纪录，引起世人的广泛关注，同时也诞生了现代奥运史上最大的兴奋剂丑闻。随后约翰逊因药检阳性被收回金牌、取消记录，随着调查的深入发现其服用违禁药物多年，故其 1987 年在世界田径锦标赛上创造的世界纪录也被取消，其也被判处终身不得执教。被誉为“环法七冠王”的阿姆斯特朗一度成为世界自行车比赛界的传奇英雄，但是 2012 年 10 月被查实服用兴奋剂而被剥夺了荣誉称号，并被判罚终身禁赛。中国也曾有运动员服用兴奋剂丑闻曝光的报告，20 世纪 90 年代的游泳领域以及中长跑传奇“马家军”都曾经被怀疑使用了兴奋剂，但是，关于“马家军”是否使用兴奋剂官方始终没有明确的结论，因为的确没有权威机构在抽检中发现其使用违禁药物的确凿证据，也许“马家军”的传奇故事最终只能淹没在渐行渐远的历史记忆里，而关于真相的追问不应该就此打住，因为是否服用了违禁药物不仅仅只是关系到一支长跑队伍的声誉，还间接反映着国家对竞技体育精神的认知和政策选择。中外现已曝光的兴奋剂案例，在查处过程中无不经历了重重困难，但是反兴奋剂越是艰难，兴奋剂查处受到的压力和阻力越大，说明兴奋剂涉及的利益关系越复杂，也越能够说明兴奋剂对竞技体育的损害越深。

竞赛过程中的异化还包括对运动员参赛年龄甚至是性别的弄虚作假，主要是通过大剂量使用激素改变运动员的骨龄，从而获得“以小打大”的不公平竞争优势，主要适用于一些比如体操等对年龄比较敏感的项目。国际体操联合会规定的参赛年龄是 16 周岁，而人 13 岁左右柔韧性较强，通过修改户籍档案或者用“替身”冒名检测等方式获得参赛资格，也是违背奥林匹克精神的欺诈行为。2010 年，国际奥委会曾作出处罚决定，取消了董芳霄在 2000 年悉尼奥运会上的女子团体铜牌，原因是其参赛时年龄只有 14 岁。高科技产品大量应用到竞技体育有利于提升竞赛训练科学化水平和竞赛设施的改善，也提高了运动选材的科学性，对于提升竞赛成绩具有重要作用。但是大量高科技产品的使用让科技成为“异己的力量”，降低了人作为竞技主体的作用，运动员的竞赛能力被科技否定和超越，科技水平成为金牌的主宰。竞技体育的公平竞争须臾离不开规则保障，但是规则的执行和判罚也须臾离不开裁判，裁判的执法公正与否在一定程度上左右了竞赛的公平。现代竞技体育的异化还表现在通过贿赂裁判窃取成绩。裁判的判罚难免会有失误，特别是在赛场环境复杂开阔的室外竞赛中，由于裁判视野限制或者其他技术失误造成的漏判、错判也是竞技体育独特魅力的一部分，但是裁判收受钱财或参与体育博彩而利用自由裁量权改变竞赛结果则根本不同。近年来，中国竞技体育特别是足球领域的反腐风暴，部分声名显赫的裁判也因受贿而被捕入狱，凸显了裁判操纵竞技比赛问题的严重性。裁判枉法直接伤害了竞技体育公平竞争精神，危及竞技项目的生存与发展。包括运动员、教练员和裁判员在内的竞技体育主体，在训练、竞赛和执裁过程中出现的各种弄虚作假行为，本质上都是竞技体育异化的表现。

现代竞技体育结果的异化主要是指竞技主体因竞赛成绩超过正常范围获得经济利益、超越正常程序获得社会声誉的行为。竞技体育的竞争是多方竞争，运动员不仅要战胜自己，与自己的身心竞争，还要超越竞争对手获得胜利，而一般意义上一场竞赛的冠军只有一个，有竞争的优胜者必然就会有落败者，这本是竞技体育的正常形态，而且越是激烈的竞争获得的社会关注度越高，竞争双方因此感受到的压力也就越大，相应的优胜者因之获得的收益也就越高。竞争是竞技体育的鲜明特质，没有竞争也无所谓竞技体育，而奖牌、荣誉作为竞技体育的基本构成要素，既是竞争的目标，又是鼓励竞争的重要手段，都对维系竞技体育的存在和发展具有重要意义。但是不公平竞争，超过正常范围奖励，为了奖牌不择手段，将体育简单化为竞技体育，竞技体育简单等同于奖牌，又将奖牌等同于奖金，而且金牌层级越高奖金越丰厚，同样违背竞技体育精神是竞技体育异化的症候。古代奥运会获胜者的奖品是由棕榈枝编织成的花环，象征着和平、友谊、荣誉，意在宣示奥运会是追求和平的伟大梦想，直至现代奥运会虽然有了丰厚的广告和赞助收益，国际奥委会也没有向获胜运动员提供物质奖励，并且其金牌本身的经济价值也微不足道。[①] 重视精神奖励恰恰彰显了竞技体育的人文价值，符合发挥良好榜样的教育作用为人的和谐发展服务的奥运理念。然而，汹涌而至的商业大潮让获奖运动员的金牌含金量迅速飙升，有的获得巨额的广告代言合同，成为体育明星；有的领取了政府提供的巨额奖金，甚至成为高级别官员；有的进入大学成为社会名流；还有的凭借较高的声望创业成功，成为商界翘楚；也有的成为国际体育组织的官员……金钱、财富和地位的刺激，让竞技体育主体彻底异化为金牌机器和竞赛工具，沦为金钱的奴隶，丧失了其作为竞技体育主体的人的本质。[②]

竞争致胜是竞技体育的鲜明特质，而规则公平公正则是确保竞技体育核心价值的必要保障。但是，附着在致胜桂冠上的巨额政治、经济利益吞噬了竞技体育公平公正的规则信仰，致使竞技体育发展过程中人与自然、人与社会、人与他人和自身的发生异化，诱发了运动成绩谎言化、滥用违禁药物等严重的伦理道德问题。现代竞技体育出现过度商业化、政治化以及滥用违禁药物、性别歧视等违背体育伦理的乱象，与现代竞技体育的“异化”互为表里，既是造成异化的重要原因，同时又是异化的重要表征。现代竞技体育的异化根源主要在于把竞技体育的各要素全部纳入产业的范畴，完全采用市场经济原则盲目追求高效率和高效益，一旦监管缺失必然滋生违背公平公正竞技体育核心理念的现象。正如萨马兰奇所言：“奥运会对商业的经济要求是有限的，而商业对奥运会的要求是无止境的”，商业利益最大化必然会对赛事组织包括运动员参赛产生消极影响，比如调整比赛时间保障收视率等。另外，“运动员一旦获得成功，金钱、荣誉就会蜂拥而至，他们就会成为真正的明星，可是这种一味追求创造体育辉煌的年头不应置社会道德、职业道德于不顾”。[③] 现代竞技体育的异化虽然在不同的国家表现形式不尽相同，但其根本原因却是基本一致的即政治化和商业化对竞技体育精神的侵蚀，本质上体

---

① 2012 年伦敦奥运会金牌的含金量仅为 6 克，整块金牌的价值仅约 650 美元。

② 周爱光：《现代竞技运动中异化现象的类型分析》，《体育学刊》2000 年第 5 期。

③ ［西班牙］胡安·安东尼奥·萨马兰奇：《奥林匹克回忆》，孟宪臣译，世界知识出版社 2003 年版，第 58 页。

现的仍然是人的异化。增强体质的内在价值蜕变为政治荣誉和经济利益，竞技体育的主体变成了实现利益和荣誉的工具。

第二节　现代奥运会组织及理念

现代奥运会是当今世界规模最大、影响最广的高水平竞技体育运动会，也是各民族国家和地区集中展示发展成就、表达利益诉求的重要平台，还是各主要大国激烈角逐的前沿。萨马兰奇曾说“国际奥委会已经不再是奥林匹克运动的一部分，而是奥林匹克运动本身”，[①] 奥林匹克组织机构和精神理念对各国参与奥运会的形式和竞技体育管理体制都具有重要的影响。

一、现代奥运会组织机构

现代奥运会组织机构主要由国际奥林匹克委员会和国际单项联合会等五部分组成，其中国际奥委会是其主要权力机构，总部位于欧洲的瑞士洛桑，国际奥委会主席职位长期由欧美国家垄断。国际奥委会委员实行“逆向代表制”，即国际奥委会委员是国际奥委会派驻所在国的代表，而不是国际奥委会委员所在国家在国际奥委会的代表，目的在于保证国际奥委会的独立性，尽管国际奥委会委员已遍布包括广大发展中国家的五大洲，但来自欧美各国的国际奥委会委员仍占据较大比例。国际奥委会主席及委员由欧美国家主导的事实意味着奥运会的全球化和民主化进程远未终结，广大发展中国家在奥运会的竞争仍然任重而道远。

（一）国际奥委会及其组成

奥林匹克运动的管理机构，主要有国际奥林匹克委员会、国际奥委会主

---

① 参见董杰：《论奥运会的全球化特征》，《体育与科学》2006 年第 2 期。

席、国际奥委会委员、国际单项体育联合会、国家和地区奥委会五部分构成。其中国际奥林匹克委员会（简称“国际奥委会”）是最高权力机构，成立于1894年6月，总部设在瑞士洛桑，是国际性的非政府间组织。1981年9月，国际奥委会获得瑞士联邦议会认可，承认其为具有法人资格且无限期存在的协会。国际奥委会作为国际性非政府组织，在其产生和发展过程中包括会址选择和章程确立等基本事务都要同主权国家合作才可以实现，其本身并不具有超越主权国家的职权，而且国际奥委会在其工作开展过程中也始终离不开主权国家的支持。国际奥委会的主要职责是确保奥运会的正常运转和奥运精神的贯彻等，其中也包括“领导开展反对体育运动中使用兴奋剂的斗争……反对将体育运动和运动员滥用于任何政治目的和商业的目的”等具体的任务。国际奥委会在组织架构上可以分为全体会议、执行委员会和主席。在执行委员会下还设有若干具体的工作机构，负责开展具体的业务工作。国际奥委会经费来源主要是捐赠、举办奥运会和转让电视转播权的收入等。国际奥委会作为国际性非政府组织，在其本身产生和发展的过程中，包括会址选择、章程合法性获得等众多环节，都离不开主权国家的合作与支持。国际奥委会并没有凌驾于主权国家之上的权力，其业务开展也始终离不开主权国家的支持与配合，同样道理，国际奥委会尽管具有较大的国际影响力，但也不能够利用其国际组织的身份干涉主权国家内政。

（二）国际奥委会委员

国际奥委会委员都是自然人。为了最大限度地避免主权国家对国际奥委会的不当干预，国际奥委会采用“逆向代表”制度，即国际奥委会委员作为国际奥林匹克委员会的成员，是国际奥委会在其国家的代表，而不是其国家在国际奥委会的代表。国际奥委会委员按照章程约定接受国际奥委会的指导和约束，其从事的国际奥委会工作不受所在国政府、其他组织和个人指令的规制。《奥林匹克宪章》规定国际奥委会委员必须为国际奥委会所承认的国家奥委会所在国的公民并且要在该国居住，即国际奥委会委员首先要拥有所在国国籍成为受所在国法律承认的合法公民，然后才可以以个人身份成为国际奥委会委员，也就是说国际奥委会委员要接受所在国法律管辖，其国际奥委会委员身份仅限定于工作关系。“逆向代表”最大程度地保护了国际奥委会委员的独立性，但这并不意味着国际奥委会委员可以获得超越所在国法律之上的特权。国际奥委会委员首先是所在国法律承认的公民，其次才是国际奥委会的委员，因此国际奥委会委员也要接受所在国法律和制度的管辖，其对国际奥委会只是业务负责。国际奥委会不能凌驾于主权国家之上，国际奥委会委员更没有豁免权。一般情况下，一个国家只有 1 名国际奥委会委员，当然也不是所有国家都有国际奥委会委员，有的国家会拥有超过 2 名以上的委员，总体来看国际奥委会委员数量呈现增长的趋势。国际奥委会委员数量的变化，也反映出国际奥委会自身治理民主化改革的趋向。国际奥委会委员虽然不是代表所在国家，但是在实际的运行过程中难免会受到所在国的影响。因而国际奥委会委员数量也在一定程度上反映一个国家的体育竞技能力和综合国力。

（三）国家奥委会及单项联合会

国家奥林匹克委员会（简称“国家奥委会”）是得到国际奥委会承认的国家或地区奥林匹克组织，作为国际奥委会的国家和地区分支机构在各自国家和地区推广奥林匹克运动，也要按照《宪章》约定履行相应的权利和义务。根据《宪章》规定，只有“被国际社会承认的一个独立的国家”才可以成为国际奥委会意义上的国家。国际单项体育联合会作为国际性非政府组织，主要职能是在世界范围内负责一项或几项运动项目的推广，其分支机构也遍布众多国家和地区。根据章程约定，诸如国际篮联、国际足联、国际田联等国际单项体育联合会一般都是具有独立法人地位的非营利性社团。国际单项体育联合会数量众多、规模各异，其中奥运会项目的国际单项联合会要获得国际奥委会的承认，其行为必须符合《宪章》精神。但国际单项体育联合会在其管理的体育项目上具有独立性和自主权。国家奥委会和国际单项联合会承担了各自国家奥运项目开展及奥运会组织职能，有力推动了奥运项目竞赛规则的统一和竞技水平的提升，也巩固了奥运会在世界范围的影响力。国家奥委会的地位和职权是由国际奥委会章程规定和赋予的，但是由于各个国家历史文化传统和政治经济结构的差异，不同国家奥委会在实际履行职责的过程中，其所获得的资源支持和政策扶持也不尽相同。在中国，奥运会及竞技体育事业都是党和国家整体事业的重要组成部分，包括国际奥委会委员人选和国际奥委会机构设立、人员聘用等基本事务，以及国家奥委会同国际奥委会的工作关系都要接受党和国家的领导，并且符合国家相关法律和制度规范要求。这并不意味着主权国家对国际奥委会的工作干扰，更不是不尊重或损害国际奥委会的独立性，而是国家履行管理体育文化事业相关法定职责的体现。总体而言，国家奥委会运行和奥委会委员的遴选不可避免地要受所在国的影响和制约，有时还会成为意识形态斗争和政治争夺的对象。

新中国成立之初，由于国际奥委会奉行敌视新中国的政策，承认所谓的“中华民国奥委会”，试图在国际体育舞台上制造“两个中国”。在这种背景下，新中国于 1958 年宣布退出了国际奥委会，直至 1979 年国际奥委会承认中国奥委会即中华人民共和国奥委会，会址在北京，台湾则以“中华台北奥委会”的名义继续留在国际奥委会，新中国才重新加入奥林匹克。“奥运模式”解决了大陆和台湾以何种形式参与国际奥林匹克运动的问题，实现了两岸人民共同诉求。新中国恢复在国际奥委会合法席位的斗争过程，既是西方试图利用奥运会牵制新中国，也是新中国不断打破西方封锁的过程，再次印证了奥运会试图独立于政治之外是不现实的。事实上，近年来无论是普京关于莎拉波娃事件的表态，还是国际刑警组织关于国际足联贿选丑闻的打击，都无一例外地证明尽管体育不同于政治，但体育与政治的关系依然密切。在民族国家时代，奥运会从来不曾远离政治，更不可能脱离政治。

二、现代奥运精神理念

现代奥林匹克精神理念是奥林匹克价值观的集中体现，也是奥运会通过体育竞赛实现公平竞争和促进人类和平发展的崇高理念的象征，主要包括五环旗帜及“更快、更高、更强”的奥林匹克格言等三部分组成。近年来，“参与比致胜更快乐”“更干净、更人性、更团结”的理念和新格言也获得了世界广泛认可。

（一）奥林匹克精神

现代奥运会不仅是竞技水平最高的运动会，也是参与国家最多、规模最大的综合性国际体育赛事，在当今世界范围内其影响早已超越了体育而具有强大的号召力和示范作用。四年一届的奥林匹克运动会之所以能够成为人类盛大的和平聚会、展现民族精神的演练场和牵动人心的狂欢节，除了其精彩绝伦的竞技比赛之外，还在于蕴藏在众多比赛项目中的精神文化魅力。现代奥林匹克之父顾拜旦曾指出，奥林匹克运动并非只是增强肌肉力量，“它也是智力的和艺术的”。奥林匹克运动文化具有鲜明的象征性，大会的举办本身就是人类社会团结、进步、友谊的“一个伟大的象征”。《宪章》明确规定奥林匹克精神的主要内容包括互相了解、友谊、团结和公平竞争，奥林匹克精神文化还体现在其宗旨、标志、会旗、会歌、格言、名言、圣火、奖项等众多方面。奥林匹克作为国际性赛事，不同国家、不同文化背景、不同肤色、不同语言、不同生活方式、不同价值观的运动员、裁判员、教练员、工作人员和观众相聚在一起，不可避免地带来文化上的差异和交流与碰撞，这就要求奥林匹克形成能够包容差异、促进交流的文化氛围。奥林匹克运动还是以比赛和对抗为主要形式的竞技运动，公平和公正是其内在的要求。激烈的对抗竞赛，锤炼了运动员的身体、心理，也塑造了其顽强的精神品格，观众也可以在竞赛过程和运动员身上展现的优良品格中得到耳濡目染的教育和感官上的娱乐享受。竞技体育教育功能内在蕴含公平公正的核心要义，离开了公平公正，体育竞争就失去了意义。公平公正也是竞技体育承担的社会交往和文化娱乐职能的前提条件，激烈的竞赛之所以能增进友谊和相互了解并能够愉悦大众，根本原因就在于竞赛是在公平公正基础上进行的，因此失去了公平公正，运动员也就没有了团结友谊的基础，社会公众也就难以从中获得友善向上的精神滋养。奥林匹克运动离开了公平公正精神内核，就难以可持续发展。所以奥林匹克的精神不仅对直接参加奥林匹克运动的人具有教育意义，而且对于所有热爱和关心体育运动的人群都具有积极向上的教育价值。《宪章》规定奥林匹克宗旨是“通过没有任何歧视，具有奥林匹克精神——以友谊、团结和公平精神相互了解——的体育活动来教育青年，从而为建立一个和平的更美好的世界作出贡献”，表达了奥林匹克运动促进人类社会向真、善、美方向发展的美好祈求。奥林匹克宗旨与现代国际社会的发展目标相契合，完美诠释了奥林匹克精神文化，因而奥运会能够成为国际和平事业的重要组成部分。奥林匹克宗旨将“体育运动”与“教育青年”和“建立一个和平的更美好的世界”紧密结合在一起，体现了奥运会的历史使命和社会责任。奥林匹克运动的开展有力促进了个人发展与社会进步，奥林匹克精神也成为人类社会宝贵的精神财富。国际奥委会第 4 任主席埃德斯特隆，曾生动地将奥林匹克宗旨表述为：“奥运会无法强迫人们接受和平，但是它为全世界的青年人像亲兄弟一样欢聚一堂提供了机会。”①

（二）奥林匹克旗帜

现代奥林匹克最具代表性的标志就是五环和五环旗了，另外包括会歌、奖杯（包括勋章）、圣火传递等也是重要的标志。五环和五环旗的构思最早都出自顾拜旦，而且都是在第 7 届安特卫普奥运会上被确认使用的。五环旗的构思主要是“五环——蓝、黄、绿、红和黑环，象征世界上承认奥林匹克运动，并准备参加奥林匹克竞赛的五大洲。第六种颜色白色——旗帜的底色，意指所有国家都毫无例外地能在自己的旗帜下参加比赛”。五种颜色寓指世界五大洲，其中蓝、黄、黑、绿、红分别代表欧洲、亚洲、非洲、澳洲和美洲。整个五环造型成梯形，自左至右分两层相互套结，上层是蓝、黑、红环，下层是黄、绿环。五环旗呈长方形，在白色的无边绸布上镶绣五环而成。五环和五环旗的设计思想，体现了现代奥运会创始者们包容世界的广阔视野和胸怀，也象征着现代奥运会是个世界性的赛事。会旗交接仪式是现代奥运会的一道风景，一般是在闭幕式上进行。交接仪式上通常由本届奥运会

① 孙越等：《奥林匹克运动简明百科知识》，青岛出版社 2008 年版，第 16 页。

主办城市市长将五环旗交还给国际奥委会主席，预示着本届奥运会的结束，然后再由国际奥委会主席将旗帜交给下一届奥运会主办城市市长，标志着下一届奥运会进入新的开始。2004 年 8 月 29 日，在第 28 届雅典奥运会闭幕式上，时任北京市市长、后任十八届中央纪委书记的王岐山，从国际奥委会主席罗格手中接过了五环旗。满载着光荣与梦想五环旗，飞越万水千山来到第 29 届奥运会主办城市——北京。五环旗是奥林匹克的象征，《宪章》规定未经国际奥委会许可不能用于广告等商业活动，而且各国奥委会都肩负确保国际奥委会合法权益的责任和义务，不能滥用奥林匹克标志。

（三）奥林匹克格言

现代奥林匹克运动流传最广也最脍炙人口的格言莫过于“更快、更高、更强”，而“参与比取胜更重要”则是影响更为深远的名言，格言、名言都是现代奥运会核心理念和重要标志的有机组成部分，在一定意义上成为奥林匹克精神的浓缩和精华。集中体现了奥林匹克的核心价值。“更快、更高、更强”言简意赅，将现代奥运会倡导的进取精神表达得淋漓尽致，成为百年来无数体育爱好者的座右铭，不仅激励运动员在赛场上要追求更高的境界，要顽强拼搏、不畏强手、敢于胜利，而且鼓励人们在日常的生活和工作中也要勇敢进取，勇于超越自我，追求更高的人生目标。“重要的不是凯旋而是奋斗……不是为了获胜而是使人类变得更勇敢、更健壮、更谨慎和更落落大方”，顾拜旦曾以此作为国际奥委会的指导思想，也是对“参与比获胜更重要”的形象描述。“参与比取胜更重要”的名言与“更快、更高、更强”的格言，这两者不是相互矛盾的而是辩证统一相辅相成、相互促进的，不能厚此薄彼，更不能相互对立。“参与”是取胜的基础，没有“参与”谈不上取胜，仅仅满足于“参与”而不秉持“更快、更高、更强”的奋斗精神，就不会有精美绝伦的比赛，五环旗的魅力也会黯然失色。但是竞赛必然会有输赢高下，如果只是注重成绩，为了成绩而不择手段，甚至违背公平公正的奥林匹克精神，那么就会失去享受比赛的乐趣，甚至破坏奥运会可持续发展的根基。

正确理解奥林匹克名言和格言的关系，对于我们科学地认识全民健身和竞技体育的关系提供了新的视角，“参与比取胜更重要”的思想有助于全民健身运动的推广，而“更快、更高、更强”则激励运动员为超越自我、夺取锦标提供了强大动能。关于名言和格言的关系，第7任国际奥委会主席萨马兰奇先生曾经有过精妙的解释，他说：“就奥运会而言，参与是重要的；但就体育而言，你们应当更快、更高、更强。”萨马兰奇先生的解释，将奥运会的宗旨和体育的本质有机结合，既反映了奥运大家庭团结的要求，又体现了人类要不断进取的方向。当前，正值我国进入全面建成小康社会决胜阶段，作为中国特色社会主义文化重要组成部分的体育事业也迎来了改革发展的新时期。在全面深化体育事业改革，建设体育强国的过程中，也迫切需要高度重视全民健身的基础作用。体育强国只能建立在亿万人民积极参与体育、支持体育、热爱体育的基础上，否则，如果只是一味沉溺于金牌带来的荣耀、奖金和政绩，一方面会丧失运动的乐趣，降低公众对参与、支持体育运动的热情，直至瓦解体育运动的社会基础，另一方面也会直接摧毁运动员、教练员从事竞技体育的正确价值观，运动员、教练员痴迷金牌背后的利益必然丧失团结的基础和道德的底线。近些年来，无论是国内还是国外体育界都曾爆出兴奋剂、贿选等丑闻，比较著名的就是俄罗斯网球名将莎拉波娃涉嫌服用米屈肼被国际网球联合会停赛，国际足联前副主席杰克·华纳因2010年南非世界杯贿选被国际刑警调查，国家游泳队涉嫌查出兴奋剂被外媒热炒等。莎拉波娃事件，引起了俄罗斯总统普京的关注，甚至还引发互联网上关于美国利用该事件制裁俄罗斯的阴谋论。随后，普京在俄罗斯官方召开的会议上，公开批评了国内体育机构的官僚主义，没有及时更新兴奋剂目录，导致莎拉波娃误服含有米屈肼成分的禁药。当然，普京的发言并不能够质疑世界反兴奋剂机构的调查结论，也不能阻止或代替国际网球联合会的最终调查。上述兴奋剂和贿选丑闻，其中的背景和成因尽管非常复杂，有些还没有最终的结论，但是这种行为都实质上背叛了奥运会公平公正的精神，也是与奥运会的名言、格言相违背的。

另外，作为激烈对抗的竞技体育，如果没有金牌的奖励，没有名次的区分，不仅会降低比赛的观赏性，也与奥林匹克追逐“更快、更高、更强”的发展目标相悖，因而包括奖牌、奖杯、勋章、证书等形式的奖励不仅是必要的，还是必然的。所以，竞技体育事业在淡化锦标色彩的同时，绝不能够取消金牌、奖牌，否则也不利于奥林匹克运动的可持续发展。当然，简单地以金牌、奖牌数量作为衡量一个运动员的成绩或一个国家、地区体育经济社会发展成就和文明进步，毫无疑问也是非常片面的。

三、奥运会危机及其改革

现代奥运会走过 120 多年的风雨，经历过两次世界大战的考验，其间也多次出现严重的财政危机、兴奋剂危机、贿选丑闻等，甚至一度受到恐怖主义的侵扰，但经过数次较大规模的改革，现已成为全世界参赛国家最多、影响最大的综合性竞技体育大会，奥运精神已经成为全人类的财富而受到普遍认同。但是，现代竞技体育全球化、科学化、产业化和职业化深度发展的趋势，都使得现代奥运会面临新的政治、经济挑战，迫切需要进行深度的民主化变革。

（一）现代奥运会危机

奥运会作为现代竞技体育的最高平台，其信任危机根源于现代竞技体育的异化，而直接的原因和表现则在于组织和竞赛过程中对《奥林匹克宪章》精神的背离。《宪章》规定的奥林匹克精神包括没有歧视、友谊、团结和公平竞争、相互理解等核心要素，其目的在于“为建立一个和平的更美好的世界作出贡献”。友谊、团结、公平、和平显然是构成更美好世界的必要基础，也就是说奥林匹克精神代表着人类对自身和社会发展的价值追求，而现代竞技体育则是人类追求和实现友谊、团结、公平的良好形式。现代竞技体育和奥运会在人类对公平等核心理念的追求上实现了完美契合，并相互促进共同成为当代人类社会独特的文化现象，而且获得了空前的影响力。因此，公平、竞争、规则不仅是现代竞技体育而且也是奥运会必须捍卫的神圣法则，否则无论是现代竞技体育还是奥运会都将失去赖以生存的根基。

1. 国际政治对奥运会的干扰。在错综复杂的国际政治格局中，大国关系和地缘政治对奥运会的顺利举办常常产生决定性的影响，历史和现实已反复证明了奥运会同国际政治的密切关系。美、俄等大国以兴奋剂问题为导火索，在奥运会展开正面交锋。2017 年 12 月，国际奥委会以“系统性操纵反兴奋剂工作”为由，拒绝俄罗斯以代表团形式参加平昌冬奥会。另据新华社报道，2018 年 1 月 28 日，国际奥委会经过“深思熟虑”，最终破格允许俄罗斯运动员以“来自俄罗斯的奥林匹克运动员”的名义参赛，但参赛人数已经大幅缩水至 169 名，而且还有严苛的规定。但不能代表俄罗斯，不能升起俄罗斯国旗，也不能奏唱俄罗斯国歌，只能穿带有国际奥委会标志并经过许可的服装，还专门规定不能参加任何形式的“替代性”颁奖仪式，而且在社交媒体表态或者发表公开言论也要避免国旗、国歌有关的语句，总之意在通过苛刻的规定从平昌冬奥会上抹掉俄罗斯的任何痕迹。经过长时间多番努力调处，国际奥委会此次作出妥协，一方面体现出国际奥委会对兴奋剂的深恶痛绝和决不姑息的坚决态度，另一方面也充分考虑到了运动员的利益，允许运动员以个人身份参加比赛，但是这种极端的做法即便能够让部分俄罗斯运动员参加到冬奥会中，也必将激发他们对奥运会的误解和怨怼，降低他们的荣誉感和自豪感，甚至被解读为对其祖国的侮辱和轻蔑。俄罗斯奥委会副主席在接受采访中表示，这些运动员仍然代表着俄罗斯国家荣誉，他们可以自由决定是否前往平昌参赛，“不过目前还没有人表达过不参赛的想法”。最终，究竟有多少俄罗斯运动员能够参加平昌冬奥会仍然是个未解之谜。尽管近年来奥运会的参赛资格有些特例，如 2016 年里约奥运会上出现了难民代表团，但毕竟传统的奥运会还是以国家和地区为单位的，俄罗斯运动员以个人身份参赛殊为罕见。此前，西方政要拒绝出席 2014 年索契冬奥会开幕式也曾被媒体广泛解读为对俄罗斯的抵制和抗议，中国国家主席应邀出席也同样被媒体广泛关注为“中俄战略伙伴关系”全面加深。但是，习近平在接受记者采访时，则将此行解释为“按照中国人的传统，邻居和朋友家里办喜事，当然要来贺喜”，也表达了中国政府和人民对俄罗斯索契举办冬奥会的支持。

近代中国参与现代奥运的曲折历程，更是现代奥运会受到政治侵扰的绝好例证。1952 年，新中国成立之初即冲破重重阻挠，在奥运会行将结束之际匆忙赶到赫尔辛基，完成了新中国在现代奥运会上的第一次亮相。此后由于美国把持的国际奥委会试图制造“两个中国”，1958 年中国被迫中断了同国际奥委会的关系，直至 1979 年 10 月国际奥运会执委会在日本名古屋会议上才通过了恢复中国合法席位的决议。“名古屋决议”明确了“一个中国”原则，确认中华人民共和国国家奥委会的正式名称是“中国奥林匹克委员会”，使用中华人民共和国国旗和国歌，会址设在北京；台北奥委会更名为“中国台北奥林匹克委员会”，会址在台北。此即闻名于世的“奥运模式”，又称“名古屋模式”。“名古屋决议”同时明确要求台北奥委会不得使用原来的旗、歌和徽记，而新的会旗、会歌、会徽均需经国际奥委会批准。“奥运模式”可以说是“一国两制”最早的实践，成功解决了中国参与国际奥林匹克运动的政治身份问题，即便如此，在通讯表决“名古屋决议”时仍然有 17 张反对票，可见围绕这个问题的争斗是何等激烈。“奥运模式”与 1979 年前后的国际国内政治形势密切相关：一方面，1978 年中共十一届三中全会后中国迎来了改革开放新时代，迫切需要通过奥运会展示国家形象；另一方面，1979 年 1 月中美正式建交则扫清了恢复合法席位的最大政治障碍。1979 年 11 月，时任中国奥委会主席的钟师统宣布接受国际奥委会决议，并参加 1980 年的夏季和冬季奥运会。可是国际形势波诡云谲，错综复杂，1979 年 12 月，苏联公然入侵阿富汗，国际社会掀起了抵制将于 1980 年 7 月举行的莫斯科夏季奥运会的浪潮，中国也只是参加了 1980 年 2 月在美国普莱西德湖举办的冬季奥运会，最终没能实现尽早回归奥运会的愿望。

事实上，奥运会受国际政治角逐干扰的案例可谓车载斗量，甚至可以说奥运会始终伴随着政治斗争，其本身以国家和地区为单位参赛的主体资格就带有政治意味，只有获得国际社会承认的国家和地区才可以被国际奥委会吸纳为成员，运动员代表国家参赛并由所在国家奥委会派出，而以个人身份参加奥运会或者难民代表团只是特例，运动员按国别入场、运动员村升起的国旗、颁奖时奏唱的国歌和运动服上标示的国徽无不强化着奥运会的政治元素。顾拜旦在创办现代奥运会之初，并不讳言奥运会与政治的密切关系。因为现代奥运会本身就是在“普法战争”法国战败后，顾拜旦有感于法国青年体质下降、士气低落而创立的，由此也可以说奥运会自诞生以来就与政治存在着密切的联系。冷战时期，1976 年非洲国家因种族歧视问题抵制了蒙特利尔奥运会，1980 年美国为首的西方国家因 1979 年苏联入侵阿富汗抵制了莫斯科奥运会，1984 年苏联联合部分社会主义国家抵制了洛杉矶奥运会。更早时期，接连爆发的两次世界大战让 3 届奥运会停办，1936 年柏林奥运会为希特勒和德国法西斯利用宣扬民族优劣论。直至今日，围绕 2018 年平昌冬奥会的参赛资格，美俄纠缠不清，而朝鲜是否参加、以何种形式参加都成为外界观察东北亚形势的重要窗口，因为 2000 年悉尼奥运会上，朝、韩在统一的旗帜下联合步入会场曾感染亿万观众，被解读为国际奥委会通过体育促进和平的努力成果。1956 年，墨尔本奥运会上，民主德国和联邦德国就曾经携手入场。作为当今世界最大规模的综合性运动会，不可避免地受到地缘政治和国际关系的影响，一方面其要借助民族国家的力量推广奥林匹克运动，特别是在承办奥运会耗费巨大、周期较长、安保压力巨大的条件下，奥运会的顺利举办离不开政治力量的支持，另一方面奥运会又要时刻警醒不被政治势力所裹挟，成为政治斗争的牺牲品或祭品。如何在复杂的政治格局中，发扬奥运会“友谊、团结、和平”的精神宗旨，的确考验奥运会的组织者和参与者，但是奥运会“远离政治”“价值中立”无论如何是行不通的。另外，奥运会在解决国际政治争端中的地位和作用也不可以高估，就像 1940 年的东京奥运会并没有阻挡日本军国主义侵略中国的铁蹄一样，1964 年的东京奥运会又怎么能称之为展示战后重建国家新形象呢，所以 2020 年的东京奥运会的意义更不宜做出过度的诠释。2008 年 8 月 8 日，北京奥运会开幕之际，俄罗斯和格鲁吉亚为争夺南奥塞梯地区控制权爆发战争，让古代奥运会“神圣休战”原则形同虚设，同样让“将军林”的美好期盼黯然失色。

如何透过纷繁复杂的社会现象把握事物发展的本质，列宁曾经说过：“在社会现象领域，没有哪种方法比胡乱抽出一些个别事实和玩弄实例更普遍、更站不住脚的了。挑选任何例子是毫不费劲的，但这没有任何意义，或者有纯粹消极的意义，因为问题完全在于，每一个别情况都有其具体的历史环境。”同时，他又告诫：“如果不是从整体上、不是从联系中去掌握事实，如果事实是零碎的和随意挑选出来的，那么他们就只能是一种儿戏，或者连儿戏也不如。”[①] 上述国际政治干扰现代奥运的案例看似杂乱无章，每一案例也都有不尽相同的情况，但并不是“个别事实”，更不是“胡乱抽出”的，而是不同历史时期奥运会与国际政治互动的真实反馈。因此，从整体上、从联系中完全可以得出奥运会同国际政治存在着密切的联系，不仅不能脱离现实政治而且深受国际力量对比左右的正确结论。

2. *商业化对奥运精神的侵扰*。奥运会创始人顾拜旦以及其后的国际奥委会主席基拉宁、布伦戴奇等人都曾经坚持业余原则、激烈反对奥运会的商业化。1947 年，《奥林匹克宪章》明确“反对将体育运动和运动员滥用于任何政治或商业目的”，奥林匹克运动“不涉及任何直接或间接的物质方面的利益”。顾拜旦认为：“一个人将其全部交给一项竞技运动，由于从事这项运动而致富，从而是竞技运动的高尚荡然无存，使肌肉凌驾于人的精神之上，而彻底毁坏了人的均衡。”[②]1971 年，布伦戴奇甚至为此明确提出“要力图清除那些以竞技运动谋取利益的人”。早期奥运会创始者普遍认同只有坚持业余和非商业化原则，才能维护奥运精神的神圣和确保奥运会的社会功能。但是随着现代竞技体育的发展和奥运会自身生存的需要，奥运会自 20 世纪 80 年代开始拥抱商业，通过电视转播权销售、制定赞助商赞助和门票销售等形式实现了财务独立，不仅为奥委会的可持续发展提供了可靠的财务保障，而且显著提升了国际奥委会免受主权国家政治干扰的能力，但是在这个过程中也出现了商业化的趋势，侵害了运动员的切身利益，也侵蚀了“相互理解、友谊、团结和公平竞争”的奥运精神，成为贿选和滥用兴奋剂的重要诱因，也增加了奥运会运行的制度成本。国际奥委会对商业化保持高度警惕，甚至一度拒绝商家的无偿资助，但最终迫于承办奥运会巨大的经费压力，不得不

---

① 《列宁全集》第 28 卷，人民出版社 1990 年版，第 364 页。

② 转引自熊斗寅：《奥林匹克运动面临的挑战》，《天津体育学院学报》1993 年第 4 期。

开启商业化道路。1960 年罗马奥运会耗费 5 亿美元，1972 的悉尼奥运会升至 7.5 亿美元，1976 年的蒙特利尔奥运会更是为该市留下了长达 20 年的债务，成为奥运会历史上挥之不去的阴影，又被称为“蒙特利尔陷阱”。1980 年萨马兰奇就任国际奥委会主席，认为“商业化是使体育运动适应现代社会最有力的因素”，开始通过商业经营和市场开放破解奥运会财务压力的努力。1984 年洛杉矶奥运会在民间人士尤伯罗斯的领导下，不仅扭转了亏损，还史无前例实现了 2.5 亿美元的盈余，彻底改变了奥运会运转的轨道，在一定意义上改写了现代奥运会的历史。①1984 年奥运会具有里程碑意义，国际奥委会专门授予尤伯罗斯金质勋章，以奖励其卓越的贡献。自此以后，奥运会开始在商业化的道路上不断开疆拓土，不断刷新巨额广告收入的记录，国际奥委会也借此获得了财务独立。

商业化也对奥运会构成了巨大的压力，首先，在赞助商和运动员利益权衡之间，不得不更多考虑市场利益而放弃对“更快、更高、更强”理念的信守。为了赞助商的利益修改部分竞赛项目规则和规程，刻意把决赛改到电视转播的黄金时间而不顾及运动员竞技状态的发挥，直接伤害了运动员的权益，甚至危及运动员的健康。其次由于奥运会演变成了有利可图的“捞钱机器”，承办奥运会的竞争越来越激烈，申办城市开始通过贿赂国际奥委会委员来获得赞成票，部分国际奥委会委员趁机利用职权牟取私利，让国际奥委会陷入信任危机。第三，也是最重要的是奥运会金牌的市场价值被放大，运动员为了获得更好的竞赛成绩滥用违禁药物，使得运动成绩谎言化，为了查验兴奋剂，不得不大幅增加财务支出。通过使用违禁药物增强身体机能达到提高竞赛成绩的目的，已经成为竞技体育的一大公害，其行为直接违背了竞技体育公平竞争精神，不仅危害运动员生命健康，而且损害了其他运动员的权益。自 1960 年罗马奥运会上丹麦自行车运动员詹森之死开始，国际奥委会开始关注兴奋剂问题，并不断加大对兴奋剂的查验和处罚力度，但并没有

① 高铁英、曹伟美等：《萨马兰奇：IOC 主席的风采》，中国对外贸易教育出版社 1993 年版，第 129 页。

从根本上根除兴奋剂。兴奋剂的滥用表面上是由于运动员个人为了达到更高的竞技水平造成的，其背后更深层的原因则在于附着在竞技成绩背后巨大的物质利益和政治荣誉的诱惑。运动员、教练员、体育官员、俱乐部、生物医药公司等利益相关方都有可能成为兴奋剂的推手，有的运动员是在不知情的情况下或者伤病的原因误服了含有兴奋剂的药物。国际奥委会严厉禁止、坚决抵制运动员服用兴奋剂，并为此制定了"严格责任原则"，即不论运动员是否知情，不区别是误服还是有意使用，也不考虑药物是否产生直接效果或者产生多大效果，只要客观上服用了违禁药物即可界定为使用了兴奋剂，就要承担相应的责任并接受处罚。当然，国际奥委会为保护运动员合法权益，对兴奋剂的检测和处罚也有严格的程序，运动员也可以进行申诉。关于运动员伤病可以使用的药物国际奥委会没有明确的规定，但是国际反兴奋剂组织有专门的兴奋剂目录用于指导运动员用药，因此职业运动员误服含有兴奋剂的药物理由是非常牵强和站不住脚的。2000 年悉尼奥运会上，罗马尼亚体操运动员拉杜坎获得女子体操全能金牌，但其因赛前感冒服用了治疗感冒的药物，赛后兴奋剂检测含有禁用物质麻黄碱，国际奥委会取消了其参赛资格和金牌。拉杜坎进行了申诉，说明其因感冒队医让其服用了感冒药，并且提出感冒药的剂量不足以帮助提升成绩，但是国际奥委会仍然按照严格责任原则取消了其金牌。世界网球名将莎拉波娃服用含有兴奋剂成分的药物米屈肼也遭到世界网球联合会的禁赛处罚，其申辩的理由是其此前一直使用这种药物，兴奋剂目录调整后其并不知情，但莎拉波娃的申辩同样被驳回。为了斩断伸向竞技体育的兴奋剂黑手，国际奥委会不得不加大经费投入用于反兴奋剂研究和检测，目前常规的国际赛外兴奋剂检查从采集样本到实验室分析，每一例要耗费 400—500 美元，仅仅世界反兴奋剂机构一家（WADA）每年用于检测的费用就达到数百万美元，全球数十个实验室每年检测分析 10 万例以上的样本，至少耗资 2000 多万美元，据估算，世界每年直接用于反兴奋剂的开支就超过 1 亿美元之巨。[①] 另外，为了加大反兴奋剂查处力度，防

① 谢琼环、杨树安、史康成：《伸向赛场的黑手》，《中国体育报》2002 年 10 月 29 日。

止运动员在平时训练时使用兴奋剂，国际田联等国际体育组织还对运动员日常训练进行检测，即赛外检查，由其官员在世界各地飞来飞去对运动员进行突击检查，故又称之为“飞行尿检”。“飞行尿检”增大了震慑力度，但无疑也增加了反兴奋剂成本支出。但是兴奋剂检测方法和手段总要在新型兴奋剂产生以后才可能进行，意味着反兴奋剂技术总是要落后于兴奋剂的研制和使用，在这个过程中，部分高科技生物医药公司扮演了自相矛盾的角色，一面在斥巨资研发兴奋剂同时又在推广反兴奋剂检测。竞技体育兴奋剂和反兴奋剂研究逐渐衍生出一个专门的产业市场和专业领域，表明商业逐利法则对竞技体育的渗透已经达到无孔不入的境地。

（二）现代奥运会的民主改革

1. *政治多极化要求奥运会民主化改革*。二战以后，特别是冷战结束以来，世界政治格局实现了从欧洲中心到“美苏对峙”再到“一超多强”的渐进式发展，国际政治力量的对比发生了明显的变化，形成了美国、欧洲、日本、俄罗斯、中国和广大发展中国家多中心并存的局面。美国作为当今世界唯一的超级大国，近年来由于金融危机的打击实力相对下降，但其经济、科技、军事领先优势将会长期存在，其竞技体育产业化、职业化水平执世界之牛耳，是全球竞技体育改革的风向标。美国国内政治局势演变也呈现新的趋势，新任美国总统特朗普奉行“美国优先”战略，挥舞制裁大棒，制造贸易壁垒，其国际政策呈现“逆全球化”动向。另外，2016 年的美国总统大选进一步暴露了西式选举民主的制度性缺陷，选举事实上沦为资本操控下的政客表演和政党恶斗，选民投票率长期低于 50% 的“投票冷漠现象”则说明民主的虚伪已被民众识破。层出不穷的“邮件门”“通俄门”等政治丑闻，打破了美国选举的“民主神话”，表明美国式选举民主“异化成为少数富人服务的民主和漠视广大普通民众利益的民主，从而走向了民主的对立面”。[①] 美国式选举民主的异化，加剧了精英阶层与社会大众的分化，导致“占领华尔街”

---

① 金太军、周义程：《西式选举民主的病症与病根》，《红旗文稿》2016 年第 17 期。

等民众抗议运动仍在持续发酵，深刻影响美国内外政策的选择和国际政治走向。现代竞技体育的源头、奥运会的发源地欧洲政治局势动荡，深陷难民危机、金融危机的困扰，英国“脱欧”让欧洲一体化进程遭遇重大挫折，必将对欧洲各国和欧盟的经济社会和体育文化事业带来危机。中国作为世界上最大的发展中国家，宣布进入中国特色社会主义新时代，制定了雄心勃勃的全面建成民主富强文明和谐美丽的社会主义现代化强国、体育强国的战略，以更加积极的姿态拥抱奥林匹克运动，并将于 2022 年举办冬奥会。俄罗斯继承了苏联的绝大部分军事遗产，仍然是举足轻重的大国，正在为实现复兴俄罗斯大国梦而奋进，因兴奋剂问题在 2014 年索契冬奥会、2016 年里约奥运会和 2018 年平昌冬奥会同西方国家展开了激烈争斗。新兴市场经济国家主要是指亚非拉广大发展中国家，也被称为“第三世界国家”，也在借助全球化力量和科技革命浪潮努力实现现代化转型，日益成为不可忽视的政治力量。全球化时代不仅解决人类面临的生态危机、恐怖主义等世界性问题离不开广大发展中国家的支持和参与，竞技体育领域同样离不开发展中国家的参与。总之，世界政治格局的多极化要求包括国际奥委会在内的国际体育组织的治理更加民主化。

尽管，国际体坛以欧美为中心的格局已经被打破，但国际奥委会主席长期为欧美国家垄断，国际奥委会委员数量不能覆盖所有国家的现状在短时间内还难以根本扭转。国际奥委会主席由国际奥委会全会投票产生，是国际奥委会的最高领导人和法人代表。迄今为止国际奥委会的 9 任主席，全部来自欧美国家，包括希腊的维凯拉斯（第 1 任，1894—1896），法国人顾拜旦（第 2 任，1900—1925），比利时人拉图尔（第 3 任，1925—1942），瑞典人埃德斯特隆（第 4 任，1942—1952），美国人布伦戴奇（第 5 任，1952—1972），爱尔兰人基拉宁（第 6 任，1972—1980），西班牙人萨马兰奇（第 7 任，1980—2001），比利时人罗格（第 8 任，2001—2013），现任主席是德国人巴赫。目前，尽管国际奥委会委员已覆盖四大洲的主要国家，也包括发展中国家，但是国际奥委会主席一职长期为欧美国家垄断。欧美发达国家把持国际奥委会权力的根源，除了现代奥运起源于欧洲之外，另一个重要的原因就是欧美国家体育实力仍然领先于广大亚非拉发展中国家。现代奥运会创设之初，规定国际奥委会委员作为国际奥林匹克委员会的成员，必须是国际奥委会所承认的国家奥委会所在国的公民，但其身份是国际奥委会在自己国家的代表，而不是自己国家在国际奥委会的代表。国际奥委会委员是以个人身份参加到国际奥委会的工作，不受任何政府组织或个人的指令。国际奥委会委员的“逆向代表制”，初衷是为了防范政治的干扰，但现实政治对奥运会的渗透难以避免。国际奥委会委员数量增长缓慢且不能涵盖所有的国家奥委会，目前得到国际奥委会承认的国家奥委会有 205 个，但国际奥委会委员数量仅为 119 余名，只能涵盖 70 余个国家和地区，绝大多数的国家在国际奥委会没有自己的代表，致使广大发展中国家难以表达自己的合理诉求，也无法深度参与奥运会组织治理。1984 年盐湖城冬奥会贿选案发后，国际奥委会大幅度调整了国际奥委会委员数量，也进行了大刀阔斧的民主化改革，增加了来自运动员、国际单项联合会、国家奥委会的委员名额，但是由于没有触及竞赛项目设置等根本问题而收效甚微，国际奥委会民主化改革仍然任重道远。

2. *经济全球化要求奥运会均衡化发展*。按照马克思主义的观点，世界经济决定世界政治和国际关系基本格局。2008 年金融危机以来，世界进入大发展大变革大调整时期，多极化、全球化、多样化、信息化加速推进，不同国家和地区的相互联系和依存日益加深，国际力量对比更为均衡，和平发展趋势不可逆转，要求包括国际奥委会在内的国际组织治理体系深入变革，推动奥运会实现均衡化发展。金融危机期间，欧美各国政府一致通过收购银行股份等形式为私人银行注资，实现了国家资本同私人金融资本的结合，世界政治经济呈现新特点和新变化。首先，“后金融危机时代”世界经济增长动能不足，主要经济体复苏乏力，但经济全球化的基本趋势没有改变，国际直接投资和债券投资流量都有显著增加，说明以跨国公司为代表的跨国垄断资本仍然具备推动生产要素继续跨国界流动的经济金融能力，更重要的是推进经济全球化的世界经济结构、国际货币体系及世界经济增长模式仍在继续发挥作用，以美国为首的西方发达国家经济体产业日益虚拟化和服务化，美元仍将是世界主要储备和结算货币，消费拉动经济增长模式难以根本扭转。[①] 其次，跨国垄断成为当今世界经济的最基本特征，跨国生产和跨国金融取代了民族的生产和金融，跨国垄断金融资本对世界生产的控制能力进一步提高。外国直接投资是反映经济全球化和跨国生产的重要指标，联合国贸易和发展会议每年发布的《世界投资报告》数据显示，2012 年外国直接投资流入和流出分别为 22.8 万亿美元和 23.6 万亿美元，是 1982 年 5790 亿美元和 7900 亿美元的 38 倍和 30 倍。1990 年，外国直接投资流入量占 GDP 的比重仅为 9.7%，2012 年这个数据达到了 32.2%，而且外国直接投资流入量占发达经济体、发展中经济体和转型经济体 GDP 的比重都有大幅增加。[②] 西方发达国家外国直接投资流入和流出总量都较高，说明发达国家之间资本融合度较高，成为跨国垄断资本相互融合的主体，意味着西方国家金融资本实现了跨国联合。主要来自发达西方国家的大型跨国公司是跨国生产的主要组织者和控制者，在世界政治经济版图上的地位、作用大大增强。跨国公司、跨国垄断资本控制世界市场，导致世界政治经济格局呈现“资本帝国”特点，跨国资本拥有了超越国家主权的巨大能量，使得民族国家及其政府职能蜕变为资本的附庸和奴婢，不再拥有制定和管理国家经济战略的能力。跨国垄断资本为实现自身利益，要求其对主权国家之间的争斗进行约束和调解，而表现为国际秩序和国际关系的改造者和调节者，客观上也有利于维护安全、和平的国际环境。但这绝非说明跨国垄断资本爱好和平，资本唯利是图的本性仍然没有丝毫改变，如果战争能够带来利润，垄断资本一样会挑起动乱。马克思在《资本论》中，曾经转述了英国经济学家托·约·邓宁的观点，认为：“如果有 10% 的利润，它（资本）就保证到处被使用；有 20% 的利润，它就活跃起来；有 50% 的利润，它就铤而走险；为了 100% 的利润，它就敢践踏一切人间法律；有 300% 的利润，它就敢犯任何罪行，甚至冒绞首的危险。”[③] 马克思的论述同样适用于国际垄断资本，萨达姆、卡扎菲政权的垮台都证实

① 裴长洪：《后危机时代经济全球化趋势及其新特点、新态势》，《国际经济评论》2010 年第 4 期。

② 李滨、陈光：《跨国垄断资本与世界政治的新变化》，《世界经济与政治》2014 年第 6 期。

③《马克思恩格斯选集》第 2 卷，人民出版社 1995 年版，第 266 页。

了资本嗜血的本性，所谓“正义战争”已经成为国际金融资本维护自身垄断利益的遮羞布。只是“正义战争”不再是主权国家反对外来侵略的战争，而成为国际垄断资本捍卫“人道主义”的旗帜。国际垄断资本还通过掌控媒体获得话语权，把那些敢于挑战其统治秩序的政权及其领导人界定为“无赖国家”和独裁者，然后挥舞制裁大棒直至直接挑起战争。总体上而言，跨国垄断资本之间由于利益的高度勾连，使得军事手段不再作为政策工具优先考虑。[①] 跨国垄断资本控制下的全球化，还对世界治理体系变革提出了新的要求。经济全球化带来社会问题的全球化，必然要求多方参与治理诸如恐怖主义、全球变暖等非传统安全问题。于是，跨国垄断资本控制下的国际组织，开始有限、有序地吸收新兴国家参与，试图在现有规则体系下巩固其霸权地位，建立层级分明的全球治理机构。

由经济全球化演变而来的跨国垄断资本控制，对世界政治经济格局和全球治理变革带来深远的影响，也对现代奥运会均衡化发展构成严峻压力，主要表现在跨国公司、跨国垄断资本利用奥运会拓展商业利益的能力增强，奥运会西方化趋势难以扭转。据新华社报道，2017 年 9 月，国际奥委会主席巴赫在第 131 次全体会议上，宣布法国巴黎和美国洛杉矶承办 2024 年第 32 届和 2028 年第 33 届夏季奥运会的决定，并认为这是国际奥委会改革的成果和三方多赢的结果。一次宣布两届奥运会主办城市，这在奥运会的历史上还是首次，主要是由于汉堡、罗马、波士顿和布达佩斯等城市等退出申办。奥运会主办权遇冷，也从不同视角印证了现代奥运会的困境，但是自 1896 年举办第一届现代奥运会 120 余年以来，累计举办了 28 届夏季奥运会（因两次世界大战，1914 年、1940 年、1944 年奥运会停办），主办国家和城市分别达到了 19 个和 23 个，遍布欧洲、亚洲、大洋洲和美洲，但奥运会至今唯独没有踏上非洲这片土地，五环旗帜的缺憾让奥运精神蒙羞。随着 2024 和 2028 年奥运主办城市的确定，非洲人民的奥运梦想还“值得期待么”？事实

---

① ［美］罗伯特·基欧汉、约瑟夫·奈：《权力与相互依赖》，门洪华译，北京大学出版社 2002 年版，第 28—29 页。

上，南非的开普敦曾申办 2004 年奥运会，肯尼亚的内罗毕曾有意申办 2024 年奥运会，但是出于各种原因要么胎死腹中，要么是折戟沉沙，而欧洲却举办了 16 届，北美洲也举办了 6 届奥运会。尽管，国际奥委会也进行了改革，吸纳了 50 余个非洲国家奥委会，但事实无情证明，经济全球化时代的奥运会全球化仍然是西方化、欧洲化，其均衡发展的道路仍然是漫长而又阻力重重。

3. *文化多样性要求奥运会多元化发展。*西方垄断国际奥委会权力格局直接后果就是，一方面，奥运会和奥运竞赛项目的世界影响力大增，另一方面是广大发展中国家的民族传统体育项目出现大幅萎缩、消亡，国际奥委会甚至为此专门成立了由萨马兰奇任主席的保护和抢救民族传统体育项目委员会。有学者对奥运会的全球化特征作了专门分析，统计数据证明，近 20 年来参加奥运会的国家近 200 个，运动员超过 1 万人，竞赛项目 300 多项，观众人数数十亿人，极大凸显了现代奥运会的全球影响力。[①] 但是，以 2000 年悉尼奥运会为例，实际参赛运动员 10651 人，其中欧洲 5275 人占 49.6%，非洲只有 869 人，大洋洲 814 人，时任国际奥委会委员 123 名，52.6% 来自欧美，在 199 个参赛国家和地区中有 71 个代表团不足 5 人，不列颠维尔京群岛仅派出 1 人参赛，故“今日的全球化在相当程度上表现为西方化”[②]。在夏季奥林匹克 28 个大项 300 余个小项中，除跆拳道、柔道等极个别项目外，全部源起于西方，而且跆拳道在成为奥运项目过程中也进行了西方化的改造。中国武术几经努力，虽在北京奥运会上列为表演项目，但是进入奥运会仍然遥遥无期，并且奥运会改革的趋势还要进一步控制规模、压缩项目，柔道等项目还面临着被挤出奥运会的风险。竞技体育项目是一个国家和地区文化的映射，特别是民族传统体育项目更是集中反映了不同国家、地区和民族的历史文化积淀。从目前竞赛项目设置来看，现代奥运会在世界范围的扩张实质上是欧洲化和西方化，体现的是西方文化单向度的扩张，与世界发展文

① 董杰:《论奥运会的全球化特征》,《体育与科学》2006 年第 2 期。
② 任海:《奥林匹克运动的全球化与文化的多样性》,《体育文化导刊》2002 年第 1 期，

化多样性的普遍趋势是背道而驰的，在一定意义上构成了对发展中国家和地区的歧视，从而违背了奥林匹克宪章的相互理解、公平竞争精神，侵蚀了奥运会赖以存在的生命根基。

总之，走过 120 余年的现代奥运会借助体育竞赛的形式，表达了和平、友谊、团结的精神理念，为人类建设更美好的世界提供了理想的平台，获得了世界人民的普遍认同和广泛的影响力。但是，由于现代竞技体育的异化，奥运会自身改革的滞后，西方国家长期垄断国际奥委会管理权，现代奥运也面临严重的政治、经济危机，亟须通过深化改革确保其生机与活力。

第三节　举国体制内涵与外延

竞技体育整体上仍然属于文化的一部分，同政治、经济存在着密切的联系。尽管在全球化时代，竞技体育借助奥运会平台实现了共同规则约束下的竞争格局，但主权国家政府完全拥有根据本国实际情况管理竞技体育发展的职权。由于“竞技体育能满足社会的政治、经济、文化等多种需要，并具有特殊的使用价值，这种使用价值在一定程度上决定其作用、功能及消费形式，进而影响其在国民经济中的地位及政府职能定位”，[①] 政府采取何种形式管理竞技体育完全取决于其对竞技体育的价值判断和现实政治、经济和文化事业发展的需要，是一个综合因素作用的结果，世界上没有完全一致的竞技体育管理模式和发展道路。

一、竞技体育管理体制

竞技体育管理体制主要是指世界各国政府为发展竞技体育运动采取的政策措施，其中最主要的是机构设置和人员、资金等资源的配置方式。目前，

---

① 杨奇虎:《追寻经济正义：竞技体育伦理批判》，中南大学出版社 2015 年版，第 244 页。

从政府是否设置专门体育行政机构以及与体育社团的关系两个层面，世界各国竞技体育管理体制可以分为两大类、四种形式，但各国竞技体育管理体制并不是僵化不变的，特别是围绕奥运会的参赛机制更呈现出明显的国别特征。由于竞技体育“国际通约性”特点，在全球化时代随着竞技体育国际竞争格局的变革，世界主要大国竞技体育管理体制又呈现出相互借鉴、取长补短的态势，传统的市场经济国家纷纷加大国家干预力度，而社会主义国家则通过市场化改革调动社会资源进入竞技体育领域。

（一）竞技体育管理体制概述

1. *竞技体育管理体制分类*。近代以来竞技体育的快速发展，使得世界各国政府普遍采取多种措施干预竞技体育，加强对竞技体育的管理，形成了多种多样的竞技体育管理体制。特别是二战结束以来，提高竞技体育水平、争取在国际大赛中获得优异成绩已经成为许多国家加强竞技体育管理的重要因素。以政府对竞技体育干预的强度和手段划分，各国的竞技体育管理体制可以大致分为两大类、四种形式，即直接集权式管理、直接分权式管理和间接集权式管理、间接分权式管理。直接管理是指国家通过设立专门的体育行政机构，对竞技体育运动员培养、赛事组织、经费筹措等直接进行全方位的管理；相应的间接管理主要是指政府不专设体育行政机构而是通过民间组织行使管理权，政府主要通过立法、税收、资助、授权委托等形式对竞技体育实现间接的管理。无论是直接管理还是间接管理，按照其行使管理权的手段和范围都可以细分为集权和分权两种具体形式。从管理模式的视角，体育管理体制也可以大致分为三种类型：一是民间社团主导，以民间社团组织为主行使体育管理职能，如美国、瑞典等国，其前提是国内民间组织发达，具有良好的自治传统和自治能力；二是政府与社团相结合的复合型，即按照相关法律、规章划定政府和民间社团管理体育的职能、义务和权限，各自分工负责，如英国、韩国等，这些国家具体的管理形式也不尽相同；三是政府主导型，政府组织主管、主办，对体育事业负有完全责任，民间体育社团不发达、不活跃。

上述管理体制和管理模式的划分存在交叉重叠，区划的主要依据就是政府同民间社团的关系，核心则是政府部门在体育管理中的地位、作用、职能及其实现形式，本质上则是各个国家不同的体育发展道路、发展方式的反映。不同国家在发展体育的过程中，根据具体社会条件，确立体育发展目标，拟定发展举措，并为实现发展目标配置资源形成不同的体育发展方式。因此，从体育发展方式的视角可以充分解释各国体育管理体制和管理模式存在差异的根本原因。体育本质上属于文化事业的一部分，具有公共文化产品和服务的特点，主权国家政府履行国家职能，自然应是体育发展的主体，民间社团、职业俱乐部作为体育产品和服务的重要生产者、提供者，也负有发展体育的主体责任。体育发展目标则是发展主体根据历史文化传统、经济社会发展条件和人民实际需要综合确立的，可以分为不同的层次，具有多样性、历史性和地域性，但是国家体育发展目标往往占据主导地位。体育发展主体以什么样的形式配置体育发展资源，主要是指具体的体育政策、体制、机制等。计划和市场作为手段都可以服务于体育资源配置，不是区别不同体育发展方式的主要标准。政府和民间社团作为不同的体育发展主体，可以行使不同的管理职能，但其行使管理职能的具体方式则是由其性质决定的。由此，不同体育管理体制不仅可以比较，而且可以相互借鉴，判断体育发展方式是否合理、科学、高效，其根本的标准就在于体育发展主体能否制定反映绝大多数人民利益的体育发展目标，充分利用体育发展资源，提供高质量的体育产品和服务，从而满足人民对美好生活的需要，实现体育发展目标。

2. *不同管理体制的特点*。苏联是直接集权式管理的代表，其设有作为政府机关的体育运动委员会，对体育实现集中统一领导，向苏联部长会议汇报工作。苏联解体后，俄罗斯改变了高度集中的管理模式，但仍设立了国家体育运动委员会作为联邦机构负责协调体育工作，并肩负派出国家队参加国际比赛的职能。同时，俄罗斯奥委会作为社会团体，也肩负发展奥林匹克运动的相关职能。近年来，美俄在国际体育领域展开激烈较量，国际奥委会以兴奋剂问题展开了对俄罗斯竞技体育的严厉制裁，俄罗斯绝大部分运动员被禁止参加 2016 年里约奥运会、残奥会，2018 年平昌冬奥会则只允许俄罗斯运动员以个人身份参加。围绕俄罗斯运动员的参赛资格，也可以透视出集权式管理的不足和劣势。个别运动员或运动队的问题容易被过度解读为政府行为，甚至上升到国际政治较量的高度，使得原本简单的问题复杂化，既影响竞技体育运动自身的发展，也对国际关系产生消极的影响。

直接分权式管理的代表是法国，虽然也设有主管体育的行政机构，但是并不包揽全部竞技体育事务，而是保留了大量的民间机构并赋予其相应的权力，政府机构对民间组织具有审批、监督和指导的职能，凡是被政府行政机构认定的体育组织都可以获得来自政府的资助和指导，而民间机构在其法定职责内行使包括组建国家队、培养运动员等丰富的职能，但是要接受政府机构的监督。

间接集权式管理的主要代表是日本，日本体育协会作为日本国内竞技体育和代表日本参加国际赛事的最高组织，是独立的财团法人，日本政府按照相应的法律进行管理，对体育事务则主要通过财政援助的形式施加影响。

间接分权式管理的主要代表则是英国等国家，没有统一的官方或民间竞技体育机构，但却存在多个体育社团组织、行业协会，通过单项运动协会或行业性运动团体分别管理一定范围或某几种项目运动。

另外，与上述情况不同，也有个别国家融合了直接和间接两种竞技体育管理组织形式的不同特点。另外，中国、美国这些传统竞技体育大国的管理体制在不同历史时期各有所侧重，在经过改革后而兼具多种特点。1949 年，《中国人民政治协商会议共同纲领》曾将新中国的体育方针明确表述为“提倡国民体育”，即通过大力开展机关、学校的群众性体育活动，达到“使我们的人民有坚强健康的体魄”的目标。这一阶段政府对体育的管理则是通过中华全国体育总会实现的，属于典型的间接集权式管理。1952 年，新中国首次参加赫尔辛基奥运会的曲折经历，说明“参加奥运会既是体育、更是政治，是事关国家统一和民族尊严的大事”，国际体育竞赛可以作为粉碎西方分裂中国图谋的“特殊的政治斗争与外交斗争”手段。[①] 此后，为积极准备参加 1956 年的奥运会，中国开始采取措施，大力提高竞技运动水平，颁布了《运动员等级制度条例》，对参赛运动员进行了精心的选拔和训练。尽管最终没有参加 1956 年的奥运会，但最迟至 1959 年，国家体委就将体育发展方针由“提倡国民体育”修订为“普及与提高相结合”，并明确所谓“提高”就是要“培养少数优秀运动队伍”。此后各地逐步设立了“体育工作大队”“国家集训队”等单位。1965 年，全国体育工作会议明确提出要设立国家和省级优秀运动队，标志着国家主导集中部分人力、财力、物力以提高运动竞技水平的专业运动竞技体制即“举国体制”的形成。“举国体制”的显著特点就是国家主导国际大赛，其重点是要通过参加国际体育竞赛提高国家地位、振奋民族精神，直接目的不再是“增强人民体质”。1978 年美国通过颁布《业余体育法》，授权奥委会“管理有关美国参加奥林匹克运动会和泛美运动会一切事宜”，理顺了国内竞技体育管理体制。此前，美国国内体育组织林立，时常为奥运组团问题纠缠不清，属于典型的间接分权式管理。

（二）竞技体育管理体制改革趋势

值得注意的是当前世界主要大国，竞技体育管理体制改革相互借鉴的趋势正在加强并有趋同的迹象。比如，中国自 20 世纪 90 年代以来，就开启了以简政放权为中心的竞技体育体制改革，成立了运动项目管理中心作为过渡，促进民间体育社团的培育和扶植，增强利用社会资源发展竞技体育的能力。美国、英国、法国、日本等传统资本主义国家，则相继采取措施强化了政府对体育的干预，美国建立了奥林匹克训练中心，英国成立了“体育运动理事会”。由此可见，世界上没有统一的竞技体育管理模式，也不存在一成不变的管理体制，各国完全可以根据经济社会发展综合因素决定合适的竞技体育发展方式。世界主要国家竞技体育管理体制趋同改革，一方面反映出竞

① 郝勤：《选择来自愤怒——1952 年的两岸对峙与中国的奥运之路》，《体育文化导刊》2002 年第 3 期。

技体育国际竞争激烈程度加剧，另一方面也说明全球化时代竞技体育的“国际通约性”特点进一步巩固，但其主旨都是要尽可能找到符合本国实际，既能够发挥本国制度优势又符合国际竞技体育发展规律的管理方式，以期能够获得竞争优势，满足本国经济社会发展和人民生活对竞技体育的多层次需要。

二、举国体制概念界定

何谓举国体制，无论是学术界还是体育行政部门至今仍有争论，关于竞技体育举国体制的历史贡献和历史评价也有争议，但不能否认的是举国体制作为极具中国特色的竞技体育管理体制，为中国创造奥运辉煌发挥了巨大的作用。竞技体育举国体制为落后国家快速追赶发达国家提供了高效的制度保障，这早已被中国竞技体育发展的历史证明了。在社会主义市场经济条件下，举国体制仍然能够焕发出强劲的生机和活力，能够与市场经济相结合，充分调动社会力量的积极性，为竞技体育实现由大到强的飞跃奠定制度基础，这也是被改革开放以来中国竞技体育的快速崛起的成功实践所证明了的。显然，从历史经验和现实实践两个维度，都不支持彻底废除举国体制的呼声和所谓的倡议。但是，举国体制为什么在被证明是正确和高效的情形下，仍然会遭到来自竞技体育“内部人”的挑战和“外部人”的质疑呢。这里的“内部人”是与竞技体育发展各个环节密切相关的直接从业者或者研究者，包括体育行政机构官员、运动员、教练员和体育科研机构科研人员，而“外部人”则主要包括新闻媒体和社会公众及关注中国竞技体育发展的国外媒体及研究人员。

（一）举国体制名实之辩

1. 举国体制研究概览。检索中国知网期刊数据库，可以发现自 1989 年开始出现以“举国体制”为关键词的学术论文数量只有 5 篇，此后数年相关论文数也仅有少数几篇，说明此时举国体制远远没有成为学术界关注的重要问题。2001 年北京申奥成功之后，举国体制成为学术研究的热点，出现了

15 篇文献，而且文献数量持续上升直至 2011 年达到 88 篇的高峰，此后又缓慢下降，2017 年也有 37 篇文献，在这个过程中，北京奥运会前后的 2008 年和 2009 年举国体制文献数据分别达到 79 篇和 80 篇。知网硕博士论文数据变化情况与期刊论文数据基本吻合，2002 年华南师范大学出现第一篇题为《对广东省训练竞赛体制发展及对策的研究》的硕士论文，2013 年以“举国体制”为关键词的博硕士论文达到 27 篇。知网数据库文献数据变化轨迹可以证明，学术界关于举国体制的研究始于 20 世纪 90 年代，围绕北京申办奥运会形成两次研究的高潮，也能够说明举国体制是同奥运会密切相关的课题。

2. *举国体制概念解析*。目前，学术界包括体育行政部门对举国体制的内涵仍有争论。一般意义上的“体制”是指政府机关和企事业单位关于机构设置、隶属关系及职能划分的体系和制度的总称，而所谓竞技体育“举国体制”指的是国家在特殊历史条件下和特定历史时期内采取的管理竞技体育的政策体系和运行机制。2001 年，时任国家体育总局局长袁伟民在全国体育局长会议上的讲话中，阐述了举国体制的实质“就是发挥社会主义能集中力量办大事的优越性，利用我国土地辽阔、人口众多的特点，把丰富的体育资源挖掘出来、充分利用起来，通过竞争和协同提高我国竞技体育的综合实力，到国际赛场为国争光”。2002 年，胡小明提出：“举国体制是国家行政机构高度集中权力，自上而下指挥全国力量推动竞技运动发展的管理体制的简称。”[①]2003 年，时任国家体育总局体育科学研究所所长的李元伟提出，“以奥运会等重大国际赛事取得优异成绩为目标，以政府为主导，以体育系统为主体，以整合、优化体育资源配置为手段，动员、组织社会力量广泛参与，在国家层面上形成目标一致、结构合理、管理有序、效率优先、利益兼顾的竞技体育组织管理体制”[②]是社会主义市场经济体制下举国体制的科学内涵。郝勤认为，中国体育举国体制并不是整个体育领域普遍适用的管理体制，而是针对竞技体育的特殊管理体制，其出发点在于“较短的时间内使中国竞技体

① 胡小明：《“举国体制”的改革》，《体育学刊》2002 年第 1 期。
② 李元伟等：《关于进一步完善我国竞技体育举国体制的研究》，《中国体育科技》2003 年第 8 期。

育迅速提高，在国际重大赛事中取得优异成绩”，其显著特点在于“政府为主导，以行政手段管理体育事务，以计划手段配置体育资源”，其体系架构包括“体委为中心的管理体制、专业运动队为中心的训练体制、全运会为中心的竞赛体制”。[①]2004 年，时任北京体育大学校长的杨桦撰文指出：“举国体制只是整合优化资源的一种手段，它与社会经济制度之间没有必然的联系。”[②] 上述学者和体育界的研究成果，显然并没有终结举国体制的探讨和争论，北京奥运会前后，举国体制再次成为学界和新闻界关注的热点。2006 年，梁晓龙等著的《举国体制》一书出版，认为“我国政府为发展竞技体育，提高我国运动员的运动技术水平和国际综合竞争实力，实现奥运战略目标，当前正在贯彻实施的发展竞技体育的一系列理论观点、方针、政策、措施和发展方式的总和”。[③] 书中系统阐述了举国体制的历史成就和历史沿革，认为举国体制不具有制度属性，在社会主义市场经济条件下仍可以通过改革获得巨大生命力。2008 年 9 月，时任国家体育总局局长刘鹏在接受《人民日报》记者专访时，较有代表性地阐述了举国体制的含义，即“集中有限的人力、财力、物力，最大限度地调动各方面的积极性，有效配置全国的竞技体育资源”。[④] 刘鹏作为国家体育总局局长，肩负促进国家竞技体育事业发展的责任，因此其关于举国体制的权威解读，也为社会各界所理解和接受。此后不久，《人民日报》海外版发表了一篇题为《举国体制好！英美也要搞？》的文章，在强调国家集中资源的同时，“形成业余体校、体育运动学校、优秀运动队为基础的三级训练网，培养‘专业运动员’”。[⑤] 也有学者认为改革开放以来中国社会经济制度实现了由计划经济向社会主义市场经济的转变，从社会经济体制的视角界定举国体制有新旧之分，所谓旧举国体制主要是针对计划经济时代而言，其主要特征在于政府几乎行使全部管理职权、国家承担绝大部分

---

① 郝勤：《论中国体育“举国体制”的概念、特点与功能》，《成都体育学院学报》2004 年第 1 期。
② 杨桦等：《坚持和进一步完善我国竞技体育举国体制的研究》，《北京体育大学学报》2004 年第 5 期。
③ 梁晓龙、鲍明晓、张林：《举国体制》，人民体育出版社 2006 年版，第 1 页。
④ 许立群：《国家体育总局局长刘鹏：举国体制要坚持要完善》，《人民日报》2008 年 9 月 6 日。
⑤ 罗俊：《举国体制好！英美也要搞？》，《人民日报（海外版）》2008 年 9 月 26 日。

经济义务、行政手段是主要管理手段。[①] 旧举国体制归结为一点就是政府以行政手段主导体育事业发展。改革开放以来，举国体制改革完善过程中，逐步形成具有中国特色的所谓新举国体制，其特征是政府主导、社会自治和市场自主相结合，既能发挥举国体制“集中力量办大事”的传统优势，又能够调动社会力量积极性并与社会主义市场经济体制相适应的体育体制。[②] 上述专家学者、体育官员从运行机制等不同角度阐释的举国体制概念，进一步深化了对举国体制基本特征的认识，丰富和发展了中国特色体育社会科学理论，为本研究提供了宝贵的借鉴。综合上述专家学者的论述，尽管不尽相同但是仍然可以大致归结为以下几点共识：①举国体制是中国在竞技体育整体实力落后的特定历史时期采取的特殊管理体制，作为资源配置手段本身并不具备制度属性；②举国体制为实现奥运强国梦发挥了重要历史贡献，其效率不容置疑，是中国竞技体育致胜的基本经验和法宝，欧美部分国家已经开始学习借鉴中国经验；③初期的举国体制并不针对全部体育事业，而主要应用于竞技体育事业，市场经济条件下的举国体制也不能适用于职业体育，但是可以面向群众体育；④举国体制体现政府主导以行政手段管理体育事务、计划手段分配体育资源，以奥运会等重大国际赛事获胜为主要价值导向；⑤举国体制形成于计划经济时代，在社会主义市场经济时代需要改革，以构建适应市场经济的新举国体制。总之，举国体制是以政府主导为主要手段、以奥运会致胜为主要目标的竞技体育管理制度，是被实践证明了的具有中国特色的基本制度，在市场经济条件下仍要通过全面深化改革来坚持并完善这一制度。

（二）举国体制本质特征

体育作为人类社会特殊的社会文化活动，其构建的以公平竞争、和平、团结为核心的价值目标和价值体系得到全人类的普遍认同，获得广泛的社会影响力进而成为人类社会普遍的生活方式。竞技体育是在严格规则条件下，

① 秦椿林等：《再论“举国体制”》，《北京体育大学学报》2005 年第 4 期。

② 郝勤：《社会主义市场经济与新型“举国体制”的形成》，《体育文化导刊》2005 年第 3 期。

运动员通过最大限度运用体力和智力以取得胜利为目的的体育运动，日渐呈现出系统化、科学化、商业化的发展趋势，作为体育王国中最耀眼的明珠，具有政治、经济、外交等多种复杂的社会功能，成为展示综合国力和社会文明进步的重要标志。体育事业是党领导下的社会主义建设事业的重要组成部分，中国共产党和中国政府历来高度重视体育事业发展，为此制定和出台了一系列促进政策和措施，逐步形成了具有中国特色的体育发展道路和模式。其中，举国体制本质特征是政府主导竞技体育发展，“奥运争光”则是其核心目标，行政指令和计划手段则是其运行机制的主要特点。社会主义集中力量办大事的制度优越性和社会主义初级阶段的国情是竞技体育举国体制的理论和实践基础。“全国一盘棋”、以国家队为龙头、以省级专业队为主体的训练体制和以奥运会、全运会为平台的竞赛体制是竞技体育举国体制的基本组织形式和主要调控手段。总之，所谓竞技体育举国体制就是政府为实现在奥运会为最高层次的国际竞技体育竞赛中取得优异成绩目标，在发展和管理竞技体育事业过程中采取的系列政策、措施和制度的总和，其中竞技体育是载体，奥运争光是目标，举国体制是手段，共同服从服务于国家经济社会发展目标。

第二章　近代中国体育发展历程

“历史是最好的教科书，也是最好的清醒剂。”中国古代文明也孕育产生了丰富的体育思想和实践，但是现代意义上的体育特别是竞技体育则是“西学东渐”的“舶来品”。近代中国被迫融入现代社会的过程中始终伴随着屈辱的记忆，近代中国学习西方经历了从“师夷长技”的器物层面，到君主立宪、资产阶级共和国的政治制度层面，再到“新文化运动”的精神文化层面的曲折，在这个过程，中体育不仅仅是一种生活方式和教育手段，而是被寄予了“强国强种”的希望。简言之，从“救亡图存”到“民族复兴”，中国体育承载着民族的重托。历史是现实的根源，任何一个国家的今天都来自昨天。只有了解一个国家从哪里来，才能弄懂这个国家今天怎么会是这样而不是那样，也才能搞清楚这个国家未来会往哪里去和不会往哪里去。1932 年，刘长春冲破重重阻挠站在奥运会赛场的曲折经历，反复告诫国人现代奥运会早已超越了竞技体育的范畴，成为展示国家实力和文明进步的重要窗口。现代奥运会的扩张和近代中国对西方竞技体育的学习认识过程，在一定程度上影响着当代中国发展竞技体育的政策选择和制度设计。

1840 年的鸦片战争是中国近代史的起点，因为鸦片战争后中国从一个独立的封建专制王朝逐渐陷入半殖民地半封建社会的深渊。社会性质的根本改变，使得近代中国和中国人民在走向现代化，实现国强民富的过程中面临许多难以逾越的障碍和困难。这些障碍和困难，主要的是由于西方资本帝国主义的侵略和掠夺造成的，当然也有封建专制文化的腐朽禁锢的原因。近代中国和中国人民反抗西方列强侵略的斗争过程，也是学习借鉴西方先进的技术和文化的过程。在这个过程中，体育特别是竞技体育，运动会特别是国际性的奥运会，既是中国人民学习和斗争的载体，也是展示中国和中国人民成就的舞台。在发展体育和参与奥运的过程中，近代中国逐步融入世界，成为奥林匹克大家庭的重要成员，也逐步实现强国的梦想。尽管古代中国就有丰富的“体育”文化渊源，包括深邃的体育思想和多样的运动形式，但“体育”以一个名词的形式呈现在中国人面前，作为一项技能和一门学科在近代中国破土萌芽，则直接源起于欧风美雨的滋润。近代中国和近代中国人民接受体育这个“舶来品”的过程，不完全是和风细雨的，甚至是充斥着狂风暴雨的。从“东亚病夫”到体育强国，近代中国百年奥运之旅是一部浓缩的近代中国体育史，是整个中国近现代史的一个缩影和侧面。所以，如何学习中国近代体育史、评价近代中国体育人物和重大体育事件，还是我们观察了解整个中国近现代历史的一面镜子。从这面镜子中，不仅能够看到一个人、一名运动员的顽强拼搏，一项赛事的纷扰变迁和聚散离合，更能够看到一个民族、一个国家的不屈不挠和涅槃重生。这个民族曾经被扣上了“东亚病夫”的帽子而受尽歧视欺凌，这个国家曾经被西方列强敲骨吸髓而陷入四分五裂，这项赛事曾为西方发达国家垄断而成为它们耀武扬威的舞台……弹指间阅尽百年沧桑，这个民族再次巍然屹立于世界民族之林，这个国家重又站在世界之巅，这个国家和民族不仅屡屡夺得这项赛事的桂冠，还成功举办了这项赛事。这个民族就是中华民族，这个国家就是中华人民共和国，这项赛事就是现代奥林匹克运动会。从近代体育第一次传入中国、近代中国第一次参与奥林匹克运动会，到现代中国第一次成功举办奥林匹克运动会，一百多年来，中华儿女用一枚枚金灿灿的奖牌扔掉了“东亚病夫”的帽子，宣示了自强不息的民族精神，再次开启了中华民族实现伟大复兴的光明前景。站在实现中华民族伟大复兴的高度，体育就不仅是一门学科，更不是简单的一项技能，而是强健民族体魄、展现民族精神最重要的标志。

从现代奥运会的发展历程来看，奥运会也不仅是一项体育赛事，更不是简单的商业盛会，而是展示综合国力的重要平台。自人类历史上第一个社会主义国家苏联诞生以来，奥运会作为起源于西方资本主义国家并被其长期控制的赛事，还成为两种不同社会制度相互较量的渠道。现在，每四年一届的现代奥运会已经发展成为迄今为止人类最为盛大的聚会，其参赛国家和运动员规模之大、项目设置之多、影响力之巨，已远远超越了传统的奥运会。对现代奥运会的研究，不能为其庞杂的现象所遮蔽，成为面面俱到、眉毛胡子一把抓的“百科全书派”，也不能为普及“运动竞赛项目”知识而沉溺于具体细节的描述，满足于对奥运会现象的了解而难以触及奥运会的本质。国外学者、巴里教授曾经批评上述现象指出，有的奥运会研究只是记述和说明“奥运会在什么时间、什么地点以什么样的方式发生着”，这种研究虽然也有其积极意义，但“对于追求真相和解析社会问题的学者来说”，这种浅尝辄止的研究是远远不够的，充其量“只能算作咖啡时刻的休闲读物”。我们对于现代奥运会的认识，特别是近代中国奥运史的研究就不能仅仅满足于对“事实的描述”，而要在探究真相的基础上，探寻其背后的规律，为正确评价重要体育人物、重大体育事件，促进我国体育事业可持续发展提供借鉴参考。

第一节　近代西方体育的传入及发展

近代中国体育发展历程，指的是从 1840 年鸦片战争到 1949 年新中国成立这一历史时期，体育在近代中国破土萌芽并曲折发展的历史过程。这一时期是近代中华民族饱受西方资本帝国主义、封建主义和官僚资本主义压迫剥削的时期，是近代中国人民历尽磨难、饱经沧桑的时期，也是近代中国战乱频仍、四分五裂的时期，但也是近代中国接受包括体育在内的西方文化逐步开启现代化征程的时期。在这短暂的一百多年的时间内，体育作为一项技能、一门学科在近代中国破土萌芽并逐步发展。当然，体育在近代中国所承载的使命也远非技能、学科所能够涵盖的，它同时肩负着“救亡”“图存”的强国梦想，还是国家民族命运的缩影。甚至在一定意义上说，体育作为一门学科或技能被引入近代中国首先就是为了强国，而强健民族体魄则是强国的重要基石。所以，回眸近代中国体育史，不能仅仅局限于几个人的奋斗、几件事的成功或失败，还要看到国家和民族命运的曲折发展。在中国近代体育史上，刘长春是个不能够忘却的名字，他战胜各种挫折和不幸，甚至是冒着很大的危险和威胁，远渡重洋独自一个人跑在奥运会的赛道上。2003 年 12 月，温家宝访问哈佛大学时，曾动情地讲过一个发人深省的故事：“那是解放以前，我们只有一个运动员能够参加奥运会，他是一个短跑运动员，叫刘长春，他是坐船到美国的，他的身体已经很疲劳了，他代表中国虽然没有取得优异的成绩，但就是这一个人参加奥运会，牵动了全国人民的心。”刘长春参加的是 1936 年在美国洛杉矶举办的第 10 届奥运会，这也是近代中国第一次派出运动员参加奥运会的比赛，这次参赛郑重宣告了中国在奥林匹克大家庭中的存在，从而开启了近代中国参加奥运会历史的新篇章。在这届奥运会上，中国代表团是 37 个参赛代表团中最小的一个，只有刘长春一名运动员。由于准备不足等多种原因，刘长春在 100 米和 200 米预赛中即被淘汰，又放弃了 400 米的比赛。但就是这次参赛，却粉碎了日本侵略者企图推动傀儡政权伪满洲国代替中国参加奥运会的阴谋。因此，刘长春固然是一个人奔跑在奥运会的赛道上，却承载着一个民族自强的希冀。这也是为什么温家宝说“这一个人参加奥运会，牵动了全国人民的心”的根源。正是因为刘长春战胜了利诱和威胁，中国冲破了封锁和包围，才使得第一个中国人能够第一次站在奥运会的赛场上。刘长春的奥运之旅是艰辛的，整个中国的奥运征程又何尝不是如此呢。一名运动员，一项国际体育赛事，能够牵动一个国家，能够影响一个民族，这就是近代中国体育的发展史。从运动员的视角，借助奥运会的舞台，可以使近代中国体育的发展历程更加清晰和丰满。

一、近代西方体育的影响

（一）西方体育输入中国的历史背景

1. *西方体育输入中国是资本主义侵略扩张的结果。*西方体育之所以能够在近代输入中国，根本上是由于西方资本主义工业文明开辟世界市场的需要。19 世纪中叶，以英国为代表的欧洲国家相继完成了工业革命并逐步确立了资本主义政治制度，极大解放了社会生产力，“资产阶级在它的不到一百年的阶级统治中所创造的生产力，比过去一切世代创造的全部生产力还要多，还要大。”为了给堆积如山的产品找到销路，资产阶级开始在全球各地奔走，在世界范围内寻找原料产地和商品的销售市场。为了打开落后国家的国门，近代西方资本主义国家纷纷走上对外扩张、瓜分殖民地的侵略道路。西方资本主义国家的对外侵略扩张，直接促使了世界各国封建秩序的瓦解和世界市场的形成，进而导致近代世界格局发生了深刻的变化。马克思、恩格斯在《共产党宣言》中透过资本主义社会纷繁复杂的社会现象，精准地把握住了资本主义脉搏的律动，指出：“资产阶级由于开拓了世界市场，使一切国家的生产和消费都成为世界性的了……过去那种地方的和民族的自给自足和闭关自守，被各民族的各个方面的互相往来和各方面的互相依赖所代替，物质的生产是如此，精神的生产也是如此。各民族的精神产品成了公共的财产。”① 这就是作为“精神产品”的体育能够输入近代中国的客观历史原因。西方资本主义国家利用经济、科技优势，通过军事侵略、经济掠夺、政治控制、文化渗透等多种方式，在世界范围内掀起了瓜分殖民地的浪潮，广大亚非拉国家和民族陷入殖民地和半殖民地深渊，成为被剥削和奴役的对象。在西方资本主义国家对外侵略扩张的过程中，体育作为一种客观的文化现象，一方面不自觉地充当了侵略的工具和手段，另一方面也展示了西方资本主义文明的先进性，促进了殖民地和半殖民地国家和民族觉醒。在西方体育传入中国并逐步占据中国近代体育主流阵地的过程中，早期西方体育主要是通过在华外国人直接的体育实践活动传播，因而影响范围较小，后期传教士和教会学校发挥了重要作用，新式学堂开展体育教育活动则成为推动西方体育传播的主渠道。

2. 西方体育输入还是封建中国被动的选择。“资产阶级，由于一切生产工具的迅速改进，由于交通的极其便利，把一切民族甚至最野蛮的民族都卷到文明中来了。它的商品的低廉价格，是它用来摧毁一切万里长城、征服野蛮人最顽强的仇外心理的重炮。它迫使一切民族——如果它们不想灭亡的

① 马克思、恩格斯：《共产党宣言》，人民出版社 2014 年版，第 31 页。

话——采用资产阶级的生产方式；它迫使它们在自己那里推行所谓的文明，即变成资产者。一句话，它按照自己的面貌为自己创造出一个世界。”① 与西方资本主义喷薄欲出的向上趋势不同，愚昧落后的清王朝仍然闭目塞听，继续沉浸在天朝上国的幻觉，对世界发展的潮流浑然不知，甚至希冀通过闭关锁国维系皇位永固的迷梦。1840 年鸦片战争的炮火和硝烟，以及随之而来的《马关条约》《北京条约》《望厦条约》《黄埔新约》等一系列丧权辱国的不平等条约的签署，不仅涤荡了封建统治秩序，而且冲击了封建士大夫们陈旧的头脑，更严峻的是迫使近代中国逐步陷入半殖民地半封建国家的深渊。西方资本主义的快速崛起，极大改变了世界格局，“它使未开化和半开化的国家从属于文明的国家，使农民的民族从属于资产阶级的民族，使东方从属于西方”，近代中国被迫卷入到西方资本主义国家主导的世界体系中去。面对“数千年未有之奇变”和亡国灭种的现实危机，近代中国有识之士莫不奔走疾呼，努力寻求“强国”“强种”的救世药方。清末以来，从中国政界和学界等上层社会开始，逐渐兴起了学习西方的热潮。被誉为近代“睁眼看世界第一人”的禁烟英雄林则徐，在禁烟和与洋人打交道的过程中，较早认识到了西方经济和科技的优势，并组织翻译了部分西方图书资料，开近代中国学习西方之先河。随后，魏源提出了“师夷长技以制夷”的主张，随后洋务派提出要坚持“中学为体、西学为用”，后来无论是主张“君主立宪”的资产阶级改良派，还是主张推翻专制皇权的资产阶级革命派，都主张学习西方先进科学技术和政治文明。总之，学习西方先进文明成为近代中国的潮流，体育也自然成为学习西方的重要内容。

3. *“东亚病夫”的痛楚与封建制度的腐朽和国民观念的愚昧*。1840 的鸦片战争，直接原因是清政府的禁烟措施，动摇了以英国东印度公司为首的鸦片贸易集团的非法利益，但是不能据此把战争的责任归结于清政府的禁烟，其根源仍在于西方资本主义的侵略扩张本性和清政府封建专制的腐朽没落。鸦片战争之前，清政府采取“闭关锁国”政策，只允许开放广州一地进行对

① 马克思、恩格斯:《共产党宣言》，人民出版社 2014 年版，第 31—32 页。

外贸易。在当时的对外贸易格局中，清政府出口的主要有茶叶、瓷器、丝绸等农产品和手工业制品，而西方输入中国的主要是棉纱、玻璃、钟表等工业制成品。西方的工业制成品，虽然具有价格和质量的优势，但是无奈长期处于封建专制统治下的国民普遍贫穷落后，没有能力消费西方产品，传统的自给自足的自然经济结构也限制了西方产品的市场份额。所以，清政府依仗这种独特优势而长期处于“出超”地位，导致西方贵金属货币、主要是银元大量流入，这种贸易结构的失衡对处于上升时期的西方资本主义国家而言无论如何是不能忍受的。西方资本主义国家将其产品的滞销归咎于清政府的贸易政策不够开放，多次要求清政府开放更多的贸易口岸，但遭到了无情的拒绝。为打开中国大门，西方的不法商人利用了鸦片这种特殊的商品。鸦片又称大烟，从罂粟果中提取的一种毒品，主要成分是吗啡类生物碱，初做药用可以安神、镇痛、止咳，但久食成瘾破坏人的神经系统可导致人精神萎靡、体质羸弱，过量使用可造成急性中毒严重者可以致死。鸦片的种植和使用在中外历史上早有记载，明代甚至还曾列为藩属国家进贡的贡品，但是清代却演化成严重的社会问题，根源在于封建专制制度的腐朽没落和国民观念的愚昧。烟毒泛滥，上至皇亲国戚、达官显贵，下至八旗绿营、庶民百姓，无不趋之若鹜、乐此不疲，导致贪污腐败愈演愈烈，社会风气萎靡不振，兵民体质严重下降，更重要的是导致白银大量外流、国库空虚，严重动摇了封建统治根基。唯利是图的西方鸦片贩子推波助澜，罪恶地向中国大量走私鸦片，甚至不惜发动战争谋求鸦片贸易合法化，更加剧了鸦片对近代中国社会和人民的毒害。从晚清到民国，直至新中国成立以前，鸦片在旧中国泛滥成灾，种植面积高达近百万公顷，国民党统治时期吸食成瘾者多达两千多万人，大小城镇烟馆密布，甚至许多家庭都备有烟床烟枪，整个社会不以制贩毒品为罪，更不以吸食大烟为耻。烟毒泛滥自然导致国民体质退化、体育落后，旧中国参加的三届奥运会均以“零”的纪录失败而归，整个民族蒙受“东亚病夫”的屈辱。

“东亚病夫”的说法最早可追溯到 1896 年英国的《伦敦学校岁报》，该报最早使用“东方病夫”一词，同年 10 月，英国人在上海办的英文报《字林西报》进行了转载。随后《时务报》将该文转译为："夫中国——东方之病夫也，其麻木不仁久矣。然病根之深，自中日交战后。地球各国，始悉其虚实也。""东方病夫"一词出现后，在当时引起强烈反响，国人逐渐将"病夫"与国人羸弱的体质联系起来。国人纷纷痛陈男人吸鸦片、女人缠足的陋习，呼吁国人要发愤图强。晚清小说家曾朴痛感西方资本主义侵略者污蔑中国为"东方病夫"的耻辱，在创作《孽海花》时以"东亚病夫"作为笔名，并以此回击西方人的嘲弄。这是目前已知的关于"东亚病夫"最早记述。"东亚病夫"还有指近代中国国力衰弱、政治麻木的意思，后来逐渐成为外国人称中国人体质衰弱和中国体育落后的代名词。[①]

（二）西方体育项目的引进

1. *洋务运动开启引进西方体育之路*。第二次鸦片战争的接连失败，特别是在镇压太平天国农民起义的过程中，清政府及其统治阶层深切体会到了内忧外患的巨大压力，也开始重视学习西方先进的军事技术和武器装备，并且着手对原有的八旗绿营等军事组织进行裁撤改组。从 19 世纪 60 年代开始，以曾国藩、李鸿章、张之洞等为代表的洋务派，打着"自强""求富"的旗号开始编练新式海陆军，创办军事工业和新式学堂。洋务派编练新式军队，注重引进外籍教官和西方的训练方法，以洋操、洋枪、洋炮为主要训练内容，一方面从英美军队中聘请教官教习洋操，另一方面还直接派人出国学习新式兵操。新军除了主要练习兵操之外，还从事单杠、双杠、木马等器械训练，而在新式学堂中由外国教官开设的体育课程还包括跳高、跳远、足球等体育项目。为了更好地引进西方科学技术，洋务派还围绕军事工业创办了一些新式学堂，包括福州船政学堂（1866 年）、北洋水师学堂（1881 年）、上海电报学堂（1882 年）等。这些新式学堂大都仿照国外同类学校设置体育课程，并聘用外籍教员教练新式体育项目。洋务派编练新军、创办新式学堂、派遣

---

① 高翠：《百年中国社会图谱：从"东亚病夫"到体育强国》，四川人民出版社 2003 年版，第 9—13 页。

留学生，一方面使西方体育项目得以较为系统地引进中国，对近代体育的形成和发展起到了积极的促进作用，但另一方面也强化了我国近代体育的军事属性，因为洋务派主要是围绕军事需要引进的西方兵操。

2. *西方体育思想的传播*。1894 年甲午中日战争的惨败，洋务运动“自强求富”的目的彻底破产，无情地撕碎了清王朝“中兴”的假象和梦想，也进一步将腐朽专制的清王朝推向被列强瓜分的悬崖边缘。以康有为、梁启超为首的资产阶级改良派，发起了著名的戊戌变法运动，试图通过废科举、兴西学、君主立宪制，促使中国走向富强。戊戌变法虽然失败了，但是对促进包括体育在内的“西学”新思想的传播却起到了重要作用。康有为在其所著的《大同书》中，已经能够从德智体全面发展的高度认识体育的作用，倡导中小学要开展体育课程和体育设施建设，重视幼儿和青少年体育教育。梁启超则从培育“新民”的角度，倡导“尚武”强国的军国民教育思想，以涵养“中国之武士道”精神。维新派通过大量介绍西方科学文化，大力提倡“西学”，他们提出：“尚武者，国民之元气也，国家所恃之以立，而文明所赖以维持者也。”维新派关于发展体育的主张尽管由于“戊戌政变”而大多没有实施，但是在促进西方体育思想传播方面却发挥了重要作用，在一定范围形成了“耻文弱”的尚武风气，为此后清末正式废除科举考试扫清了思想障碍，而且其“尚武强国”的主张成为近代军国民体育思想的重要历史渊源。戊戌变法失败以后，资产阶级革命派掀起了以推翻清朝专制统治为目的的民主革命运动。资产阶级革命派从军事意义的角度重视发挥体育的作用，民主革命先行者孙中山还提出了“强种保国”“强民自卫”的主张，使体育呈现出直接服务于革命，特别是服务于革命武装斗争的特点。另外，资产阶级革命派还积极组织体育会和兴办体操学校，作为培训革命武装骨干的重要途径，利用在学校开设体育课程和开展体育活动的契机，传播民主革命思想，进行军事训练。资产阶级革命派兴办的体育组织和体育学校主要有大森体育会、大通学堂等。资产阶级革命派利用体育组织进行军事训练，积蓄革命力量，表现了近代体育为政治斗争服务的特色，同时也促进了近代体育在中国的发展。

3. *教会学校和教会组织开展的体育活动*。《中法黄埔条约》签署以后，西方列强获得了在华自由传教的特权，大量西方传教士进入中国。西方传教士在开展宗教活动外，也举办了些学校、医院等组织，如 1839 年美国传教士在广州开设的玛利逊学校、1879 年上海的圣约翰书院等。这些教会学校虽然一般不专门开设体育课程，但大都在课外积极开展田径、球类等体育活动，并且有的学校还有体育组织或运动代表队，还时常开展校级运动会。其中，基督教青年会在引进西方体育思想、建设运动场馆、组织竞赛活动、培训体育人才方面发挥了较大作用。早在 1876 年，上海就最早成立了基督教青年会，其下设体育部等专门组织，非常重视在教会学校和青年群体中开展体育活动。早期青年会除了积极引进篮球、排球等运动项目外，在运动竞赛组织方面也发挥了重要的示范作用。1910 年，在青年会指导下南京举行了名为“全国学校区分队第一次体育同盟会”的比赛，这届比赛后被称为第一届全国运动会。在 1924 年中华全国体育协进会成立以前，全国运动会、远东运动会的组织和选派工作，基本都是由青年会的外国人主导操办的。总之，近代西方体育在中国传播的过程中，教会学校和教会组织的体育活动扮演了重要角色，尽管其主导思想是受到西方资本主义宗教势力控制的，但是作为近代西方体育传入中国的重要途径，也在客观上推动近代中国体育发展方面起到了一定的积极作用。

二、中国近代体育的初创

（一）传统体育的继承与发展

1. *清末对传统体育的继承*。鸦片战争后，虽然西方体育开始传入中国，清军开始习练洋操，新式学堂也开设了体操课程，但是在广大乡村和人民群众中间，以武术、围棋、摔跤为主要形式的传统体育仍然占据优势地位，甚至还有所发展。这一时期，清军已改练洋操而且装备了洋枪洋炮，但是传统的武艺操练仍在继续，而且武科考试还照常进行且仍然以武艺为主。新式学堂在普通体操和兵式体操外，也有武术教学，有的学校还聘用专门的武术教习。1910年，霍元甲在上海创办精武体育学校，从全国各武术流派中聘请有专长的教师，致力于武术教学和资料搜集活动，在继承武术传统的基础上进行挖掘、整理，对武术在近代的推广和普及起到了良好的促进作用。

2. 民国初年传统体育的发展。西方体育思想的传播和体育活动的开展，特别是实用主义教育思想开始传入我国，引起了对传统体育发展道路的争论，出现了“新、旧体育”之争和“兵操存废”之争。关于中西两种不同体育观的争论，促使国人更为客观全面地审视传统体育的优势和不足，促进了武术运动的改进和发展。武术观念由“致用技击”向“卫生之道”的转变，反映出受西方近代体育影响传统武术运动向适应新潮流发展的趋势，从重视武术的实用价值转到注重从身心锻炼、道德修养、审美要求等方面。另外，这一时期武术还作为体操课程正式进入新式学堂，有助于改变公众对武术的传统偏见，并有助于武术理论和实践的发展。武术会馆等新兴武术组织的出现，削弱了过去“门派之见”等封建宗法色彩。更为重要的是武术教法的改革，摈弃了过去“习者往往托于神秘，其言多不雅驯”的落后观念，出现了武术理论著作和通俗读物，注意运用近代体育运动原理对传统武术进行释解，而且改变个别辅导与单独练习的方法，推广团体训练，促进了武术运动的普及。1923年，由马良等筹办的“中华全国武术运动会”，更是改变了传统武术庙会献技与擂台比武的竞赛形式，对于提高武术地位、扩大武术的社会影响力发挥较大作用。当然，这一时期传统武术的继承还多少带有尊孔复礼的局限。

3. 民国时期的传统体育。1949年前，以武术为代表的民族传统体育继续缓慢发展，特别是1927年中央国术馆的成立和参加1936年第11届柏林奥运会的表演，显著提高了武术运动的地位和国际影响力。传统武术的竞赛或演武活动大多是以庙会或打擂的形式出现，也有舞龙、舞狮等表演活动，往往有较为稳定的组织，比如中华武术会、武当太极拳社等。成立于民国初年的精武体育会，不再局限于江、浙、沪一带而是继续向南方发展，相继成立了广东、武汉、江西、香港、新加坡等分会。1929年的精武体育会，会员超过40万，国内外分会42个，而且还成立了精武女会或女子部。精武体育会制定了《中国精武会章程》，“以提倡武术，研究体育，铸造强毅之国民”为主旨，通过吸纳会员等方式，主要是推广武术运动，还组织编写了部分武术书刊，成立了一所体育师范学校培养武术师资。精武体育会不仅重视武术教学，而且较为重视近代体育项目，比如球类、体操和田径，许多分会还建立了排球队、篮球队和足球队。精武体育会是民国期间存在时间最长、群众最多、影响最大的一个民间体育组织，后因遭到日本侵略者破坏而逐步消沉。1927 年 3 月，在张之江等人的推动下成立了中央武术馆，同年 6 月正式更名为中央国术馆。此后不久，国民党政府便通令全国设立此类机构，至 1933 年末，共有 24 个省市设立了国术馆，县级国术馆 300 多处。国术馆成立后，在组织国术考试、开展武术训练、组织武术表演等方面都作出了有益的尝试和贡献。1936 年，武术队跟随中国代表团远赴德国柏林参加第 11 届奥运会，并在汉堡进行了两场表演，受到当地市民及德国社会的欢迎，有助于打破西方人对中国人“女缠足、男蓄辫”的落后成见。当然，传统的武术组织和竞赛形式，尽管还受到封建宗派等消极因素的影响，但在继承武术遗产、推动武术运动发展和活跃群众体育生活方面还是有积极作用的。

（二）新式体育学校的出现

1. *清末“新政”与学校体育*。清末“新政”废科举、兴学校，颁行《奏定学堂章程》，不仅提出了各级各类学校设置体育课程的要求，还对体育课的内容、目的做了简要说明。章程对学制 5 年的“中学堂”规定每周两节体操课（体育课），将教学内容规定为：“其普通体操先教以准备法、矫正法、徒手哑铃等体操，再进则教以球竿、棍棒等体操。其兵式体操先教单人教练、柔软体操、小队教练及器械体操，再进则更教中队教练、枪剑术、野外演习及兵学大意。”[①] 甲午战争之后，赴日本留学进一步扩大，其中出现了专门学习体育专业的留学生。这些留日归国的体育生积极提倡体育，翻译出版

---

① 国家体委体育文史工作委员会、中国体育史学会编：《中国近代体育史》，北京体育学院出版社 1989 年版，第 71—72 页。

了许多体育书刊和介绍体育知识的文章，“体育”及“体育馆”等新词都是这一时期由日语引进的。另外，为了解决兴办新学出现的体育师资严重短缺问题，1905 年前后出现了专门的体育学校和体育专业，这些学校和专业按其性质可以分为官办、民办、革命党人举办三类，如江苏两级师范体操专修科（1905 年）、浙江大通学堂（1905 年）、上海中国体操学校（1908 年）等。这一时期由于体育师资严重短缺，又深受军国民教育思想影响，学校体育以兵式体操为主，甚至直接聘任军人做体育教员，教学过程充斥着专制、盲从、机械的尊君思想，而对生动活泼的田径、球类活动还比较排斥，体育教学质量普遍不高。

2. 民国时期的新式体育学校。民国初年虽然在学校体育教学上采取了部分革新举措，但总体成效不明显，仍然以兵式体操为主。五四运动之后，国内出现取消兵操的呼声。一战中奉行军国民教育的德国战败，让国人认清了军国主义体育的危害，“误以军事当体育”的反思更趋流行。1922 年 11 月，北洋政府正式公布了《学校系统改革令》（又称壬戌学制），对学校体育的教学内容进行改进，此后又通过《课程标准纲要》，将学校“体操课”的名称正式改为“体育科”，并明确废除了兵操教学，将体育课内容设置为田径、体操、球类和游戏等，促进了学校体育的规范化和科学化。南京国民政府成立后，为解决新增教学内容带来的师资短缺问题，新式体育学校大量涌现，如 1927 年上海中国体育学校、1928 年北平民国大学体育科、1936 年国立重庆大学体育科、1945 年国立中山大学体育系等。1929 年以后颁布施行的《国民体育法》《各级学校体育实施方案》，对中小学体育课教学目标、教学内容、课时等作了详尽的要求，其中规定：“各级学校及社会教育，应一体注重发展国民之体育。中等学校及大学专门，须受相当之军事训练。发展体育之目的，固在增进民族之体力，尤须以锻炼强健之精神，养成规律之习惯为主要任务。”[①] 民国时期以养成体力、强健精神

① 国家体委体育文史工作委员会、中国体育史学会编：《中国近代体育史》，北京体育学院出版社 1989 年版，第 191 页。

作为发展国民体育的主要任务，相较清末民初规定体操（体育）为忠君爱国服务无疑是个进步。自 1933 年起，教育部设置了专管体育事务的教育督学，县市也设置了专门的体育指导员等职位，负责体育的督学。总体来看，从 1927 年到 1948 年，我国学校体育还是继续发展的，绝大多数高等和中等体育学校配有体育教师，开设体育课，开展课外体育活动，出版了许多中小学体育教材，而且学校中也设置了主管体育行政或教学的组织，体育课教学的计划性增强，但是也出现了经费、师资不足，教学质量不高的情况。抗日战争时期，还出现了利用战时体育压制师生进步思想，推行“信仰或服从领袖”等法西斯化的倾向。

3. *革命根据地和解放区的体育*。自 1927 年秋收起义之后，直至 1949 年中华人民共和国成立，中国共产党在领导人民进行土地革命战争、抗日战争和解放战争的过程中，相继创建了井冈山革命根据地、敌后抗日根据地（后改称“解放区”），形成了与国民党统治区和日伪统治区相对峙的格局。革命根据地和解放区体育是完全由无产阶级及其政党领导的、人民大众做主的一种全新体育运动，是在革命斗争的炮火和硝烟中产生和发展起来的，因而也带有强烈的革命性和体育要为革命斗争服务的军事色彩。早在井冈山革命根据地期间，工农红军就结合部队训练开展爬山、打野操等军事体育活动。在中央苏区苏维埃政府还形成了较为完整的体育工作方针，即“锻炼工农阶级铁的筋骨，战胜一切敌人”；“发展赤色体育运动，养成工农群众的集团精神和强健体格，适合阶级斗争需要”。苏维埃政府还通过俱乐部和列宁室的形式，组织工农群众、工农红军、机关干部和学校开展体育运动，并在重大纪念日举办体育竞赛和运动会。1942 年 9 月，在抗日战争最为艰苦的时期，毛泽东在给《新华日报》题词中，发出“锻炼体魄，好打日本”的号召，进一步指明了当时体育运动要为民族战争直接服务的方向。延安革命根据地还组建了延安体育会、延安大学体育系等体育组织和体育教学机构，举办了扩大的延安“九一”运动会。朱德总司令出席了这次大会并致开幕词，强调运动发展的方向应着重于军事方面。运动员的誓词集中体现了革命根据地和解放区的军事色彩，誓词为“提倡体育，普及运动；强健身体，战斗准备；打倒法西斯，革命精神；遵守纪律，团结作风；胜不足骄，败也不馁”。

（三）体育组织和运动竞赛

1. *清末民初的体育组织及运动竞赛*。清末体育运动，主要是在军营和学校开展且以兵操为主，社会体育很不发达，因而运动竞赛不多，专门的体育组织也非常少，只是在个别地区的学校零星组织过校级比赛。1910 年 10 月 18—22 日，在南京南洋劝业场举办了一次规模较大的运动会，这就是后来被追认为“第一届全国运动会”的“全国学校区分队第一次体育同盟会”，它标志着我国近代体育发展进入了一个新的阶段。这次运动会是由上海基督教青年会发起筹办的，比赛项目共设置了田径、足球、网球、篮球四项。这届运动会自始至终都是在基督教青年会的主导下进行的，裁判等工作人员也主要是青年会的外籍人员，运动术语也主要使用英语。由西方人主持举办全国运动会，是近代中国半殖民地半封建社会的缩影，也是我国近代体育发展孱弱的象征。

2. *国民党政府时期的体育组织及其管理*。1927 年南京国民政府成立之后，为加强对体育工作的统治，针对民间体育组织、体育场馆设施、运动竞赛和学校体育等方面，制定颁布了《国民体育法》（1929 年）、《各省、市、县体育会组织条例》、《体育场规程》（1939 年）、《体育节举行办法要点》（1942 年）等法律法规，其中专门强调体育社团“不得以团体资格加入政治运动”。总之，国民党政府通过立法的形式加强对社会体育的管理，对推动社会体育的发展起到了积极的作用，但是由于贯彻落实上述法律法规的经济、文化条件受限，这些法律法规所能起到的作用是有限的。南京国民政府时期社会体育的发展，还体现在体育用品的生产和大型体育赛事的筹办等方面。西方体育传入中国后的很长时间，各种体育器具包括球、鞋、拍等都需要进口。但是到了 30 年代，除网球等少数体育用品外，国内生产的体育运动器材已基本能够满足需要，有些产品还出口到东南亚等国家和地区。南京国民政府还筹办了四届全国运动会，并参加了远东运动会和奥林匹克运动会等国际赛事，尽管竞赛成绩仍然不是非常理想，但是毕竟迈出了组织参加大型体育赛事的第一步，更为难能可贵的是开启了近代中国参与奥林匹克运动会的大门。

第二节　近代中国与现代奥运的聚散离合

2016 年第 31 届奥运会在巴西里约热内卢举办，此时距 1896 年第 1 届现代奥运会整好 120 年。在过去的 120 年里，人类社会遭受了两次世界大战的磨难，如今又面临着全球化、市场化、民主化和信息化的冲击，这些都对现代奥运的组织和举办产生了巨大的影响。现代奥运会从初创到逐步成长，到陷入困境，再到凤凰涅槃重获生机，经历了曲折发展的过程。近代中国作为历史概念，经历了晚清、民国和新中国三个不同的历史时期，因而近代中国与奥运会的关系也可以大致分为三个不同的阶段。另外，新中国的历史又以 1978 年的改革开放为界，分为前后两个不同的历史时期，虽然这两个时期本质上都是党领导人民建设社会主义的实践探索，但是在指导思想等方面又存在巨大的差异，而且这种差异也体现在与奥运会的关系方面，所以新中国与奥运会的关系又可以划分为两个不同的层面。总之，近代中国与现代奥运会的关系可谓是一波三折，在奥运会上的表现也是今非昔比，不可同日而语。

20 世纪之初，屡遭西方资本主义殖民侵略和奴役的近代中国和中华民族就从民族振兴的高度提出了参加奥运会、举办奥运会的梦想，并为此付出了艰辛的努力，尽管也取得了一定的成绩，但梦想似乎总是遥遥无期。在苦难深重的旧中国，虽然也曾举办过为数不多的几次全国运动会、远东运动会等大型运动会，甚至参加了 3 届奥运会，但是竞赛成绩和办赛水平远远落后于同一时期的欧美各国，甚至不及同处于亚洲的日本、菲律宾等国。参加奥运会，举办奥运会，获得奥运会奖牌，洗刷“东亚病夫”的耻辱，成为一个多世纪以来中华民族奋斗的动力。1949 年新中国的成立，推翻了压在中华民族身上的“三座大山”，实现了国家的独立和人民的解放，为中华民族实现百年奥运梦想奠定了根本的政治前提和物质基础。从新中国成立之初首次参加奥运会，到为恢复在国际奥委会的合法席位而斗争，再到夺得第一枚奥运会奖牌、金牌，进而实现了承办奥运会的夙愿和世纪梦想。

一、现代奥运的曲折发展

1896 年，第 1 届现代奥运会在希腊雅典举行，迄今已经有 120 年的历史。从第 1 届到第 31 届，现代奥运会走过了 120 年崎岖不平的发展道路，其间经受了两次世界大战考验和全球化的冲击，直至现在仍然处在信息化和商业化的包围之中，面临着诸如恐怖主义、难民危机等来自军事、政治、经济和文化领域的挑战。在过去的 120 年里，奥林匹克运动经历了复兴、磨难、发展、全球化的曲折路程：1896—1916 年，奥林匹克运动经历了艰难探索；1916—1952 年，奥林匹克运动体系初步形成，奥林匹克运动初具形态，夏季奥运会走向复兴；1952—1968 年，奥林匹克运动项目体系逐步完善，奥运会迈向成熟；1968—1980 年，奥林匹克运动面临美苏争霸带来的重大挑战和危机；1980—1996 年，经过改革和创新后的奥林匹克运动新格局基本形成，夏季奥运会重新崛起；1996—2008 年，现代奥运会历经百年沧桑，在全球化时代创造新的辉煌；2012 年至今，现代奥运会遭遇金融危机、难民危机等国际形势的影响，亟须推进治理能力和治理体系现代化的新历程。

（一）现代奥运的起源

1. *古代奥林匹克运动溯源*。现代奥林匹克运动兴起于欧洲资本主义工业化时代，但是其渊源却可以最早追溯到古希腊的奥林匹克运动会。古希腊之所以能够成为古代奥运会的发源地，既出于满足古希腊人民厌恶战乱、向往和平的需要，也带有极为强烈的宗教色彩，这些烙印至今仍能在现代奥运会上找到痕迹。古希腊是个城邦国家，内忧外患，战火频仍，人民饱受战乱之苦。战争一方面催生了体育运动的发展，另一方面又招致生灵涂炭，古希腊人民逐渐厌恶了这种相互攻伐的不义之争，渴望获得和平安逸的生活环境。在这种社会背景的呼唤下，为战争而准备的军事训练和竞技运动便逐渐向和平的运动会过渡。这样，古希腊成为古代奥林匹克运动会发源地具备了坚实的社会基础。当时，古希腊还实行奴隶制，整个社会分化为奴隶和奴隶主两个截然对立的阶级，奴隶从事物质生产劳动，而奴隶主阶级则垄断了科学、文化、艺术等精神文化的生产，奴隶主阶级将从事体育竞技视为其一项重要的特权，也是主要的娱乐活动之一。奴隶制和奴隶主阶级的积极参与和推动，成为古希腊盛行体育竞技的重要阶级和经济根源。公元前 776 年，有史料记载的第 1 届古代奥林匹克运动会在位于古希腊首都雅典西南面的奥林匹亚举行。这里成为古代奥林匹克运动会的会址，也被誉为奥林匹亚的"圣地"，现代奥运会的圣火便采集于此。古代奥运会是具有强烈宗教色彩的"祭祀性竞技赛会"，"赤身运动"是其最大的特点。比赛时，运动员全身赤裸，涂抹着橄榄油，在阳光底下闪闪发光，象征着男性的力量和美。古希腊奥运会对参赛运动员有严格的资格限制，严禁女性参与或观看比赛，参赛的男运动员则要求具有纯粹的希腊血统的公民和自由人，且不得有受过处罚的记录。古希腊法律还明文规定，奴隶不可以参加奥运会，自由人和农民名义上可以参加，但由于负担不起巨额的训练费用和长期的训练时间，古希腊奥运会实际上成为只有奴隶主才可以参加的比赛。古代奥运会从产生之初，便带有强烈的宗教和阶级压迫以及性别歧视色彩，这是古代奥运会的缺陷。这个缺陷也制约了古代奥运会的生机和活力，预示着其必然衰亡的命运。

2. *现代奥运会的发端*。14—18 世纪，欧洲大陆经过文艺复兴、宗教改革和启蒙运动三大思想文化运动，极大解放了人们的思想观念，砸碎了封建神学的精神枷锁，为资产阶级夺取政权、发展资本主义扫清了思想障碍，也为促进包括体育在内的文化发展提供了有利条件。思想解放运动促进了古希腊体育文化的复兴和创新，促进了资本主义体育思想的形成和发展，也为奥林匹克运动的复兴夯实了思想文化的基础。19 世纪后半叶，随着资本主义的快速发展，统一的世界市场逐步形成，使运动竞赛摆脱了地域的局限而具备国际性的特征，促进了国际性的单项体育组织和体育赛事的成立与举办，为世界范围的综合性运动会创造了条件。另外，19 世纪中期以后，自 1859 年开始，希腊人又于 1870 年、1875 年、1887 年和 1889 年先后举办了 5 届泛希腊运动会，也激起了人们复兴现代奥运会热情。19 世纪末，法国人顾拜旦承担起了这一光荣而艰巨的使命，其因复兴现代奥运会而被誉为“现代奥运之父”。顾拜旦有感于法德之间连绵不断的战争给法兰西民族和青年人带来的创伤，决心通过复兴奥运会来重振民族精神，倡导国际和平精神，自此走上为复兴现代奥林匹克运动而奔走呼号之路。经过多方的努力，终于克服重重困难，获得了初步的成功。1894 年 6 月，在法国巴黎举行的国际体育运动代表大会通过了复兴现代奥林匹克运动会的决议。1896 年 4 月 6—15 日，第 1 届现代奥运会终于在她的发源地希腊雅典举行。第 1 届现代奥运会的成功举办，特别是希腊人夺得马拉松冠军更是激起了希腊狂热的民族主义情绪，希腊开始希望永久承办奥运会。1896 年 3 月 31 日，希腊国王乔治一世邀请新闻界和国际奥林匹克运动委员会委员，在王宫大厅设宴招待获胜的运动员，他在讲话中表达了希腊人自豪和永久承办奥运会的愿望，他说：“希腊是古代体育运动会之母和卫士。它承诺今天在欧洲和新世界眼前再次庆祝运动会，现在的成功超过了一切期望。它能期望那些光临运动会的外国人将会选择我们的国家作为各国和平聚会场所，作为奥林匹克运动会稳定而永恒的场所。”在大会马拉松比赛的现场，担任大会裁判的希腊王储陪同希腊冠军选手跑向终点，希腊国王还亲自走下观礼台迎接这位希腊冠军。由此可见希腊王室和政府对于举办奥运会的特殊感情。当然，希腊人希望永久承办奥运会的希望，并没有获得包括顾拜旦等国际奥委会委员的认可。第 1 届夏季奥林匹克运动会虽然只有田径等 9 个项目，而且非常不规范，除未邀请殖民地国家参赛外，还排斥妇女参赛，但是毕竟迈出了复兴的第一步，在世界体育史上具有重要的意义，标志着现代奥林匹克运动终于重登人类文明的舞台。

二、近代中国的奥运梦想

（一）近代中国的百年奥运梦想

1. 错过首届奥运之邀。西方国家资本主义制度的确立，促进了统一世界市场的形成，也确立“东方从属于西方”的近代世界秩序。鸦片战争的炮火击碎了清政府及其统治者们苦心营造的“天朝上国”迷梦，传统的以礼、乐、射、御、书、数为主要内容的教育体系在西方先进的文明和科技面前黯然失色，科举考试更成为禁锢人们思想的工具。古老的中国陷入了半殖民地半封建社会的深渊，开始全面落后于西方。几乎与此同时，先进的中国人开始“睁眼看世界”，并积极向西方学习。但历经太平天国农民起义、洋务运动、戊戌维新，都没能使这个庞大的封建王朝重新焕发生机而实现“中兴”，甚至“自强”“求富”这些技术层面的目标都难以达到，遑论实现“君主立宪”这样的政体改变了。改革自强的机会不断错过，晚清政权犹如狂澜之既倒、大厦之将倾，风雨飘摇，危在旦夕，而生活在这个政权之下的人民却陷入了愚昧麻木的窘境。中日甲午战争的惨败，深刻刺痛了传统士大夫敏感而脆弱的灵魂，撕下了大清王朝最后的遮羞布，也使得中国第一次真切地面临被瓜分危险，亡国灭种已是迫在眉睫了。1894 年 6 月 23 日，在遥远的法国巴黎，“奥林匹克运动会国际委员会”（1901 年更名为国际奥林匹克委员会）正式成立了。此后，经过两年的努力，第 1 届现代奥林匹克运动会在希腊雅典举行，从此揭开了人类文明史崭新的一页。早在 1894 年国际奥委会成立之初，就曾致函清政府邀请其参加第 1 届雅典奥运会。但此时的大清王朝，囿于国内形势的局限，疲于应付内忧外患，根本无暇顾及像体育这样的民生事业。据说，当时现代奥林匹克创始人顾拜旦通过法国驻华公使，向清政府光绪皇帝递交了邀请函。但此后由于慈禧太后等幕僚根本不懂得“田径”代表什么意思，所以就没有理会。清政府没有回信，自然也不会派出代表团参加奥运会。此后，国内部分有识之士才通过《万国公报》等报纸，零星了解到一些当时被称作“万国运动会”的消息，才对这一新生事物有了最初的了解。

2. 提出奥运梦想。近代中国的落后局面，激起了广大有识之士强烈的保国强国思想，在各个领域涌现出一大批杰出人才，他们纷纷从自身的角度提出了许多政策主张，为推动近代中国的发展进步作出了应有的贡献。但是，由于不能正确地认识近代中国半殖民地半封建社会的国情，看不到正是由于西方资本主义列强的侵略和本国封建专制制度才导致了近代中国政治腐败、经济萧条、文化没落，因而找不到解决中国问题的道路。面对西方资本主义体育的快速发展和近代中国体育的踟蹰不前，以张伯苓、王正廷、刘长春为代表的各界人士纷纷行动起来，为振兴近代中国体育而不懈努力。近代中国虽然错过了首届奥运之邀，但发展体育的呼声从来未曾中断，随着新式学校和教会学校在中国的发展，近代西方体育在中国的影响逐步扩大。另外，新闻媒体的宣传报道也对奥运会在中国的推广起到了极大的作用。1907 年以后，中国基督教青年会和教会学校的一些人士开始在社会上宣传奥运会。随后，张伯苓还在天津青年会第 5 届学校联合运动会上，首次提出了组队参加奥运会的倡议，引起青年学生极大的兴趣。1908 年，他又在《天津青年》上发表文章，首次提出了中国何时才能派一个人、派一支队伍参加奥运会及何时才能举办奥运会的三个问题，史称“奥运三问”。[①] 这三个问题振聋发聩，引起了包括体育界在内中国社会各界强烈关注，也成为中华民族近百年来的梦想。然而，在落后的半殖民地半封建的中国，派一人、一支队伍参加奥运会尚且困难重重，举办奥运会简直犹如登天。所以，举办奥运会就构成了引领近代中国体育界奋发向上的重要原动力，也成了衡量中国经济社会发展和综合国力的重要标准。新中国成立以来，包括体育在内的各项社会事业迅速发展，但是由于把持国际奥委会的个别西方国家的阻挠，新中国长时间脱离

① 关于“奥运三问”的具体内容、由谁在什么时间提出等问题，学术界仍有争议，但其基本内容和大致时间经过多方考证已经可以明确，2001 年北京申奥后被广泛传播。1908 年由基督教青年会主办的《天津青年》率先提出“中国何时才能派一位运动员参加奥运会；中国何时才能派一支队伍参加奥运会；中国何时才能举办一届奥运会”。有人认为是被誉为“中国奥运先驱”的张伯苓提出，也有人认为是美国基督教青年会远东干事罗伯森提出。详见韩丹：《谈“奥运三问”的历史真相》，《体育与科学》2015 年第 6 期；古维秋、刘晖：《关于“奥运三问”真伪的辨析》，《成都体育学院学报》2009 年第 4 期。

了奥林匹克大家庭。所以，中国能否举办奥运会还是中国能否融入以欧美资本主义国家主导的国际秩序的重要标志。

三、开启现代奥运之门

（一）首次走进奥运会赛场

1. *开启奥运会的先声*。随着西方体育和奥运会在中国的影响逐步扩大，中国社会各界开始意识到体育的重要意义，通过发展体育运动摆脱“东亚病夫”耻辱的愿望更加强烈。1913 年，举办的第一届远东运动会成为开启中国奥运会的先声。远东运动会主要是由当时美国的殖民地菲律宾、中国及日本发起和参加的一个国际比赛，后来印度、印尼和越南等国相继参加。1911 年，美国基督教青年会干事、美国人布朗代表菲律宾体育协会访问中、日两国的基督教青年会，发起组织远东体育协会。最终成立的组织名为“远东业余运动协会”（简称远东体协），决定每两年在远东各国的大城市举办一届远东运动会，最初名称为“远东奥林匹克运动会”。中国作为远东体协的发起国，参加了 1913 年在菲律宾马尼拉举行的第一届远东运动会。1920 年，远东运动会及远东体协正式被国际奥委会承认，所以中国发起和参与运动体协及远东运动会，也可以视为开启近代中国走向奥运的先声。中国上海曾于 1915 年、1921 年、1927 年先后三次承办了远东运动会，对推动国内体育的发展和尽早迈向奥运会起到积极作用。在总共 10 届的远东运动会上，中国曾连续 9 次获得足球冠军，当时队员主要来自香港南华足球队。另外，这一时期国内足球、网球等个别运动队还曾经访问澳大利亚、东南亚等国家和地区，开展体育交流和比赛，有助于促进国人对世界体育运动的了解。

2. *首次获得国际奥委会的认可*。随着国内体育运动的开展，国人参与奥运会的愿望也更加浓烈。1915 年，国际奥委会（当时译作“万国运动会总干事部”）致电上海基督教青年会，发出“下次万国运动会（即奥运会）时，中国亦得派运动家前往预赛”的邀请。[①] 这是近代中国第一次收到来自国际奥委会的正式邀请，但是由于第一次世界大战和国内护法战争的爆发，中国人参与奥运会的梦想被迫推迟。1921 年在上海举办第 5 届远东运动会时，中国才与国际奥委会正式建立了联系，1922 年王正廷即作为远东运动会的发起人被推选为国际奥委会委员，成为近代中国第一位国际奥委会委员。1924 年中华全国体育协进会（简称“体育协进会”或“全国体协”）的成立，则促进了近代中国奥林匹克运动的发展，也加快了中国参与奥运会的进程。当时，随着国内体育运动的广泛开展，为便于参加国际体育活动，成立中国自己的全国性体育组织成为社会各界的广泛共识。特别是在 1923 年日本东京举行的第六届远东运动会上，代表中国登台讲话的竟然是美国人格雷，此举引起了运动员、旅日华侨和国内民众的强烈抗议，也激起了国人收回体育主权、成立自己的体育组织的愿望。1924 年 8 月，“体育协进会”在上海正式成立，张伯苓任名誉会长，王正廷任名誉主席董事，沈嗣良任名誉主任干事，蒋湘青为干事，其余 15 名董事也全部是中国人。“体育协进会”的成立，在中国近代体育史上具有重要的意义，标志着外国人控制中国体育竞赛活动的终结和中国自主管理运动竞赛的开始。“体育协进会”成立之后，在推动全国体育发展、参与国际体育组织等方面做出了积极的尝试，也取得了较大的成就。1928 年 5 月，“体育协进会”干事宋如海首次以观察员的身份参加了在荷兰阿姆斯特丹举行的第 9 届奥运会，成为中国第一位参观奥运会的正式代表。1931 年，“中华全国体育协进会”作为中国国家奥委会的地位获得国际奥委会承认，进一步加强了近代中国与现代奥运的关系。自此以后，中国更为广泛地参与到奥林匹克运动中去，为正式参加奥运会奠定了基础。

3. *围绕参加第 10 届奥运会展开的斗争*。1932 年，第 10 届奥运会在美国洛杉矶举行。当时的国民党政府，因为日本发动了侵略中国的“九一八”事变等主客观原因，决定不派团参加奥运会。但是，日本侵略者及其扶持下的伪满洲国政权，试图借助奥运会的平台，制造国际社会承认伪满政权的事

① 元文学：《中国奥运第一人刘长春》，大连理工大学出版社 2008 年版，第 4—5 页。

实，遭到了国内各界的强烈抗议和不满。日本侵略者为达成此险恶目的，竟然在其控制的《泰东日报》《盛京时报》和东京的《东京朝日新闻》等报纸上大肆制造舆论，抢先发布伪满将派知名运动员刘长春等参赛的虚假新闻。为粉碎日本侵略者的罪恶企图，国内社会各界开展了积极筹备活动，力促国民政府能够派人参加奥运会。这样，围绕是否派人参加、由谁派人参加奥运会的问题，国民政府、日本侵略者及其控制的伪满政权、国际奥委会、国内爱国民众展开了激烈的争夺。

首先，南京国民政府忙于对中国共产党领导的工农红军及革命根据地进行第五次“围剿”，又恰逢日本发动侵略中国东北的“九一八”事变，遂不顾奥委会的邀请和国内民众呼声，以“时间仓促、准备不足”为由，正式宣布不参加奥运会。所谓的时间仓促只是南京国民政府的借口，国民政府拒不参加奥运会还受到了国内财政状况困窘的影响。另外就是由于国内体育运动训练不够系统、与世界先进水平差距较大等方面的原因。南京国民政府宣布不参加奥运会，为日伪侵略势力提供了可乘之机。其次，日本侵略势力积极筹划伪满政权参与奥运会。1932 年，日本在侵占中国东北后，为欺骗国际视听，成立了由其控制的伪满洲国政权及体育协会等机构，并急切希望利用奥运会之机获得国际认可。日本外务省及奥委会多方协调，不遗余力试图促成此事。1932 年 5 月，伪满体协就正式向国际奥委会提出参赛的申请，受日本控制的《泰东日报》也以《世界运动会新国家欲派选手参加》为题进行了报道。与此同时，伪满外交部及日本奥委会也积极与国际奥委会和美国使领馆沟通，积极准备参赛手续和有关证件。另外，日本特务和伪满警察还多次找到刘长春本人及其家庭，威胁要求刘长春代表伪满参赛，甚至许以高官厚禄，但刘长春及其家庭不为所动。刘摆脱日伪监控到达北平，其家人为躲避日伪骚扰也搬到了乡下。第三，国际奥委会的有关决定。在南京国民政府决定不派团参会，而伪满洲国积极要求参会的情况下，国际奥委会先是同意了伪满参会的申请，并要求其提供国旗、国歌等。但是，由于伪满洲国既不是世界田径协会成员，也不是世界联盟会员国，因而不符合参加奥运会的条件，最后伪满参会的要求被拒绝了。第四，国内各界为促成参会而奔走呼号。伪满宣称派员参加奥运会，引发国内舆论的轩然大波，民众的爱国心被再次点燃。当时的《申报》《体育周报》等新闻媒体对此进行了连篇累牍的报道，一方面揭穿了伪满政权的阴谋，另一方面坚定了国人派刘长春参加第10届奥运会的决心。时任东北大学体育系主任的郝更生、体育协进会干事沈嗣良等人，积极行动起来揭穿日本人的阴谋，同时为促成派人参赛而积极奔走，并成功募集到了参赛的费用，如期办好了参赛程序和运动员的护照、船票等。第五，刘长春本人态度坚决。刘长春当时是东北大学体育科学生，知名运动员、短跑名将。在日本侵略势力控制东北之后不久，刘长春等人就到北平复课。当日伪媒体报道刘长春将代表伪满参赛的消息后，刘非常气愤并通过媒体表达了自己的态度。他说："然余之良心未死，脑汁未焦，宁能忘却祖国，而作此丧心病狂，遗臭千古之伪代表哉？故虽经傀儡电招，丑类要胁，余均未予之答复。"[①]另外，刘长春还通过给《体育周报》投稿的形式，表达了"良心尚在！热血尚流！岂能叛国！为人马牛！"的强烈爱国之心。

4. *只有一名运动员的代表团*。1932年6月25日，中华全国体育协进会正式发出公告："自本会议决不派选手参加世界运动会之消息发表后，日人即用其调弄之手段，在报上宣传，冀图离间华人……为维持国际地位计……协进会因拟派刘长春一人赴会……藉以掐日人之口，而作我国体育史上之点缀，计至善焉。"[②]早在出发之前，包括刘长春在内的社会各界人士，对于成绩的渴望已不是那般强烈，只是出于粉碎日本侵略者的阴谋，体现中国的参与精神，应该讲这个时候刘长春单刀赴会，已不再是普通的奥运会了，而是承担了相当重的政治责任。刘长春在临行前面对记者的谈话中，说："唯此次参加目的，殊难谈到成绩。若以我国现实之田径记录而言，根本不能望人项背，仅使各国对我国有相当认识，自己已可得不少常识而已。"刘已是当时全国百米纪录的保持者，成为国内一流的短跑名将，对自己的成绩应该相当自信才对，之所以发出如此感叹主要还是实力悬殊甚大。"此次参加世界运

① 元文学：《中国奥运第一人刘长春》，大连理工大学出版社2008年版，第94页。
② 《刘长春出席世界会之酝酿》，《体育周报》1932年第23期。

动会，为我国第一次之创举，同时亦可谓因伪国及日方所造种种谣言之下，逼迫相演而成之事实，若非日方及伪国竭力宣传，谓派兄弟及希湄前往美国参加世界运动会，恐未必匆匆间竟能成此重大使命，现在纯为代表中华民国前往，彼等之谣言，不攻自破，不打而自倒矣。此次前往参加，成败在所不计，希望遇有机会向世界青年及华侨竭力宣布东北事实，并愿得相当经验，为我国争将来之光荣……”刘长春单刀赴会的主要使命，首先攻破日人谣言，其次要学习西方先进体育经验，再次揭露东北真相。刘长春冲破日伪封锁，克服重重困难，不远万里到洛杉矶，取胜已不是最重要的了，恰恰迎合了奥林匹克“参与比取胜更重要”的名言。但是这种“参与”，不是不想取胜，而是根本不可能取胜，甚至参与都阻力甚大，颇有几分“风萧萧兮易水寒”的悲壮色彩。一个大国，竟然派不出一支队伍参加奥运会，派出一个人参赛竟然如此艰难。窥斑见豹，近代中国的奥运之路是何等崎岖！

1932 年 7 月 8 日，刘长春满载着国人的重托，登上美国邮轮“威尔逊总统”号，劈波斩浪奔向大洋彼岸。临行前，在码头举行了庄重的授旗仪式。中华全国体育协进会主席王正廷将国旗和会旗郑重地授予刘长春，并嘱托：“我国此次派君赴奥运会，为中国之第一次，实含无穷之意义……愿君用奋斗精神，发扬于洛杉矶市奥林匹克运动场，乃无上光荣也。”刘长春也郑重宣誓：“我此次出席奥运会，系受全国同胞之嘱托，我深知责任之重大，当尽我所能，在大会中努力奋斗。”[①] 陪同刘长春赴美的还有时任东北大学体育科教授的宋君复先生，宋留学美国多年，精通英文，可做翻译并照顾刘的饮食起居和参赛交涉事宜等。当刘、宋二人乘坐的邮轮在日本神户港停靠时，还曾有日本记者借到船上采访拍照之机，抛出“二人代表中国，还是代表满洲国”的挑衅，刘、宋义正词严地声明“我二人谨代表大中华民国”。7 月 29 日，当刘、宋二人抵达洛杉矶港时，受到了当地华人华侨和主办方的热烈欢迎，数百名华人在码头迎候，唐人街甚至为之沸腾，闻讯赶来的华人排起长龙……当晚，刘、宋二人入驻奥运村，并升起了国旗。7 月 30 日，即刘宋赶

---

① 元文学：《中国奥运第一人刘长春》，大连理工大学出版社 2008 年版，第 120 页。

到洛杉矶的第二天，第 10 届奥运会举行了开幕式，近代中国第一个代表队终于出现在奥运会现场，刘长春擎旗走在前列，沈嗣良、君复、刘雪松（留美学生代表）、申国权（旅美教授）和美籍人士托平（时任上海西青体育主任）等人紧随其后。中国代表团是那届奥运会 37 个参赛团中的新面孔，也是最小的一个代表团。拥有 4 亿人口的中国，仅仅派出了 6 个人组成的代表队，在宏伟的体育场里愈发显得渺小。刘长春报了 100 米、200 米和 400 米三个项目，7 月 31 日，刘身穿上白下黑的运动短装站在 100 米预赛起跑线上。发令枪响，刘如离弦之箭飞向终点飞奔，前 70 米竟然一直领先，但无奈实力不济，被对手追上，只取得了小组第五名的成绩。按照赛会规程，只有小组前 3 名才能进入下一轮。8 月 2 日，进行 200 米预赛，竟成了前日的翻版。一方面是准备不足，仓促上阵，另一方面是技术欠缺，大赛经验不足，使刘在 100 米和 200 米预赛惨遭淘汰。由于伤病、体力不支等原因，再加上获胜无望，刘没有参加后面的 400 米比赛。作为运动员，刘的比赛成绩显然很不理想，但是正如前文所述，刘能代表中国第一次站在奥运会赛场上，本身就是一个新的开始和胜利，而且刘长春在赛场上展现的不屈不挠精神也令海内外华人华侨深受鼓舞。

赛程结束以后，刘长春多次观摩世界优秀运动员比赛，总结经验并搜集记录赛事资料，为奥运会的在国内发展积累了经验。在赛后举办的世界青年辩论大会上，刘长春和宋君复应邀参加，并代表中国向与会的世界青年揭示了“九一八”的真相，痛斥了日本对中国东北的侵略和奴役。刘长春身穿上白下黑的运动服，寓意不忘东北的“白山黑水”，以此表达对故土的怀念和对日本军国主义侵略中国的抗议。

（二）旧中国奥运成绩惨淡

自参加 1932 年第 10 届洛杉矶奥运会开始，旧中国还参加了 1936 年第 11 届柏林奥运会和 1948 年第 14 届伦敦奥运会。其间由于第二次世界大战的影响，原定于 1940 年在日本东京和 1944 年在英国伦敦举办的第 12、13 届奥运会没有进行。在旧中国参加的 3 届奥运会上，除符保卢以撑竿跳 3.8

米成绩进入复赛外，其他项目均在初赛即惨遭淘汰。总之，旧中国虽然实现了派一个人、派一个代表团参加奥运会的目标，但整体运动技术水平不高，没有在近代体育项目上取得任何实质性突破，“零”的纪录和“东亚病夫”的耻辱始终像一座大山横亘在中华民族崛起的征程中。1936 年 8 月，第 11 届奥运会在德国柏林举行，与 4 年前的冷淡截然不同，国民党政府的态度空前积极，自 1935 年起便在全国组织运动员的训练和选拔。1936 年 8 月，更是派出了共计 143 人的庞大代表团，其中除运动员 69 人外，还包括一个 36 人组成的赴欧体育考察团，除参加田径、足球、游泳等项目的比赛，还进行了太极拳表演活动。国民党政府之所以积极参加柏林奥运会，并不代表其对体育真的更加重视了，而是因为“当时希特勒已经上台，他想利用奥运会来达到他炫耀实力、宣传法西斯主义的目的，大事拉拢各国，而国民党反动派正想勾结纳粹，跟他搞法西斯主义，所以一拍即合，钱袋也就松了”。原来德国纳粹上台之后，为粉饰其独裁、反犹行径，极力把举办奥运会当作“展现德国组织才能和民族威力的绝佳机会”。德国纳粹还以“达尔文逻辑”肢解奥林匹克竞技精神，“对胜利者的崇拜和对失败者的冷落同时存在于竞技体育比赛和法西斯意识形态之中”。德国纳粹举办奥运会的目的和国民党政府大力参加奥运会的初衷，在利用奥运会平台谋求独裁专制的基础上高度一致。因此，这也就不难理解为什么国民党政府对参加奥运会的态度转变如此之快了。纳粹的表演欺骗了世界人民，随后爆发的第二次世界大战中断了两届奥运会。日本并没有因为要承办 1940 年奥运会而放弃发动对中国和东南亚各国的侵略。古代奥运会倡导的“神圣休战”非但没有阻止战争的爆发，相反却因战争而终止了奥运会。1948 年 7 月，第 14 届奥运会在英国伦敦举行。除德国和日本因为发动第二次世界大战的罪责而被禁止参加这届奥运会，另有 59 个国家和地区的 4062 名运动员参加了本届盛会。在全国体协的努力下，中国仍派出代表团参赛，包括总领队王正廷、总干事董守义及运动员 33 人，参加了足球、篮球等 5 个项目的比赛。而此时随着国内解放战争的胜利推进，南京国民党政府已危在旦夕。运动会结束以后，代表团竟然凑不齐返回的路费，国民党政府驻英使馆和中国银行既不担保也不借款，大批运动员一度流落异国他乡。最后在爱国华侨资助下，运动员才得以回国。参加 14 届伦敦奥运会的代表团落得如此境遇，充分说明了国民党政府对待奥运会完全是为实现其政治目的服务的。

四、奏响现代奥运凯歌

1949 年新中国的成立，不仅从根本上改变了近代中国半殖民地半封建社会性质，赢得了国家独立和民族解放，而且为体育事业的迅猛发展开辟了广阔的空间。近代中国与现代奥运的关系揭开了新的篇章，新中国逐步成为国际奥林匹克大家庭重要成员。1949 年 10 月 26—27 日，新中国召开了中华全国体育总会筹备委员会会议（后统称为“中华全国体育总会第 1 届代表大会”），会议决定将“体育协进会”改组为中华全国体育总会，会址设在北京，朱德为名誉主席。1952 年 6 月，中华全国体育总会第 2 届代表大会召开，正式宣布了中华全国体育总会的成立。1954 年，国际奥委会在雅典举行的第 49 次会议上正式承认中华全国体育总会为国家奥委会。此后，中国奥委会与中华全国体育总会一套班子、两块牌子，直至 1979 年分立。

（一）新中国恢复在国际奥委会的合法席位

1. *恢复合法席位的斗争*。新中国积极参与国际奥林匹克运动，但是由于时任国际奥委会主席的美国人布伦戴奇等人的阻挠，使得新中国与国际奥委会的关系出现重大曲折。1952 年 7 月 19 日，第 15 届奥运会在芬兰赫尔辛基举行。但直至大会开幕前两天，国际奥委会才决定邀请中华全国体育总会代表团参赛。中国仍然克服巨大困难，在短时间内派出了 40 人的代表团参赛。但是，当我国代表团赶到赫尔辛基时，比赛已进行了 10 余天，仅有吴传玉一人正式参加了游泳比赛。新中国在奥运会的第一次亮相就这样匆忙结束。此时，国际奥委会尽管名义上承认中华全国体育总会为中国国家奥委会，但是仍将在中国台湾地区的体育组织以“中华民国”的名义列入国家奥委会名单，妄图在国际奥委会制造“两个中国”的既成事实。面对国际奥委会的错误立场，中国奥委会进行了严正交涉和斗争。1956 年 11 月，第 16 届奥运会在澳大利亚墨尔本举行。由于国际奥委会坚持“两个中国”错误立场，顽固承认所谓的“中华民国奥委会”，引起中华全国体育总会强烈抗议并宣布拒绝参加 16 届奥运会。此后，虽几经多方交涉，但国际奥委会始终顽固坚持其错误立场，鉴于此，1958 年 8 月，全国体育总会宣布中断与国际奥委会的联系。直至 1979 年中华人民共和国在国际奥委会合法席位恢复的 20 余年，代表中国参加奥运会的只有台湾地区运动员，大陆则没有派人参加任何一届奥运会。

2. *“奥运模式”实现关系正常化*。改革开放以后，为赢得和平的发展环境，新中国采取了更加务实有效的外交政策，在坚持“一个中国”的前提下，积极尝试恢复在国际奥委会的合法席位。1979 年 11 月，在中国政府和国际奥委会长期不懈的努力下，国际奥委会经过通讯表决，正式议决：“中国奥林匹克委员会”是中华人民共和国国家奥委会，会址设在北京；“中国台北奥林匹克委员会”会址设在台北，启用经国际奥委会执委会批准的新会旗、会歌、会徽。国际奥委会的这个决定，解决了中国大陆和台湾地区参与奥林匹克运动的形式问题，被称誉为“奥运模式”。

（二）新中国实现百年奥运梦想

1. *夺得第一枚奥运金牌*。随着，中华人民共和国在国际奥委会合法席位的恢复，改革开放的中国以更加昂扬向上的姿态参与到国际奥林匹克运动中去。1980 年 2 月，中国即派团参加了在美国举行的第 13 届冬奥会。但是，由于苏联派兵入侵阿富汗，践踏奥林匹克精神，我国没有派团参加 1980 年第 22 届莫斯科夏季奥运会。1984 年 7 月，第 23 届奥运会在美国洛杉矶举行。鉴于 1980 年美国带头抵制了莫斯科奥运会，苏联遂以无法确保运动员安全的借口，拒绝参加洛杉矶奥运会。美苏两国在奥运会上针锋相对，使得现代奥运会蒙上了“抵制主义”危机。中国派出由 225 名运动员组成的庞大代表团，参加田径、游泳等 16 个项目的比赛，共获得 15 枚金牌、8 枚银牌和 15 枚铜牌的好成绩。其中，射击运动员许海峰摘得中国奥运会历史上首枚金牌，实现中国奥运金牌“零的突破”。此后，中国相继参加 1988 年汉城、1992 年巴塞罗那、1996 年亚特兰大、2000 年悉尼、2004 年雅典、2012 年伦敦、2016 年里约夏季奥运会，虽然成绩有所起伏，但总体呈逐步上升的势头。

2. *成功申办 29 届北京奥运会*。改革开放近 40 年来，中国特色社会主义经济发展、政治稳定、社会和谐，为实现百年奥运梦想奠定了坚实的基础。中国体育事业的全面进步，特别中国代表团在奥运会上的成绩突飞猛进，也为中国申办奥运会提供了有利条件。1985 年 1 月，邓小平曾明确提出“中国准备申办 2000 年奥运会”。无奈，1993 年国际奥委会宣布澳大利亚悉尼获得 2000 年夏季奥运会举办权，中国再次与承办奥运会失之交臂。但是，中国人的百年奥运梦想没有终结。1998 年 11 月，北京市政府向国家奥委会再次提出申办 2008 年奥运会。2001 年 7 月 13 日，国际奥委会主席萨马兰奇正式宣布北京获得 2008 年夏季奥运会举办权。中华民族参加与举办奥运会的百年梦想，终于在新中国成立之后 50 多年得以实现。

总之，无论是田径、体操等现代竞技项目，还是奥运会、世锦赛等综合体育赛事，其起源虽然都可以追溯到古代，但本质上都是资本主义工业化的产物。随着资本主义制度的确立和世界市场的形成，这些竞技项目和体育赛事也随之席卷全球。近代中国和现代奥运的曲折关系，既是近代中国被动融入西方资本主义主导的世界体系的缩影，也是近代中国社会性质发生巨变的生动例证。近代中国参与现代奥运会和现代奥运会曲折发展的历史再次生动地说明，奥运会根本不可能像其初倡者宣传的那样实现“体育独立于政治”，而是民族国家参与国际竞争的重要载体。近代中国无论是晚清，还是在国民党政府统治时期，都是受西方侵略奴役的半殖民地半封建社会，都不可能独立自主地参与奥运并取得好的竞赛成绩。中国在奥运会上取得历史性的突破，是在新中国成立以后；中国成功举办奥运会，是在实现改革开放后的中国特色社会主义时期。近代中国参与和举办现代奥运的历史，只是整个中国近代史的一小部分，但也是中华民族面对强敌自强不息、英勇奋斗精神的完美呈现。经过几代奥运人的不懈奋斗，我们已经用数以百计闪亮的金牌洗刷掉了“东亚病夫”的耻辱，“不可逆转地开启了实现中华民族伟大复兴的光明前景”。在向社会主义现代化强国迈进之际，回首近代中国参与现代奥运的百年曲折，我们可以自豪地说奥运会已经成为展示中华民族自强不息精神和中国特色社会主义建设伟大成就的平台。中国近代历史实践业已证明“只有社会主义才能救中国，只有中国特色社会主义才能发展中国”的结论，而中国参与和举办奥运会的实践就是这个结论的有力注解。当前，在全面建成小康社会的决胜阶段，面对国内外严峻复杂的形势，只要我们在中国共产党的坚强领导下，坚定不移走中国特色社会主义道路，我们也必将夺取建设体育强国的新胜利。我们完全有理由坚信 2022 年的北京冬奥会，一定能够办成一届精彩成功的冬奥会，为世界人民和奥林匹克大家庭作出属于我们中华民族的新贡献。

本章在论述近代中国体育发展及西方体育传入中国的过程中，近代传统体育的继承与发展、日伪殖民统治区的体育、国民党政府时期的社会体育、传教士及教会学校在推动近代中国体育发展中的作用等领域没有进行系统的阐释，对于“五四”之后中西两种体育观的争论以及无产阶级体育思想也没有展开。在论述现代奥运会的过程中，仅仅涉及了夏季奥运会，没有涉猎冬季奥运会和残疾人奥运会，对夏季奥运会的论述也仅仅是站在中国的角度，围绕从“东亚病夫”到体育强国这个主线展开，没有从更宏观的视野全面审视现代奥运会发展历程中的经济、文化等因素。当前，人类世界经济全球化、政治多极化和文化多样化趋势愈益发展，对现代奥运会自身的变革提出了更高要求，如何在民族国家基础上弘扬奥林匹克“国际和平”主义精神等方面还需要进一步研究。

第三章　举国体制的历史沿革

竞技体育举国体制本质上是国家为在国际体育竞赛中取得优异成绩，采取的发展和管理竞技体育的制度设计和政策选择，其中奥运会作为当代国际体育竞赛的最高平台，自然是国家重点关注的赛事，也理所当然成为国家制度和政策优先倾斜的重要领域，甚至举国体制在一定意义上就是举全国之力在奥运会上取得优异成绩为国争光的形象概括。以举国体制发展竞技体育表明中国共产党和中国政府高度重视体育事业，并且将竞技体育视为一项具有特殊意义的事业予以发展，另一方面这种具体制度的设计也必然要受到政治、经济制度的制约，在一定意义上也是国家根本政治制度和基本经济制度的反映和体现。因此，随着国家政治经济制度的不断完善，在不同历史时期，竞技体育举国体制的具体内容和运行机制也不可避免地受到国家政策特别是国际国内形势的影响。1949 年 9 月，在《共同纲领》中明确了“提倡国民体育”的方针，目的在于“使我们的人民有健康坚强的体魄”。新中国成立之初，即率先成立了中华全国体育总会，作为领导全国体育运动的机构，1952 年毛泽东更是发出了“发展体育运动、增强人民体质”的号召，集中表明这一历史时期党和国家高度重视体育运动的政策取向。1952 年后，逐步确立了集中全国力量、组建国家集训队的形式参加国际体育竞赛的体制机制，初步奠定了举国体制的政策基础和组织框架，可以说举国体制作为国家发展和管理竞技体育的重要制度呼之欲出。改革开放以来，随着社会主义市场经济体制的逐步确立和不断完善，举国体制的运行机制和具体措施相应发生了变革，社会主义制度优势和市场力量相结合焕发出蓬勃之力，为实现 20 世纪 80 年代竞技体育的崛起发挥了重要作用。进入 21 世纪以来，关于举国体制改革的呼声日渐高涨，主要是围绕如何在市场经济条件下构建新型举国体制，既能充分发挥中国特色社会主义制度的优势，又能够充分调动社会资源参与竞技体育的积极性，拓展社会力量举办竞技体育的渠道。“坚持和完善举国体制”，推动竞技体育实现可持续发展，不断提高竞技体育综合实力和国际竞争力，成为新时代竞技体育全面深化改革的根本遵循。总之，竞技体育举国体制诞生以来，历经改革开放前后两个历史时期，尽管其指导思想和具体的措施呈现不同的历史特点，但根本上仍然是国家发展竞技体育的制度设计和政策探索。

第一节　萌芽初创时期：1949—1978

竞技体育举国体制作为党和国家发展竞技体育的政策设计不是从来就有的，而且在不同历史时期其具体的措施、政策也在不断地变化和调整，从根本上是国家根本政治制度和基本经济制度在体育特别是竞技体育领域的具体展开。之所以采用举国体制发展竞技体育与新中国面临的独特国际国内形势密切相关，更重要的是从竞技体育基础薄弱现状出发的必然选择，其最直接的诱因则是1952年的赫尔辛基奥运会。

一、举国体制的诱因及雏形

1. 新中国体育的奠基。1949年9月，《中国人民政治协商会议共同纲领》第48条明确规定“提倡国民体育”，将发展人民体育事业作为建国大业的重要组成部分提上议事日程，由此也不难看出体育在近代中国经济社会发展全局中的重要地位。1949年10月，中华人民共和国刚刚成立，就提出了建设“新体育”的要求，也揭开了中国体育事业新的历史篇章。10月26日，根据《共同纲领》精神要求，第一届“全国体育工作者代表大会”在北京召开，朱德以中央人民政府副主席的身份出席会议并作重要讲话，提出“体育是文化教育工作的一部分，也是卫生保健的一部分，我们中央人民政府对它是重视的”，体育事业“一定要为人民服务，要为国防和国民健康的利益服务”。[①] 大会决议将“中华全国体育协进会”改组为“中华全国体育总会筹委会”，并确立了“民族的、科学的、大众的”“新民主主义体育”发展方针，且号召“为了迎接新民主主义的经济建设和文化建设的高潮，我们必须开展推动一个广泛的体育运动，以便使人民的身体健康、国防建设和新民主主义的经济和文化建设得到更有力的支持和进展”。[②]1952 年，毛泽东在《新体育》杂志的题词“发展体育运动，增强人民体质”，集中体现了这一时期党和国家发展体育的政策主旨，是党和政府全心全意为人民服务宗旨在体育领域的具体呈现，明确了新中国发展体育事业的根本价值取向，为新中国体育的发展奠定了坚实的思想基础。这一时期“选手体育”被当成资产阶级体育思想受到批判，培养优秀选手参加竞技体育并不是新中国初期的首要选择。

2. 确立“普及与提高相结合”的方针。1952 年，中国参加第 15 届赫尔辛基奥运会的曲折历程，深刻影响了中国发展体育的结构和模式，直接促成了“普及与提高相结合”体育发展方针的形成。1952 年的赫尔辛基奥运会是二战后举办的第二届奥运会，也是新中国成立后的首届奥运会。当时，台湾地区仍占据国际奥委会席位，而按照《宪章》规定，在一个主权国家范围内只能承认一个国家奥委会，作为全国性的奥林匹克组织。此时，中华全国体育总会郑重向国际奥委会发出了参加 1956 年墨尔本奥运会的信函，明确提出中华全国体育总会是代表中华人民共和国的唯一合法体育组织的要求，于是围绕新中国和台湾地区的参赛资格发生了激烈争夺，其实质在于谁能够代表中国参加奥运会这样的高规格国际体育竞赛谁就在一定程度上获得了国际社会的承认。新中国和台湾地区围绕奥运会参赛资格的争夺，实质上早已经超越了竞技体育的范畴，充分体现了竞技体育国际竞赛的政治和外交职能。国际奥委会采取了错误的做法，先是同时拒绝了新中国和台湾地区的

① 《朱德在全国体育总会筹备会议上的讲话》,《新民主主义的国民体育》1950 年第 1 期。
② 《冯文彬在全国体育总会筹备会议上的报告》,《新民主主义的国民体育》1950 年第 1 期。

参赛要求，残酷剥夺了新中国运动员参加奥运会的资格，继而又作出了同时邀请中华人民共和国和“中华民国”运动员参赛的错误决定。在中华全国体育总会强烈抗议之后，台湾地区宣布退出第 15 届奥运会，新中国乘势果断作出派代表团参赛的决定。围绕奥运会的参赛资格，促使新中国对发展竞技体育有了新的认识，即奥运会绝不仅仅是国际竞技体育竞赛，而是一场“特殊的政治斗争和外交斗争”。对刚刚成立并急于获得国际社会承认的新中国而言，能否参加奥运会、以何种形式参加奥运会不仅是体育，更多的是政治，是关系到国家生死存亡的大事。更何况派出高水平的竞技体育队伍参加国际体育竞赛“不仅能够提高新中国的地位与形象，增加与各国人民的交流与友谊，也有利于在国际体育舞台上粉碎分裂中国的阴谋，维护中国的统一与尊严”。[①] 新生的共和国意识到竞技体育潜在的政治功能，开始着力发展竞技体育运动，逐步形成了以“普及与提高相结合”为主要特征的竞技体育发展方针。

3. *举国体制应运而生*。1952 年，为尽快提高国家运动技术水平，满足新中国日益增长的国际体育文化交流需要，向世界展现新中国积极向上的国际形象，中华全国体育总会组建了“中央体训班”（国家队的前身），其主要任务是“为国家培养优秀运动员，迅速提高运动技术水平，争取在国际竞赛中的胜利，为国家争取荣誉”。[②] 成立“体训班”集中培养优秀运动员，以快速提高运动技术水平的做法得到中央体委的认可，并开始着手选送优秀青年运动员到苏联学习、训练。在“中央体训班”带动下，全国各行政区纷纷成立体训班（省体工队的前身），为此后创建各省区专业体工队打下基础。同年，中央发出《选拔各项运动选手集中培养的通知》，提出：“由于中国过去基础差，近年来几次出国参加球赛，水平较低，与今天的国家地位极不相称……体育工作如果只有普及就不能适应当前的需要，必须与提高体育技术

---

① 郝勤：《选择来自愤怒——1952 年的两岸对峙与中国的奥运之路》，《体育文化导刊》2002 年第 3 期。

② 梁晓龙、鲍明晓、张林：《举国体制》，人民体育出版社 2006 年版，第 19 页。

水平相结合……”[①] 值得注意的是这个通知是由中共中央组织部和共青团中央联合发出的，一方面说明党和国家高度重视体育工作，另一方面也体现出党和国家主要依靠社会力量发展体育事业的总体思路，在国家体育发展史上留下了浓墨重彩的一页，也为今天正确理解和准确把握体育在党和国家事业全局中的特殊地位和竞技体育制度选择提供了难得的镜鉴。这个通知也囊括了这一时期党和国家管理体育事业的政策初衷和制度雏形，在高度重视的同时又认为体育只是社会整体事业发展的有机组成部分，应该而且可以由社团力量主导发展。此前，1951 年中国人民解放军就成立了体育工作大队，随后各大军区也成立了军区体工队，中央军委正式命名为“八一”体工大队，在军队范围培养优秀运动员。全国体总的“体训班”和军队的“体工队”是竞技体育实现从业余到建立专业体育队伍的开始。1959 年中央在批转国家体委的报告中，正式明确了“实行在普及基础上的提高和在提高指导下的普及”，从而以官方文件的形式确立了“普及与提高相结合”的体育发展方针。正是基于这样的认识和理解，通过在全国各地选拔优秀运动员组建“专业队”集中训练，开展国际竞赛交流，以迅速提高运动技术水平，为此后建立国家和省市两级优秀运动队、构建从中央到地方的运动训练体系奠定了扎实的基础。

1952 年 11 月，在学习借鉴苏联等社会主义国家发展体育运动的经验的基础上，中央人民政府委员会为切实加强对体育工作的领导，决定成立“中央人民政府体育委员会”，并任命贺龙元帅为委员会第一任主任。1954 年，在第一届全国人大第一次会议上，又通过了贺龙兼任中华人民共和国体育运动委员会（简称国家体委）主任的任命。这也是中国历史上第一个部级国家体育行政机关，贺龙元帅兼任主任使得体育获得了同外交、国防等强力部门并列的重要地位，也凸显了这一历史时期党和国家对体育工作的高度重视。此后，全国县以上政府机构均相继成立了体育运动委员会，形成了从中央到

① 伍绍祖：《中华人民共和国体育史·综合卷（1949—1998）》，中国书籍出版社 1999 年版，第 39 页。

地方的垂直领导体制。另外，为迅速提高运动技术水平，新中国采取了系列强有力的措施推动竞技体育发展，颁布实施了《运动员等级制度条例》《裁判员等级制度条例》，开始在全国范围内选拔和组织优秀运动员到北京集中训练，逐步组建了篮球、排球、田径等项目的国家队。在这个基础上，1958年国家体委通过了《体育运动十年规划》，提出“加速提高运动技术水平，争取10年或者更短时间内，在主要运动项目上，赶上和超过世界水平”的奋斗目标。《规划》体现了新中国急于赶超世界先进水平的国家意志，也不可避免受到当时“大跃进”形势的影响，但是客观上强化了国家对发展竞技体育的领导，形成了国家通过规划纲要、政策文件形式促进竞技体育发展的基本路子。1965年1月召开的全国体育工作会议，在坚持“普及和提高相结合”的基础上，再次明确了“不断创造新纪录”的体育工作方针，并重申了《规划》提出的“赶上和超过世界水平的奋斗目标”，强调“根据集中优势兵力攻尖端的精神，在首先服从国家需要，同时调动地方积极性的原则下，由国家和省、市、自治区两级设置优秀运动队”，从中央到地方的运动训练体系正式确立。另外，“国内练兵、一致对外”，“从实战需要出发，从难、从严、进行大运动量训练”，“不怕苦、不怕累、不怕难”“思想、身体、技术、训练、比赛五过硬”等发展竞技体育的指导思想和基本原则，首次以官方文件的形式得到具体阐释，标志着以参与国际竞技体育竞争为核心思想的举国体制基本形成。

4. 中断国际奥委会联系与体育外交斗争。由于国际奥委会时任主席布伦戴奇借口“体育与政治无关”，顽固地承认台湾地区“体育协进会”作为“中华民国”“国家奥委会”，此举实为利用奥运会制造“两个中国”的阴谋。为此，中华全国体育总会进行了多轮次的强烈抗议和交涉。更为过分的是，在1956年墨尔本奥运会上，国际奥委会擅自将中华人民共和国改为“北京中国”，而把台湾地区则称为“福摩萨中国”。[①] 在抗议无效后，中国宣布不参加1956年奥运会。此后，董守义作为国际奥委会委员，代表中华全国体

---

① 张联华：《粉碎国际体育组织中“两个中国”的阴谋》，《体育文丛》1958年第9期。

育总会向国际奥委会展开了交涉和抗争，但没有取得实质性进展，相反布伦戴奇却指责其“搞政治”，甚至威胁要求其辞去奥委会委员职务。董守义也针锋相对地回应，认为国际奥委会此举“玷污奥林匹克精神、破坏奥林匹克宪章”，“为了维护奥林匹克的精神和传统……拒绝与你把持的国际奥委会发生任何联系”。[①] 为了坚决捍卫国家主权，中国不得不单方面宣布暂时中断同国际奥委会的官方联系，董守义先生也决然辞去了所担任的国际奥委会委员职务。占世界人口四分之一的中国被阻挡在奥运会大门之外，不仅损害了中国体育发展，也让奥运会的代表性大大降低。但是，中国并没有放弃同国际体育界联系的努力，除积极参加保持正常联系的国际乒联的活动之外，还尽可能参加国际体育交流，以打破个别国家和国际体育组织对中国的封锁和压制。中国竞技体育在“限制与反限制”的斗争中，发挥了独特的作用，被誉为“人民外交的先行官”。1961 年 4 月，北京成功举办了第 26 届世界乒乓球锦标赛，来自五大洲 30 多个国家和地区的 200 多名运动员参加了比赛，这也是新中国首次举办世界性体育大赛。另外，1963 年中国还参加在印尼雅加达举办的“新兴力量运动会”，并取得了第一名的好成绩。[②] 中国竞技体育经受了严酷国际形势的考验，还经历了国内“大跃进”“反右扩大化”等政治运动的洗礼，“缩短战线、突出重点”取得了骄人的成就，特别是乒乓球更是开始执掌世界乒乓球运动的牛耳。当时，有国外媒体宣称：“由于中国是一个社会主义国家，能够指向一个目标，集中的做努力，才能发现和培养众多的天才。这是中国获胜的最大原因。”[③] 由此，也不难看出举国体制的巨大作用已经被世人所知，也在一定意义上表明中国竞技体育举国体制的基本成型。

---

① 董守义：《奥林匹克与中国　奥运会与中国》，文史资料出版社 1985 年版，第 55 页。

② 熊晓正、钟秉枢：《新中国体育 60 年》，北京体育大学出版社 2010 年版，第 120 页。

“新兴力量运动会”由印尼发起，意为“没有帝国主义分子和殖民主义分子参加的新的运动会”，但是由于国际国内形势的原因，原定于 1967 年的第二届没有继续举办，但显示了新兴民族国家的力量，冲击了国际体坛旧秩序，客观上推动了国际体坛民主化改革进程。中国积极参与了运动会的筹办，向国际社会宣示了中国愿意参与国际体育交流的愿望。

③ 《当代中国》丛书编辑部：《当代中国体育》，中国社会科学出版社 1984 年版，第 177 页。

二、历经曲折与艰难调整

1. *经历曲折冲击*。史无前例的“文化大革命”严重冲击了新中国成立以已经形成的发展体育事业的制度体系，也无情扼杀了体育事业欣欣向荣的发展局面。十年“文革”期间，林彪、“四人帮”反动势力篡夺了党和国家对体育的领导权，提出了极左的口号、方针、政策，严重背离了体育事业发展的正确价值趋向，体育事业遭到空前的破坏和损失。1978 年 2 月召开的全国体育工作会议，揭批了“文革”对体育战线的迫害，指出“严重摧残队伍，拆散机构，搞乱思想，搞垮训练，乱砍规章制度，损毁体育设施，破坏群众体育，严重影响青少年健康成长，运动队伍青黄不接，成绩停滞、下降，拉大了与世界先进水平的差距”。[①] 此时，“文革”刚刚结束不久，党和国家事业仍处在徘徊和拨乱反正的关键时期，对“文革”的揭批远不够深入和彻底，也不可能从思想和组织路线的高度纠正错误路线。中共十一届三中全会以后，随着党和国家重新确立了实事求是的思想路线，做出把工作重心转移到经济文化建设上来的决定，体育战线的拨乱反正才真正开始深入。1980 年 1 月召开的全国体育会议上，时任国家体委主任王猛在工作报告中进一步揭露了“文革”对体育事业的冲击和迫害，认为“体育事业遭到空前浩劫”，“运动水平急剧下降……一些为国家作过贡献的好同志被迫害致残、致死”。[②] 第一任国家体委主任贺龙元帅被迫害致死，著名乒乓球运动员容国团含冤自杀，类似的例子不胜枚举，“文革”对体育事业的损害由此可见一斑。事实上，“文革”对体育事业的破坏不仅体现在对优秀运动员、教练员的迫害，还体现在冲击了原有的体育竞赛管理制度和体育机构，更重要的是对体育发展方针政策的扭曲和竞赛规律的违背，诸如打着反对锦标主义的旗号，荒谬地把人民同金

① 国家体委政策研究室：《体育运动文件选编（1949—1981）》，人民体育出版社 1982 年版，第 122 页。

② 国家体委政策研究室：《体育运动文件选编（1949—1981）》，人民体育出版社 1982 年版，第 147 页。

牌对立起来，谎称“要八亿人民不要金牌”“不做成绩的奴隶”等，脱离体育业务空谈政治，甚至以政治取代业务，扰乱了体育发展的正常秩序和人民的思想。这种“二元对立”，割裂体育与政治、竞技体育与群众体育和谐共生关系的思维方式，对体育事业发展的危害是持久和深远的。

2. 艰难恢复调整。1978 年 1 月召开的体育工作会议，初步清算了“文革”对体育事业的极左错误，揭开了体育领域拨乱反正的序幕，重新恢复了体育机构的设置和正常的训练竞赛秩序，并基本明确了举国体制的具体思路和核心原则。会议在揭批了“文革”破坏体育事业的基础上，强调要贯彻体育为社会主义建设和人民健康服务的理念，再次果断申明了发展体育运动应坚持“普及与提高相结合”的正确方针，重新确立了“赶超世界先进水平”和为国争光的发展目标。会议还决定恢复全国运动会的竞赛制度，决定 1979 年举办第四届全国运动会，并强调全运会体现了“党的集中统一领导和社会主义制度的优越性”。1978 年的体育工作会议是“文革”结束后第一次全国体育会议，当时中共十一届三中全会还没有召开，党和国家事业还停留在徘徊阶段，因此对“文革”的揭批还未及深入彻底，但是其对新中国成立以来业已形成的发展体育运动的正确经验予以了重申，体现出体育战线急于纠正极左错误的努力，特别是会议关于竞技体育训练竞赛理念原则的阐述，更是基本涵盖了举国体制的主要精髓。会议主要着眼于提高运动技术水平和训练质量，提出建立集中统一的训练指挥系统的要求，指出要按照“思想一盘棋、组织一条龙、训练一贯制”的原则，建立“基层运动队—业余体校—重点业余体校—体工队”的训练体系，在训练中贯彻落实“三从一大”和“严格训练、严格要求”方针，从而在事实上恢复了“文革”前发展竞技体育的正确做法、举措和制度，从而在实践上为此后国家采取以举国体制发展竞技体育事业的基本理论指引和制度框架。

综上所述，新中国成立直至“文革”爆发的历史时期，党和国家迅速完成了对旧体育管理机构的改造，逐步形成了普及与提高相结合的体育方针，初步建立了从中央到地方的各级体育行政机构，构建了完备的体育规章制度，也打开了新中国参加国际体育竞赛的局面，推动新中国体育事业取得显著成绩。1956 年 8 月，毛泽东在党的八大预备会议的讲话中专门指出："过去说中国是'老大帝国'，'东亚病夫'，经济落后，文化也落后，又不讲卫生，打球也不行，游水也不行，女人是小脚，男人留辫子，还有太监，中国的月亮也不那么很好，外国的月亮总是比较清爽一点，总而言之，坏事不少。"[①] 需要明确的是党的八大召开之际的 1956 年，中国政府刚刚完成了社会主义"三大改造"，极大调动亿万人民参加社会主义建设的积极性，包括体育在内的社会各项事业无不呈现出蒸蒸日上的局面。新中国成立后，经过几年的努力，国家的面貌已经发生了很大的变化，在竞技体育领域也取得了显著的成绩，由此也可以总结出国家政治稳定、社会发展对于体育事业的基础性作用，同时竞技体育的发展又可以有效促进社会文明进步。1956 年，在"中苏举重友谊赛"上，陈镜开以 133 千克的成绩打破最轻量级世界纪录，结束了中国没有世界纪录的历史。1957 年，郑凤荣以 1.77 米成绩打破了女子跳高世界纪录，这也是新中国成立以来首次有女运动员打破世界纪录。此后不久的 1959 年，在第 25 届世界乒乓球锦标赛上，容国团获得男子单打冠军从而成为新中国首个世界冠军……1971 年，中国乒乓球队冲破重重阻力，参加了在日本举行的第 31 届世界乒乓球锦标赛，"乒乓外交"创造了"小球转动大球"的世界外交佳话，对于改善中日、中美关系发挥了重要的作用，是国际体育竞赛促进世界和平和国际交流的典型例证。1971 年 10 月，中国在联合国的合法席位得以恢复。同年日本、英国等西方国家相继同中国建交，"乒乓外交"对于改善国际关系发挥了极为重要的促进作用。历史事实表明，竞技体育举国体制并不是从来就有的，而是新中国在整体竞技水平落后的条件下，为了参与国际体育竞争的政策选择和制度设计，并为迅速提高竞技体育运动技术水平发挥了重要的保障作用。尽管在这一时期并没有明确提出"奥运争光"和"举国体制"的概念，但在发展竞技体育的基本指导思想和具体做法上已经显现了国家通过行政指令集中全国力量，在国际体育竞赛中取得优异成绩为国争光的基本思路。因此，从理论逻辑和实践两个方面出

① 《毛泽东文集》第 7 卷，人民出版社 1999 年版，第 87 页。

发，完全可以说竞技体育举国体制雏形已经具备。

第二节　探索形成时期：1979—1994

“文革”浩劫结束以后，中国体育事业发展掀开了崭新的一页。1979 年，“名古屋模式”解决了中国在国际奥委会的合法席位问题，中国竞技体育的发展开始正式进入奥运时代。但中国通往奥运会的历程仍然是曲折的，由于苏联入侵阿富汗导致以美国为首的西方国家抵制了 1980 年 7 月举行的莫斯科奥运会，中国也只是参加了 2 月在美国举办的冬奥会。严格意义上来说，1984 年第 23 届洛杉矶奥运会是新中国首次正式参加的夏季奥运会。但由于苏联等国家的抵制，新中国首次参加的洛杉矶奥运会竞争又是不全面的，作为中国奥运征途上不容回避的重大标志性事件也难免留下缺憾。但也正是在这届奥运会上，中国不仅实现了奥运金牌零的突破，而且向世界展示了改革开放的新形象。洛杉矶奥运会的成功，极大调动了国家发展竞技体育、参加国际体育竞争的积极性。经过三届奥运会的磨炼，自 1993 年开始，国家正式调整了全运会的举办时间和项目设置，奥运战略成为中国发展竞技体育的先导，举国体制正式出现在官方讲话和学术研究领域。

一、“名古屋模式”打开奥运之门

1. *两次全国体育工作会议确立了“侧重抓提高”发展战略。* 1978 年 12 月，中共十一届三中全会作出把党和国家工作重心转移到社会主义现代化建设上来的重大决策，体育事业发展也由此进入新的历史时期。1979 年 2 月在全国体育工作会议上，国家体委为适应全面参与国际体育竞争的新形势，迅速扭转由于“文革”导致“运动水平急剧下降”的落后局面，正式提出了“国家体委和省一级体委要在普及和提高相结合的前提下，侧重抓提高”的工作思路。此时，国民经济尚处于恢复、调整和整顿时期，围绕恢复在国际奥委会合法席位的谈判正在进行，全国体育行业一方面要继续清理、调整“文革”极左路线造成的历史遗留问题，另一方面也在着眼于参加奥运会进行积极的准备。因此，1979 年体育工作会议在“侧重抓提高”方针指导下，强调准备参加奥运会是“一项紧迫的重要政治任务”，要求国内、国际比赛以有利于参加奥运会为主要目标进行安排，因此提出第四届全运会要“开得好，开得精彩”，“力争创造几项世界纪录，向国庆 30 周年献礼”。为此，会议还就高水平运动队建设和运动员培养提出了明确的要求，强调“以训练为中心，以攀登世界体育技术高峰为主要任务”，按照“全国一盘棋、国内练兵一致对外”的原则，“统一安排、合理布局、突出重点、分工负责”组建运动队，而且任务确定后还要以 4 年为周期制定指标，并要求各地市提出保证实施的措施。[①]1979 年体育工作会议，已经体现出浓重的奥运色彩，显示出改革开放后的中国参与国际体育竞争的急迫。

如果说 1979 年体育工作会议开启了改革开放新时期体育发展的新机遇，那么 1980 年的全国体育工作会议则对进一步明确了新时期体育发展战略，突出表现在以“侧重抓提高”为导向的举国体制核心原则基本形成，并更为彻底地纠正了“文革”极左错误。1980 年 1 月，与全国教育、科技和其他行业拨乱反正一样，全国体育工作会议也正式召开。会议期间，邓小平专门接见了参加全国体育工作会议的代表并讲话。此时中国已经恢复了在国际奥委会合法席位，而且备战 1980 年奥运会的任务更为直接和迫切。因此会议客观分析了“文革”结束后体育事业发展现状，认为“运动技术水平落后，与恢复国际奥林匹克合法席位后，体育全面走向世界的形势不相适应”，因此要突出重点按照“全国一盘棋”原则做好项目布局调整，组建代表国家最高水平的国家队，“集中力量把奥运会和有重大国际比赛的若干项目搞上去”，并且决定将第 5 届全运会项目同奥运会一致起来。同时贯彻“思想一盘棋、组织一条龙、训练一贯制”要求，建设包括由优秀运动队、业余体校

---

① 国家体委政策研究室：《体育运动文件选编（1949—1981）》，人民体育出版社 1982 年版，第 133—134 页。

和学校运动队三个层级在内相互衔接的训练体制。由此不难看出，改革开放之初，为了迅速提高运动技术水平并在奥运会上取得优异成绩，国家正式确立了“侧重抓提高”的体育发展战略，侧重抓竞技体育成为国家意志，为进一步完善竞技体育举国体制提供了重要的思想理论和实践基础。

1980 年，时任国家体委主任王猛在全国体育工作会议上的报告，在全面深入揭批“文革”对体育事业迫害的基础上，客观回顾了新中国成立以来 30 年体育工作成就及经验教训，更是从理论的深度系统剖析了体育与政治、经济的辩证关系，标志着国家体育发展的理论和制度更为完善。报告认为发展体育运动、增强人民体质是“党的一项重要政治任务”，但不能把政治和体育混淆，更不能以政治冲击业务，而且“把体育搞上去也是政治，到奥运会去为国争光，就是一项政治任务”。他还从体育与经济的辩证关系出发，较为系统和权威地解释了举国体制的经济基础，认为体育发展必须同国民经济和生产发展相适应，归根结底取决于经济发展水平，但是在社会主义国家，可以将“体育纳入国家计划，能够运用社会主义制度的优越性，实行集中统一的领导，调动各个地方和各个方面的积极性，按比例、有重点的分配财力、物力”，从而在经济比较落后的情况下使体育发展得快一些，对经济建设也会起到明显促进作用。[①] 另外，这一时期还形成了竞技体育可以“适度超前发展”的理论观点，认为一个国家竞技体育的发展取决于国民经济综合实力，而群众体育发展水平则取决于人均国民收入，在“落后的运动技术水平与走向世界的战略目标要求”成为体育事业发展主要矛盾的情况下，可以发挥社会主义制度优势，将体育事业纳入国家规划，集中有限的力量重点突破竞技体育。国家体委就此还提出了国家办与社会办相结合、分工负责体育事业发展的思路，即群众体育以社会办为主，各行业、各部门的体育事业由本行业、本部门主要负责；国家体委集中力量抓好竞技体育，以国家投资、直接管理为主，调动社会力量参加为辅。在竞技体育“侧重抓提高”“适度超

① 国家体委政策研究室：《体育运动文件选编（1949—1981）》，人民体育出版社 1982 年版，第 149—150 页。

前发展”方针指引下，举国体制的形成的理论和实践条件业已具备。有学者据此认为，举国体制发展竞技体育的基本思路和具体做法虽然肇始于20世纪50年代，但官方较为权威和全面的阐释却始于此次王猛代表国家体委作的工作报告。[①]

2. 恢复在国际奥委会合法席位。1979年11月26日，名古屋会议上通过的关于海峡两岸代表权问题的决议生效，标志着中国在国际奥委会的合法席位正式恢复。在中断21年之后，中国重新建立了同国际奥委会的联系，中国体育由此重新开始面向世界、登上国际体坛。近代中国参与现代奥运历程可谓是曲折坎坷，不仅有光荣和梦想，还有耻辱的烙印。自1932年刘长春冲破阻挠孤身一人参加洛杉矶奥运会开始，新中国成立前共计参加了3次奥运会，另外两次分别是1936年的柏林奥运会和1944年的伦敦奥运会，由于国力孱弱，竞技水平落后，没有取得任何竞赛成绩，甚至被西方媒体讥笑为“东亚病夫”。新中国成立后，参与国际体育活动的热忱又被西方反华势力和敌对势力阻挠，1952年的赫尔辛基奥运会更是让新中国意识到国际体育竞争潜在的政治和外交功能，并改变了新中国重在“增强人民体质”而发展体育运动的政策重心，由以“普及和经常化”为主转向“普及与提高相结合”，并进而采取“侧重抓提高”“适度超前发展”竞技体育的方针。1954年，在希腊举行第49届会议，国际奥委会原本已经以23票赞成、21票反对通过了中华全国体育总会为中国奥委会的决议，中华人民共和国的合法席位已经得到承认，新中国为参加1956年墨尔本奥运会也进行了积极的准备，但是，当时担任国际奥委会主席的美国人布伦戴奇却粗暴地修改了决议，将台湾地区体育组织列为国家奥委会名单，妄图在国际体育组织中制造“两个中国”的既成事实。为此，新中国进行了抗争，交涉无效后不得不于1958年宣布中断同国际奥委会和其他9个国际单项体育组织的联系，以此展示捍卫国家主权完整的决心。

此后，由于国际、国内政治环境等多方面的因素，虽然我国体育界和国

---

① 郝勤：《论中国体育“举国体制”的概念、特点与功能》，《成都体育学院学报》2004年第1期。

际上爱好和平的体坛有识之士进行了长期斡旋和努力，但中国在国际奥委会合法席位问题迟迟没有解决。20 世纪 70 年代，世界政治格局和国内政治形势发生巨大变化，直接影响国家发展竞技体育特别是开展竞技体育国际交流的政策选择，并间接影响到国家竞技体育管理制度的设计与建构。首先，美苏冷战呈现苏攻美守态势，中央分析认为美苏矛盾大于中苏矛盾、中苏矛盾超过中美矛盾，因此可以利用美苏矛盾改善中美关系以牵制苏联，“乒乓外交”建立起中美直接联系。1971 年联合国恢复中国合法席位，1972 年美国总统尼克松访华，大大缓和了中国面临的国际形势，世界掀起了和中国建立外交关系的热潮。中美《上海联合公报》关于“只有一个中国，台湾是中国的一部分”声明，也为解决海峡两岸代表权问题初步扫清了障碍。同时，爱尔兰人基拉宁上任国际奥委会第六任主席，改变了其前任美国人布伦戴奇的错误立场，开始更加积极地寻求解决中国合法席位的方案，其多次利用不同场合创造改善同中国关系的机会。在这种形势下，1975 年 4 月，中华全国体育总会递交了恢复合法席位的申请。1976 年的加拿大蒙特利尔奥运会让海峡两岸的代表权问题更为突出。此时，刚刚与中国建立外交关系的加拿大拒绝台湾地区以中国名义参赛，而中美建交谈判正在紧锣密鼓地进行，美国奥委会也公开反对台湾参赛，甚至不惜以退赛相威胁，最终台湾没能参加比赛。1977 年基拉宁访问中国，表示充分理解“一个中国”立场，为解决纷争铺平了道路，但促使问题真正解决还是在中美宣布将于 1979 年 1 月 1 日正式建交之后。中美建交坚定了国际奥委会尽快解决问题的决心，“国际奥委会绝不应该在这个问题上犹豫不决了，应当得出一项对中国运动员公平合理的结论”①。

改革开放以来，随着国际局势的改善，国内政治形势也发生深刻变化。1979 年元旦，全国人民代表大会发表了《告台湾同胞书》，提出了实现两岸和平统一的主张，有效缓和了两岸紧张对立的局面，引起海内外巨大反响。同年，邓小平在访问美国时释放了和平解决两岸统一的善意，成为“一国两

---

① 张振亭：《奥运潮涌中华魂》，中共中央党校出版社 1996 年版，第 132 页。

制”构想的最初表述。按照《告台湾同胞书》精神和“一国两制”构想，中央原则同意只要不使用“中华民国”或单独使用“台湾”名号，允许台湾地区在有关国际组织特别是非政府国际机构中作为分支机构存在。国家体委按照上述精神提出允许台湾在改名、改旗、改徽后作为地区性机构留在国际体育组织中，既坚持了一个中国原则，捍卫了国家主权，又照顾到台湾地区的现实，为彻底解决海峡两岸代表资格问题提供了切实可行的方案。1979 年 10 月，国际奥委会在日本名古屋召开执委会，确认“中国奥林匹克委员会”是中华人民共和国唯一合法的国家奥委会，使用中华人民共和国国旗，会址在北京；“中国台北奥林匹克委员会”是台湾地区奥委会，会址在台北，其使用的旗、歌、徽章需报经国际奥委会批准，并不得使用原来的旗、歌和徽章。值得注意的是“名古屋决议”在通讯表决的过程中，随选票一起寄给国际奥委会委员的还有美国国务院给国际奥委会美国委员朱利安·罗斯福的一封信，信中声明：“美国已自 1979 年 1 月 1 日起承认中华人民共和国政府为中国唯一合法政府……我们亦不承认中华民国的旗帜和歌作为全国性政权的象征。”[①]之所以采取通讯表决而不是会议表决的形式，根据基拉宁的解释，主要原因在于要赶在第 13 届冬季奥运会报名截止时间（12 月 1 日）之前解决代表资格问题，第 13 届冬奥会定于 1980 年 2 月在美国普莱西德湖举办。至于随公函寄出的美国国务院答复美籍国际奥委会委员的信，又在多大程度上影响了其他国际奥委会委员的投票决定，由于资料所限已不可考，但是此举绝非国际奥委会画蛇添足。1979 年 11 月 27 日，中国奥委会宣布接受国际奥委会决议，并将派出代表团参加 1980 年奥运会。这就是国际著名的“奥运模式”，又称“名古屋模式”，顺利解决了海峡两岸在国际奥委会的代表资格问题，打开了中国体育通往国际体坛的大门，成为“中国体育全面走向世界的新起点”。

通过“名古屋模式”解决海峡两岸在国际奥委会的代表资格问题，既是“一国两制”构想在体育领域的成功实践，又是国际格局变化特别是中美关系

① 熊晓正、钟秉枢：《新中国体育 60 年》，北京体育大学出版社 2010 年版，第 235 页。

改善的结果。由此也深刻地说明，奥运会同国际、国内政治形势存在着错综复杂的联系，尽管奥运会具有广泛的世界影响力，但其推广和普及亦离不开政治支持。围绕恢复国际奥委会合法席位的争斗，也深刻影响了中国体育发展政策的调整。

二、奥运之旅扬帆起航

1. *1984 年洛杉矶奥运会崭露锋芒*。久经波折恢复在国际奥委会的合法席位，并不必然意味着中国奥运之旅就可以一帆风顺。1979 年 12 月，由于苏联武装入侵阿富汗，国际社会掀起了抵制莫斯科奥运会的风潮。1980 年 1 月，美国总统致信包括中国在内的 100 多个国家政府首脑，发出把 22 届夏季奥林匹克运动会从莫斯科迁出或者延期或者取消的倡议。中国奥委会认为苏联的侵略行为严重破坏了奥林匹克宪章精神，因此将不派运动员参加莫斯科奥运会。国际奥委会也为此展开了多方努力，但最终包括美国、中国在内共 62 个国家奥委会抵制了莫斯科奥运会。同年 2 月，第 13 届冬奥会在美国举办，尽管这时中国冬季项目整体水平非常落后，但是仍然派出代表团参加了比赛。这也是中国首次参加冬奥会。

1984 年，第 23 届奥运会在美国洛杉矶举办，这是中国首次正式参加的夏季奥运会，但包括苏联、民主德国在内的 16 个国家以无法确保运动员安全为由拒绝参加。这届奥运会上，许海峰在男子手枪 60 发慢射项目上以 566 环的好成绩获得冠军，不仅成为本届奥运会决出的第一枚金牌，也是中国历史上第一枚奥运金牌，故又被称为“零的突破”。时任国际奥委会主席萨马兰奇评价说“这是中国体育最伟大的一天”，并亲自为许海峰颁奖。此时，距 1932 年中国首次参加奥运会已整整过去了半个世纪。最终，首次正式参加夏季奥运会的中国以 15 枚金牌的优异成绩位列金牌榜第 4 位，极大地振奋了民族精神，向世界展示了改革开放的中国新形象。1984 年洛杉矶奥运会开启了中国奥林匹克运动新篇章，标志着中国体育开始重新走向世界。

2. *1988 年“兵败汉城”*。洛杉矶奥运会的成功让国人振奋、自豪，压抑已久的民族情愫瞬间爆发出巨大的能量，国内掀起了学习“女排精神”的热潮，“团结起来、振兴中华”成为响彻大街小巷的口号，以奥运会为代表的国际竞技体育不经意间再度肩负起“强国强种”的政治功能，让刚刚起步的中国竞技体育事业继续沿着奥运会的轨道狂飙突进。然而，国际形势波诡云谲，国际竞技体育格局也在不断变革，中国的奥运神话并没有延续至 1988 年的汉城奥运会，甚至是跌入了冰冷的谷底。1988 年 9 月 17 日至 10 月 2 日，第 24 届夏季奥运会在韩国汉城举办，中国史无前例地派出 445 人组成的庞大代表团，参加除马术、曲棍球之外的 21 个大项的比赛，参赛项目和参赛人数远超上届，志在超越上届奥运会，再创佳绩。出征前，国内的乐观情绪和国人自信心持续高涨，新闻媒体推波助澜，预测金牌会至少超过上届。然而，经过鏖战，中国队只获得 5 枚金牌，在金牌榜位置大幅下跌至第 11 位，甚至处在东道主韩国之后。相较于金牌数的大幅减少，更让国人难以接受的是一些引以为傲的优秀运动队、运动员接连出现失误，与国人的期待相比较大失水准，甚至可以说是全面溃败，顶着“五连冠”光环的女排 0 ：3 不敌苏联，第一局更是以 0 ：15 的悬殊比分落败，而且 3 局仅得到 11 分，“体操王子”李宁跌落吊环，奥运首金许海峰排在了第 28 名……

如前文所述，有媒体甚至以“兵败汉城”形容中国在前后两届奥运会上判若云泥的表现。从巅峰到深渊只是短暂的 4 年，这种巨大的落差也促使包括但不限于中国体育界高层人士冷峻地思考，中国体育应该选择一种什么样的制度才能够确保在奥运会取得优异成绩，毕竟奥运会之于中华民族的意义远远超过了体育，而且这种意识和观念的强化已经渗入民族文化记忆的最深处，更为重要的是围绕着奥运会参赛资格近 30 年的争斗和改革开放“走向世界”的现实需要，让国人对奥运会的态度几近“疯狂”。当然，30 年后可以更为客观冷静地分析铩羽而归的根源，最关键的当然是竞技体育综合实力整体落后，而最直接的原因则是这届奥运会是有史以来参赛国家和地区最多的，包括苏联和东欧传统体育强国共有 160 个国家和地区参加了角逐。这届奥运会是一次真正意义上的全面较量，真实反映了当时中国在国际体坛的实力和位置。但在改革开放初期，体育界承受的压力和经受的煎熬是今天难以想象的，为此国家相继制定和出台了支持竞技体育发展的政策和制度举措。

3. 1992 年巴塞罗那重振雄风。奥运会始终与国际政治格局密切相关，不仅仅是各国竞技体育、科技实力和经济发展水平的较量，在一定意义上更是综合国力和地缘政治的博弈的舞台。1988 年汉城奥运会，终于结束了冷战时代美苏两大集团相互抵制的闹剧，但也是苏联在奥运会历史上的绝唱。1990 年民主德国以并入联邦德国的形式完成了德国统一，统一的德国成为奥运会有力的竞争者。1991 年，苏联解体是 20 世纪国际政治领域影响最为深远的重大历史事件，这种影响也自然波及奥运会特别是金牌榜排序。1992 年 7 月 25 日至 8 月 9 日，第 25 届奥运会在西班牙巴塞罗那举办，经过 4 年精心的准备和艰苦的努力，中国竞技体育重新迎来奥运会的“大考”。苏联解体发生在奥运会前夕，各国单独组队参赛时间已经来不及，因此国际奥委会允许其以“独立国家联合体”的名义参加奥运会，但苏联在奥运会舞台上已经成为过去。最终，以苏联为班底的联合队获得金牌榜首位，美国、德国分列第二、第三位，中国走出低谷，以 16 枚金牌重回第四位。中国重视适度超前发展竞技体育的理念和政策发挥了重要作用，确保了在奥运会的排名，也为进一步强化“举国体制”提供了实践依据。

4. 启动体育发展方式改革。1988 年汉城奥运会至 1992 年巴塞罗那奥运会前后，世界格局和国内政治形势都发生了深刻变化，国际上影响最为深远的就是“两德统一”及“苏东剧变”，而国内则是“六四”政治风波、邓小平南方谈话及党的十四大确立社会主义市场经济改革目标。这些发生在国际、国内的政治事件都深刻影响到奥运会的举办和国家发展竞技体育的政策及制度选择。如前文所述，苏联在奥运会上的绝唱和德国在国际体坛的崛起几乎相伴而生，此后俄罗斯尽管继承了苏联大部分衣钵，但辉煌不再，而改革开放的中国则抓住时机，逐渐巩固了在奥运会的位次，并启动了竞技体育发展模式改革。另外，1990 年亚运会的成功和第一次申奥的失败也促使国家从更高层面重视世界体育竞争和国际性体育竞赛的开展。这一时期中国已经参加了 3 届奥运会，既有成功的辉煌也有惨重的失利，总结其中的经验教训和奥运会及竞技体育发展规律成为体育界的共识。

以1992年邓小平南方谈话和党的十四大的召开为标志，我国改革开放和现代化建设进入新的历史时期，体育事业改革发展也迎来前所未有的机遇。1992年初邓小平南方谈话，明确提出了社会主义本质的论断和“三个有利于”标准，从根本上破除了姓“社”姓“资”的争论，极大推动了改革开放向纵深领域拓展，为体育体制改革指明了方向。同年10月召开的党的十四大更是明确将社会主义市场经济体制确立为改革目标，指出在社会主义国家宏观调控下市场要对资源配置发挥基础性作用，并专门就所有制、分配制度、宏观调控等这些关系到国家基本经济制度方面的重大问题作出了明确而具体的阐述，要求建立以公有制和按劳分配为主体、多种所有制、多种分配方式并存的经济体制，以利于更好发挥计划经济和市场经济两种调节手段各自的优势。社会主义市场经济体制改革目标的确立，意味着形成于计划经济时代并主要建立在公有制基础上的举国体制发生重大改变，特别是其高度集中的管理体制和运行机制不得不面临重大调整。如何与社会主义市场经济相适应，成为90年代体育管理体制改革的首要目标和主要任务。另外，自80年代以来，在“侧重抓提高”、竞技体育适度超前发展理念指导下形成了高度集中的“国家办、体委办”体育的发展格局，竞技体育快速发展，群众体育和学校体育则相对滞后，“关系不顺，机制不活，经费不足，效益不好，人才流动不畅”成为制约体育事业可持续发展的体制机制障碍，而社会对体育日益高涨的需求与国家投入不足的矛盾成为这一时期体育事业发展面临的突出问题。[①] 针对上述问题，国家体委在1993年的全国体委主任会议上，正式印发了《关于深化体育改革的意见》及《关于训练体制改革方案》《关于竞赛体制改革方案》等5份配套文件，提出“力争在本世纪初步建立具有中国特色的社会主义体育新体制”。[②] 此次改革已不再局限于对原有体制的修修补补，而是要立足社会主义市场经济体制建立符合现代体育运动发展规律的新

① 国家体委政策研究室:《体育改革文件选编（1992—1995）》，北京体育大学出版社1996年版，第42页。

② 中华人民共和国体育运动委员会:《中华人民共和国体育法规汇编（1993—1996）》，新华出版社1997年版，第11页。

体制。

首先，新体制突破了计划经济条件下高度集中办体育的制度框架，不再“过分依赖国家和主要依靠行政手段”，而是打破部门和所有制的限制，允许多种所有制办体育，体育资源的配置不再单纯依靠行政手段划拨调配，相应的体育行政机构职能也由直接举办体育项目向以间接管理体育项目为主，着力构建国家办和社会办相结合的格局，形成“国家调控、依托社会、自我发展”的体育运行机制。其次，新体制还按照“精简、统一、效能”原则对体育行政机构进行了改革，同时推进运动项目协会实体化进程，探索建立以运动项目协会为主的管理体制。再次，新体制还按照“缩短战线、突出重点和向奥运会靠拢”的原则实行分类管理，并对全运会的举办时间、项目设置、计分办法进行了全方位的更新，从而使全运会能够与奥运会全面接轨，通过全运会练兵实现服务奥运会的国家意志。以在奥运会上的成绩为基本依据，将运动项目划分为国家重点投入项目、一般性投入项目和社会投入为主项目三类，在人、财、物投入方面分类对待、区别管理，从而强化了奥运会在国家体育事业发展特别是运动项目开展中的龙头作用。从 1993 年第七届全运会开始，全运会的举办时间改在奥运会后一年而不是前一年，主要目的在于充分发挥“全国一盘棋”优势，确保地方资源全力投入到奥运为国争光；从 1997 年第八届全运会开始，除武术外，全运会项目设置全面对标奥运会，把全运会作为“国内练兵”的重要平台；改革全运会计分办法，将奥运会所获奖牌带入全运会，作为对地方和行业体协考核的重要指标。全运会改革和项目分类管理办法的实施集中体现了奥运会在我国体育事业改革和发展过程中的特殊地位，也为采取举国体制发展竞技体育事业提供了最好的注解。最后，新体制迈出了竞技体育市场化、职业化改革的第一步，通过了《关于培育体育市场，加速体育产业化过程的意见》，确立了以足球为突破口探索借助市场力量配置体育资源的改革理念，按照“谁举办、谁出钱、谁受益”的市场规则促进体育竞赛职业化、产业化，甚至大胆提出了引进外资兴办体育产业的想法。1992 年，全国足球工作会议在北京郊区红山口召开（故又称

“红山口会议”)①，时任中央政治局委员、国务委员李铁映在讲话中明确提出了足球职业化改革方向，要求建立职业俱乐部制和足协实体化改革。1994 年 4 月，全国足球甲级联赛开打，正式拉开了我国足球职业联赛的帷幕，也宣告了中国竞技体育职业化时代的来临。另外，1994 年国务院批复国家体委正式成立体育彩票管理中心，在全国统一发行体育彩票，也是市场机制引入体育发展领域的突出例证。此后，在国家体委、财政部和中国人民银行联合出台的《体育彩票公益金管理暂行办法》中，还明确体育彩票公益金“主要用于落实全民健身计划和奥运争光计划的落实”，对推动竞技体育事业在市场经济条件下改革发展发挥了巨大作用。综上所述，党的十四大确立的社会主义市场经济体制改革目标深刻影响了竞技体育发展模式和政策选择，尽管改革突出以市场为导向，重点强调发挥市场在竞技体育资源配置中的基础性作用，也以足球项目为突破进行了市场化、职业化改革，但是围绕奥运会和奥运争光的竞技体育核心仍然得到了强化，国家意志和国家目标在不久后颁行的“奥运争光计划纲要”中得到集中体现。

第三节　成熟发展时期：1995—2012

随着社会主义市场经济体制的逐步确立，以在奥运会上取得优异成绩、为国争光为核心目标的竞技体育举国体制渐趋成熟完善，一方面，举国体制通过改革获得了更加有力的支持，市场的力量开始逐步介入竞技体育发展的各个领域，为竞技体育的发展提供了更为丰富的资源，使我国竞技体育的发展建立在雄厚经济基础之上，成为国际体坛的强力竞争者，充分展

① “红山口会议”，1992 年 6 月 22 日至 27 日在北京郊区红山口召开，此时恰逢全国上下学习邓小平南方谈话精神之际，李铁映出席会议并讲话。这次会议确立了中国足球职业化改革的方向，不仅是足球运动发展的里程碑，而且成为 20 世纪 90 年代体育事业改革发展的转折点。足球运动和体育事业的改革成为其他领域改革的突破口和试验田，当时足球冲击巴塞罗那奥运会失利引起社会强烈的反响，要求足球改革的呼声越来越高，足球职业化改革肩负了突破计划经济时代形成的专业竞技体育体制、探索寻求市场经济时代体育发展新模式的重任。

现了我国竞技体育制度优势，其标志就是从第二集团领先到逐步站稳奥运金牌榜第一集团；另一方面，市场经济体制条件下竞技体育主体多元化导致利益观念冲突，不同利益主体的积极性受经济利益驱动更为直接，为国争光的国家意志和国家目标面临多种因素的制约。为在社会主义市场经济条件下发挥竞技体育举国体制的制度优势，国家相继颁布实施了《奥运争光计划纲要（1994—2000）》《中华人民共和国体育法》《全民健身计划纲要》《关于进一步加强和改进新时期体育工作的意见》等法律和规范性意见、纲要，自此我国体育事业发展和体育制度建设进入法制化时期，2001 年申办和主办奥运会的巨大成功标志着中国成为名副其实的竞技体育强国和奥运强国。

一、“奥运争光”统领竞技体育发展

1992 年巴塞罗那奥运会，中国代表团以 16 金 /22 银 /16 铜共计 54 枚奖牌再次位居金牌、奖牌榜第四位，而独联体、美国、德国分居前三，尽管走出了“兵败汉城”的阴霾，但是与前三名的整体差距较大，其中位居首位的独联体金牌高达 45 枚，而第三位的德国金牌数也达到了 33 枚，更重要的是中国与分处第五至八位的古巴、西班牙、韩国、匈牙利等国相比优势并不明显，古巴以 14 枚金牌位居第五位，韩国以 12 枚金牌位居第七位。巴塞罗那奥运会金牌榜反映了世界体坛竞争格局的变化，要求通过改革加快竞技体育发展。

1. 1995 年颁布《奥运争光计划纲要（1994—2000）》。为了在激烈的奥运竞争中赢得优势，自 1993 年开始，国家体委围绕“保证重点、发挥地方优势、积极向奥运战略靠拢”的竞技体育发展原则，针对 1994—2000 年的冬夏季奥运会着手制定《奥运争光计划》，并于 1995 年 7 月正式颁布实施。1995 年版的“奥运争光”计划纲要是我国颁布实施的第一个系统性整体性的奥运战略，包括“纲要”和“具体实施方案”两个组成部分，集中体现了这个历史时期国家对国际竞技体育竞争格局的分析认识，以及我国参与奥运竞争面临的形势任务的判断，突出了与“社会主义市场经济相适应”和“以奥运会夺取优异成绩为最高目标”两个核心要素，着力构建“国家办与社会办相结合”的竞技体育体制和良性循环的运行机制。1995 年“奥运争光”计划纲要的颁布实施，在系统总结我国实施奥运战略经验的基础上，提出的竞技体育改革整体思路进一步强化了奥运会在我国竞技体育事业中的地位，不仅明确了各奥运项目的具体实施方案，还对重点项目国家队建设、国家拨款等作出了具体的规定，国家举办奥运会的责任更为明确和具体。“纲要”还明确对实施奥运争光作出突出贡献的运动员、教练员和科研、管理单位和个人“国家给予重奖”，同时要求“继续扩大国家拨款的主渠道”，并在经济发展的基础上逐步增加对竞技体育的财政投入，确保竞技体育国际竞争力、规模、技术水平逐步提高。

2. *“奥运争光”统领竞技体育发展格局形成*。此后，国家又分别在 2002 年和 2011 年连续颁布实施了 2001—2010 年、2011—2020 年“奥运争光”计划纲要。三个“奥运争光”计划都是在客观分析我国竞技体育面临的形势任务的基础上，针对国家经济社会发展对竞技体育提出的要求而制定的参与奥运竞争的基本政策、目标和战略，其在时间上继起、政策上连续，直接目标就是为了在奥运会上取得优异成绩，主要指标就是巩固领先地位，进而实现通过竞技体育展示国家实力、振奋民族精神的核心价值。但是，根据不同历史时期我国经济社会发展的实际以及国际竞技体育竞争格局的变化，“纲要”在具体目标设定和政策调整方面也有显著的差异。2000 年悉尼奥运会，中国首次进入金牌、奖牌榜第三名，延续了 1996 年亚特兰大奥运会的上升势头，逐步巩固了奥运金牌榜第二集团领先地位之后并成功跻身第一集团之列。2001 年北京申奥成功，中国竞技体育全面对接奥运，举办“历史上最出色的一届奥运会”成为包括体育界在内的全国上下的共识。在这个背景下，2002 年版“纲要”认为尽管我国缩小了同美国、俄罗斯等传统竞技体育强国的差距，但是世界各主要大国普遍更为重视奥运成绩和排名，纷纷采取措施加大了对奥运项目的投入和对竞技体育的管理干预力度，导致国际体育竞争更加激烈，因此要抓住举办 2008 年北京奥运会的契机，实现在 2004 年奥运会上继续保持金牌数前列地位和 2008 年奥运会金牌数前 3 名的目标，必须发挥举国体制优势，集中力量攀登国际竞技体育高峰。另外，“纲要”还提出了“全面提升我国竞技体育综合实力和竞技水平”，形成“具有中国特色的竞技体育管理体制和运行机制”的改革发展目标。尤为重要的是，“纲要”还首次明确提出要“发挥举国体制”优势，举国体制得以正式出现在官方颁布的文件中，并同社会主义优越性以及社会主义市场经济等基本政治、经济制度紧密联系在一起，成为发展我国发展竞技体育的基本制度。然而，“举国体制”的做法虽然由来已久，但被体育界所承认并正式提出，恰恰是在悉尼奥运会取得成功之后，才在领导人的讲话和官方文件中出现。2001 年，时任国家体育总局局长袁伟民在全国体育局长会议上讲话说：“我国体育得益于举国体制……举国体制的实质，就是发挥社会主义能集中力量办大事的优越性，利用我国土地辽阔、人口众多的特点，把丰富的体育资源挖掘出来、充分利用起来，通过竞争和协同，提高我国竞技体育的综合实力，到国际赛场为国争光。”此前，时任国家主席江泽民在接见悉尼奥运会代表团的讲话中，也明确提出中国体育的成功靠的是举国体制。由此，自 1995 年《“奥运争光”计划纲要》在体制机制上，明确了国家在社会主义市场经济条件下仍然具有发展竞技体育的责任和义务，从而为将来竞技体育举国体制的成熟完善奠定了重要的理论认识基础。随后，连续实施的奥运争光计划则将 20 世纪 80 年代中国竞技体育“为国争光”的优良传统进一步凝练压缩为“奥运争光”，意味着“奥运争光”战略统领竞技体育发展的格局基本形成，标志着举国体制作为发展竞技体育的基本制度得到国家的明确认同。

3. 奥运战略统摄竞技体育举国体制。悉尼奥运会的成功和举办“历史上最出色的一届奥运会”的初衷，共同催生了举国体制的最终诞生，从这个意义上说，奥运会是竞技体育举国体制的“助产婆”，换言之，竞技体育举国体制是服务奥运会的体制机制，而以奥运会为最高目标恰恰是举国体制的本质特征。所以，尽管举国体制是我国发展竞技体育的主要制度，但也不能把举国体制同竞技体育举国体制直接等同，也不能将举国体制视为发展竞技体育的全部制度，举国体制只是主要服务于奥运战略即奥运项目，而对于竞技体育中的非奥运项目或者既是奥运项目又是职业化程度较高的运动项目则不能简单地套用举国体制。秦椿林就曾从举国体制的历史沿革入手，阐述了举国体制具有政府围绕重大项目集中投入资源基本特征，不能适用于全部竞技体育领域，对于竞技体育中具有私人产品消费属性的职业体育部分应通过市场经营方式配置发展所需的资源，政府资源应该投向竞技体育中提供公共产品的部分，而且认为奥运会夺金明显具有公共属性，因此对于夺金优势项目可以依靠国家投入，而对于非奥项目或者难以夺得奖牌的项目则应减少投入。[①] 所以，政府作为公共产品主要提供者又对体育行使主要管理职能，因此对于同样具有公益属性的群众体育和公共体育基础设施建设，举国体制同样可以大有作为。也就是说，举国体制主要适用于竞技体育中提供公共产品的部分，作为资源配置手段也可以运用到群众体育领域，但是对于职业体育和不能够实现国家夺金目标的项目则不能套用举国体制。

4. *举国体制是中国参与奥运竞争的必然选择*。中国竞技体育举国体制的萌芽和形成始终是与奥运会紧密相关的，1952 年首次参加奥运会的曲折经历决定成立中央体育运动委员会领导全国体育事业发展，再到逐步确立“侧重抓提高”“竞技体育适度超前发展”方针都是围绕在奥运上取得优异成绩展开的，1984 年洛杉矶奥运会金牌零的突破则激发了建设“体育强国”的热潮，2000 年悉尼奥运会金牌位居前三和 2001 年申办奥运会成功则是体育界充分认识到举国体制的优势，而为了筹办“历史上最出色的一届奥运会”则提出了发挥举国体制优越性的要求。尤为重要的是 2008 年北京奥运会无与伦比的成功，全方位检验了举国体制的巨大优越性，也更坚定了中国通过改革和完善举国体制建设体育强国的信念。在极端落后的基础上，仅仅用了 30 多年的时间就一跃成为奥运金牌强国，中国竞技体育赶超发展的成功实践证明了举国体制的巨大优势。但是如果只是仅仅以在奥运会上取得的优异成绩作为论证举国体制优越性的指标显然并不充分，因为竞技体育举国体制萌芽于 20 世纪 50 年代、80 年代基本形成至 90 年代明确定型再到 21 世纪仍然还

---

① 秦椿林等:《再论“举国体制”》,《北京体育大学学报》2005 年第 4 期。

在不断改革完善。在举国体制近 60 年的变迁过程中，中国社会经济体制以 1978 年的中共十一届三中全会为转折点，经历自计划经济向社会主义市场经济的转型，而中国在奥运会上实现突破则是在改革开放后的 1984 年，创造辉煌的成就则是到了新世纪的 2008 年北京奥运会。也就是说，举国体制的优越性与社会主义市场经济体制和改革开放密不可分，尽管其形成于计划经济时代。中国以举国体制发展竞技体育并在奥运会上不断取得优异成绩的历史表明，举国体制只是作为资源配置手段而并不是社会经济制度的必然产物，在计划经济和市场经济条件下都可以形成举国体制的运行机制。

将“举国体制”应用到竞技体育领域的做法，虽然肇始于苏联并再次在社会主义中国获得巨大成功，但并不能以此推论举国体制就是社会主义制度的特色。1952 年 7 月，苏联首次派团参加赫尔辛基奥运会，此前苏联依靠行政手段和政府投入选拔优秀运动员长期集训，结果以 22 枚金牌、71 枚奖牌、总分并列第一成为仅次于美国的奥运强国。[①] 苏联集中全国力量参加奥运竞争的成功经验，证明了国家以政府为主体兴办竞技体育事业的可行性和优越性。1952 年，同样是首次参加奥运会的新中国，鉴于以美国为首的西方资本主义国家敌视新中国的国际形势，被迫采取“一边倒”的外交政策，自然而然倾向于学习参考苏联的奥运模式，于 1953 年成立了“中央人民政府体育运动委员会”，初步建立了政府主导竞技体育发展的体制机制。事实上，无论是苏联还是新中国，采用举国体制发展竞技体育都是立足于国家现实发展的需要，当然社会主义国家中央集权的政治体制和经济上的公有制更容易集中动员全国资源。但是，第二次世界大战期间曾经携手击败德、意、日法西斯集团的美国和苏联，并没有在战后就建设新的国际秩序再度实现联合，而是很快掀起了全方位的冷战，国际格局出现美、苏为代表的两种社会制度和意识形态的尖锐对立。冷战期间，两大阵营的较量几乎让奥运会陷入停办的危局，美苏都曾经相互抵制过对方国家举办的奥运会。时至今日，2014 年索契冬奥会也曾遭到西方国家的联手抵制，而习近平出席开幕式也被国际媒体上升到中俄

---

① 郝勤:《论中国体育“举国体制”的概念、特点与功能》,《成都体育学院学报》2004 年第 1 期。

两国全方位战略合作的高度。但事实是，1980 年中国也因苏联入侵阿富汗而没有参加莫斯科奥运会，而就在 2008 年 8 月 8 日北京奥运会开幕之日，俄罗斯和格鲁吉亚因争夺南奥塞梯控制权发生激烈战争。由此，国家关系和国际形势是决定和影响不同国家是否参与奥运竞争和以何种模式发展竞技体育的重要因素。1952 年，围绕新中国参加奥运会合法席位的斗争，更是强化了奥运会和竞技体育的政治、外交功能，进而改变新中国发展体育的政策倾向。所以，再次证明举国体制与社会经济制度没有直接关系，资本主义、社会主义不同社会制度国家，计划经济、市场经济不同经济形态国家，都可以作为实现国家利益的手段，“其本质特征是国家利益目标至上性”。①

竞技体育国际竞争更加激烈，其具有的竞赛过程直接现实性、竞赛结果国际可比性、竞赛规则国际通约性的特点借助媒体的力量被放大和延伸到社会政治、经济和文化领域，促使世界各国特别是主要大国不得不关注在奥运会上的角逐。国际竞技体育竞争输赢胜负一目了然，而且同一场次的比赛胜者即金牌是唯一的，决定了竞赛的结果常常被视为国与国之间的较量，所以竞技体育又被称为“没有硝烟的战争”或“礼仪化的战争”。当然，竞技体育比赛也有增进交流、了解和友谊的功能，著名的“乒乓外交”以及朝韩携手参加奥运会都曾经为缓和国际关系和地区紧张形势发挥过重要作用，但是这种交流无论在形式上还是本质上都是通过比赛进行的，只是不关注比赛的结果而更多地利用了比赛的形式，并不意味着比赛结果可有可无。历史上“友谊第一、比赛第二”既反映了这种放大体育政治、外交功能的认识，但是如果宁要友谊而不要成绩则会陷入极左的错误，当然把成绩和友谊对立起来的观点也是不可取的。因此，“友谊赛”并不是结果无足轻重，只是更加重视过程。重视竞技体育比赛的结果应在遵守竞赛规则、竞技体育发展规律和保护运动员生命健康的基础上，为了金牌和比赛成绩不择手段，滥用兴奋剂，破坏竞赛规则取得的胜利，违背了竞技体育公平竞争的根本理念也是不可取

① 杨桦等：《坚持和进一步完善我国竞技体育举国体制的研究》，《北京体育大学学报》2004 年第 5 期。

的。“金牌至上政绩观扭曲体育精神”“金牌 GDP”，甚至滥用比赛结果，把运动员和体育竞赛过度政治化、商业化，也与奥林匹克宪章精神相违背，不仅会诱发操纵比赛结果的违法犯罪行为，也会从根本上破坏竞技体育为了人类美好生活服务的根本原则。习近平总书记在接见我国奥运代表团时，曾经明确表达了对奥运金牌的态度，认为在奥运会这种高水平竞争中拿到金牌、奖牌非常不容易，“值得尊敬和表扬”，而在比赛中并没有拿到金牌、奖牌但只要“战胜自我、超越自我、做到了最好”,“同样值得尊敬和表扬”。[①] 总之，竞技体育如果没有金牌，其价值就会大打折扣，既要反对滥用又要重视比赛结果，纠正“金牌至上”的错误不能滑向轻视、无视甚至取消金牌的极端。“不以胜负论英雄”，但英雄就要敢于争第一、敢于争先，“争先”“争第一”的勉励与竞技体育的竞争精神则是殊途同归。

同时，还要注意区分竞技体育中的职业联赛，其虽然保留了竞技体育区别胜负形式，但更多的应归属于竞赛表演的行业，增加比赛的观赏性和趣味性，取悦观众、吸引观众购票消费或者高价售卖电视转播权的经济利益超过了竞赛的胜负。职业体育作为竞技体育的特殊组成部分，胜负和金牌的价值要服从和服务于经济利益，如果失败能够为运动队或运动员带来更多的经济利益，那么胜利和金牌就不再是光荣。这也是“赌球”“假球”“让球”的根源之所在，固然能够实现小团体或个体经济利益最大化，但是却伤害了竞技体育公平竞争的精神，因而职业体育虽然不以胜负为最终目的，却不得不在形式上反对“操纵竞技体育比赛结果”。

我国竞技体育领域有“走下领奖台，一切从零开始”的优良传统，这根植于竞技体育竞赛周期性的特点，体坛没有常青树和不败的神话，每一次比赛都是新的开始，在一定意义上也意味着冠军和金牌会周而复始源源不断地产生，哪怕是四年一届的奥运会也是如此，所以金牌和冠军只是代表一届或一次比赛的胜利，并不意味着常胜。比赛的周期性决定了金牌的“保鲜期”，但由金牌带来的荣誉或地位则常常伴随运动员的一生，由于国际竞技体育比

---

① 习近平:《中国队加油！中国加油！》,《人民日报》2016 年 8 月 26 日。

赛获胜激发的民族凝聚力和荣誉感也常常打上深厚的烙印，拥有影响时代的巨大力量。女排“五连冠”的壮举和容国团“人生能有几回搏”的呐喊，曾经转化为“团结起来、振兴中华”的时代最强音，成为激发民族自豪感和自信心的最佳引信。在中国竞技体育长期发展过程中凝练积淀的中华体育精神，内在包涵“为国争光、无私奉献、科学求实、遵纪守法、团结协作、顽强拼搏”等部分，当然也有学者将其概括为“爱国奉献、团结协作；赶超求变、公平竞争；拼搏自强、快乐健康”。[①] 但爱国主义始终是中华体育精神不变的核心，已融汇到社会主义核心价值观和社会主义先进文化建设的潮流，成为实现中华民族伟大复兴的强大正能量。奥运会不仅是体育竞赛场所，也是通过体育健儿展现国家、民族形象的重要“窗口”，“没有什么比奥运赛场国歌响起、国旗升起更能激发民族自豪感”。[②]

2016 年 8 月，习近平总书记在接见我国第 31 届奥运会代表团的讲话中，提出要“更好发挥举国体制在攀登顶峰中的重要作用”，强调“把竞技体育搞得更好、更快、更高、更强，提高在重大国际赛事中为国争光能力”，认为我国体育健儿在里约奥运会上奋力拼搏取得了位居金牌、奖牌榜前列的优异成绩，“生动诠释了奥林匹克精神和中华体育精神”，“为祖国争了光，为民族争了气”。[③] 我国奥运健儿的优异表现有力激发了全国人民的爱国热情和全世界中华儿女的民族自豪感，有助于增强中华民族的凝聚力、向心力和自信心。另外，他还专门强调了中国女排再夺奥运金牌，展示了强大的正能量，“全国人民都很振奋”。此后，“中国奥运健儿勇创佳绩，中国女排时隔 12 年再次登上奥运会最高领奖台”还同载人航天、二十国集团领导人杭州峰会并列出现在 2017 年新年贺词中[④]，再度彰显了竞技体育在国家整体事业发展中的重要地位。更为重要的是习近平在讲话中还谈到了坚定中国特色社会主义道路、理论、制度和文化自信，并把中华体育精神同中国精神和中华民

① 黄莉：《中华体育精神研究》，北京体育大学出版社 2008 年版，第 49 页。
② 《弘扬体育精神　振奋中国力量》，《人民日报》2016 年 8 月 26 日。
③ 习近平：《中国队加油！中国加油！》，《人民日报》2016 年 8 月 26 日。
④ 《国家主席习近平发表二〇一七年新年贺词》，《人民日报》2017 年 1 月 1 日。

族精神有机融合在一起，认为中华民族伟大复兴中国梦离不开竞技体育激发的强大正能量，而实现“两个一百年”奋斗目标更需要竞技体育展现出的中国精神和中国力量。2013 年习近平在第十二届全国人民代表大会第一全体会议上的讲话中，强调实现中华民族伟大复兴中国梦必须走中国道路、弘扬中国精神、凝聚中国力量。[①] 因此，中国竞技体育在奥运会上取得的优异成绩，完全可以为坚定中国特色社会主义道路、理论、制度和文化自信提供强有力的佐证，为实现中华民族伟大复兴中国梦贡献强大的精神力量。

以奥运会为最高平台的国际竞技体育竞赛还具有很强的国际可比性和规则通约性，在奥运竞争规则面前，所有的国家和参赛运动员都是一致的，都要服从和尊重比赛规则和裁判执法，这方面并不存在中国特色。另外，竞技体育发展和国际竞技体育竞争都具有普遍的规律性，反映了人类社会对“更快、更高、更强”奥林匹克精神的价值追求，并不以个别国家和地区的意志为转移，从这个意义上，并不存在社会主义的游泳、资本主义的田径之分。但是，竞赛项目的设置和规则的调整在本质上也是不同国家、民族文化的反映，因此奥运会和国际竞技体育竞争又完全是客观的，还带有非常强烈的民族色彩。如前文所述，当今奥运会的全球化在很大程度上还呈现出较强的西方化、资本主义化的特点。所以，在各国参加奥运竞争和发展本国竞技体育的政策选择和制度设计必然呈现出差异，从这个角度而言，举国体制的确具有极为鲜明的中国特色。但是，举国体制作为中国发展竞技体育的主要制度又是客观的历史存在，有其历史的必然性和现实的合理性，而且以奥运会的成绩作为判断分析竞技体育成就的依据，其在社会主义市场经济条件下仍具有极强的生命力，毋庸置疑是成功的中国模式、中国道路和中国经验。对此，理应有清晰而全面的认识，要坚持中国特色竞技体育自信，坚定不移走中国特色社会主义竞技体育发展道路，不能因为西方资本主义市场经济国家没有类似的做法、制度就简单认为是多余的、不正确的。为了在奥运会上取得优异成绩，各国普遍采用了符合竞技体育发展规律和本国国情的模式制

① 《十八大以来重要文献选编》(上)，中央文献出版社 2014 年版，第 234—235 页。

度，但较之我国的举国体制还不够成熟和完善。总之，由于特殊的国际国内形势，竞技体育举国体制发端、成熟于社会主义国家，但是其本身并不具备社会制度的属性，可以为不同国家应用于不同的领域。正如世界上不存在完全相同的政治制度一样，世界各国完全可以而且应该根据本国国情选择符合自身实际的竞技体育发展道路。中国竞技体育发展的成功实践证明，举国体制既符合竞技体育发展规律又与中国社会主义初级阶段的国情相符合，可以与社会主义市场经济体制相适应并有利于发挥社会主义制度优势的成功模式。坚持和完善竞技体育举国体制是建设体育强国、确保在奥运会排名前列的必由之路。

5. *举国体制具有广泛的适用性*。举国体制可以界定为“通过国家行政组织的力量，最大限度地集中有限的人力、物力、财力，最大限度地调动全社会各方的积极性，最大限度地动用各种可以动用的社会资源，去实现任何一个社会团体、任何一个社会局部都无法实现的社会目的之运行机制和工作体系”。① 如此，举国体制作为国家动员和配置资源的手段，在古今中外世界各国历史上都有成功的范例，比如古代中国的万里长城、京杭大运河，现代的“两弹一星”“载人航天”以及航空发动机项目等，苏联的卫国战争和美国的阿波罗登月计划也都是举国动员的成果。透过上述案例可以发现，在事关国计民生和国家安全的重大项目或突发事件，诸如战争、自然灾害和重大工程领域，单靠个体或社会组织的力量难以完成，国家作为统治工具就可以合法凭借行政的手段去动员集中全国范围内的资源服务于既定的目标。

举国体制作为实现国家利益的资源配置手段，自然可以被不同社会制度国家共用，但是在社会主义国家往往会因中央集权和强调国家利益而被突出放大，而在资本主义国家则由于强调个人利益而被隐蔽缩小。但是，在全球化时代，不同社会制度国家资源配置制度日渐趋同，计划和市场作为手段的工具属性被更为广泛地运用，举国体制发展竞技体育也正成为不同社会制度国家的共同选择，只是其具体运行机制仍有较大差异。社会主义国家不再只

---

① 沈定珠：《科学地认识和发展中国体育的举国体制》，《体育与科学》2009 年第 5 期。

是单纯强调国家利益，而表现为通过市场渠道募集更多资金大幅提高运动员和教练员收入水平，资本主义国家通过增加政府拨款的方式加大对竞技体育中奥运项目的扶持和干预力度。当前，世界主要大国普遍更加重视奥运成绩及奖牌排名，加大了对竞技体育投入和支持力度，美国继续实施“金牌行动计划”和“运动员奖学金计划”，日本建立了集训中心，制定了金牌倍增计划……

值得注意的是举国体制虽然作为发展竞技体育的基本制度得到广泛的关注，但自 20 世纪 90 年代开始，国家在发展群众体育方面也借鉴了举国体制的具体做法，比较明显的例证就是明确提出“在国务院的领导下，国家体委会同有关部门共同推行一个社会支持、全民参与的健身计划”。[①]1995 年 6 月，国务院颁布《全民健身计划纲要》，明确了在国务院领导下，国际体委会同有关部门共同推进全民健身的责任和义务以及具体的政策措施等。此后，国家也连续颁布实施了两个《全民健身计划纲要》。2016 年 6 月，国务院颁布的《全民健身计划（2016—2020）》正式施行。事实上，针对 20 世纪 80 年代以来“适度超前发展”战略指引下导致竞技体育同群众体育发展不平衡的问题，90 年代以来国家体委就适时提出了“两个战略协调发展”的理念，并借鉴发展竞技体育的成功经验颁行了“全民健身计划纲要”。1993 年全国体委主任工作会议上，就曾有针对性地提出了群众体育“抓也抓了，但花的功夫不够”“有一定广度但深度和体育锻炼的质量不高”等突出问题。[②]随后，在《关于群众体育改革》的文件中，则突出了群众体育实行国家办和社会办相结合并以社会化为突破口的改革理念，强调动员社会力量参与群众体育发展，推动群众体育社会化。而随后颁行的全民健身计划纲要也贯彻了社会化的改革理念，提出要“在‘全民’上下功夫，在‘健身’上做文章”，以此凸显社会主义体育事业增强人民体质的本质功能。[③] 1993 年 4 月，为建立适应市场经济体制要求的体育发展机制，国家体委针对不平衡不协调的问

① 《中国体育年鉴（1994—1995）》，人民体育出版社 1996 年版，第 35 页。
② 汪智：《20 世纪的中国·体育卫生卷》，甘肃人民出版社 2000 年版，第 296 页。
③ 《中国体育年鉴（2000 年）》，中国体育年鉴出版社 2000 年版，第 195 页。

题，特别是结合党的十四大确立的“社会主义市场经济体制”改革目标，颁布了《关于培育体育市场，加快体育产业化进程的意见》，回应了关于体育要不要走向市场、体育是否具有商品属性和经济价值的争论，开启了体育市场化改革之路。1995 年《体育产业发展纲要（1995—2010 年）》正式发布，明确提出逐步建成“适合社会主义市场经济体制、符合现代体育运动规律、门类齐全、结构合理、规范发展的体育产业体系”[①]。综上所述，1995 年国家体委不仅颁布了“奥运争光”计划纲要，同时还发布了关于群众体育和体育产业发展的两个纲要，并且都是在 1993 年《关于深化体育改革的意见》基础上进行的，是社会主义市场经济体制改革目标在竞技体育、群众体育和体育产业领域的具体体现。

因此，国家通过颁布“纲要”等形式对体育发展作出部署安排，并不仅仅局限于竞技体育领域，同样可以适用于群众体育、学校体育和体育产业等多个不同的领域，这恰恰是我国政府通过发展体育运动、增强人民体质的政策初衷。所以，不能将举国体制简单化为竞技体育，也不能把竞技体育直接等同于奥运会和奥运金牌，事实上，我国也在采用同样的办法发展群众体育等其他经济社会事业，只是由于奥运金牌的光芒受到过度的解读和过分的关注，使得社会各界特别是不同社会制度国家放大了举国体制夺取金牌的功能，而忽视了举国体制作为资源配置手段同样也可以被应用至其他领域。因此，无论是从理论上还是实践中，都不难看出举国体制同社会制度和经济体制并不存在直接的线性关系，不同社会制度、不同经济体制国家都可以采用，而且同一个国家在不同历史时期随着经济体制的改革，其具体的措施和政策目标也不可避免地发生变化。但是，作为资源配置手段，举国体制同样不可避免地要受到基本的政治、经济制度的制约，在不同国家和社会制度条件下其具体的运转形式和管理体制也不尽相同。

所以，有学者认为随着社会主义市场经济体制的确立，产生于计划经济

---

① 国家体委政策研究室：《体育改革文件选编（1992—1995）》，北京体育大学出版社 1996 年版，第 187 页。

时代的举国体制在资源配置方式上与“使市场在国家宏观调控下对资源配置起基础性作用”的改革目标相背离，而且把举国体制局限于竞技体育领域也与体育事业发展实际不相符合，更重要的是竞技体育的成功主要得益于市场体制而不仅仅是举国体制，并且继续坚持举国体制也与加入世界贸易组织的大背景不相一致，因此不主张继续丰富扩大举国体制的内涵而是要果断停止使用带有特定内涵的举国体制概念。[①] 显然，这种将举国体制简单化、僵化的观点是站不住脚的，首先，举国体制产生于计划经济时代但是并没有停留在计划经济时代，相反是随着市场经济体制的确立逐步改革赋予其新的内涵。另外，即便是在市场经济条件下，也并不意味着所有的资源都要通过市场来配置。以市场经济为圭臬的资本主义国家也有政府干预，更何况中国社会主义市场经济的基本特征就是社会主义基本制度同市场经济手段相结合，既要发挥社会主义制度集中力量办大事的优越性，也要发挥市场在微观资源配置的灵活性，更应该保留国家宏观调控的能力和具体的机制。所以，不能将举国体制同计划经济、市场经济或者社会主义、资本主义直接对等，在社会主义市场经济条件下完全可以通过深化改革继续发挥举国体制的优势。

二、举国体制进入法制保障阶段

1995 年，对于中国体育事业发展而言是一个承上启下的关键年份，国家不仅制定和出台了《奥运争光计划纲要》《全民健身计划纲要》《体育产业发展规划纲要》等关系到体育事业长远发展的重要规划，还颁布了历史上第一部《中华人民共和国体育法》，标志着体育事业发展进入到法制化阶段。《体育法》的颁布使体育事业在国家经济社会发展中的地位得到国家法律的确认，同时也明确了事关体育发展的制度、政策的法律地位，体育事业的发展和体育制度的完善受到法律的保护，进而能够确保国家和地方各级政府重视对体育事业发展的投入，同时又显著促进了竞技体育举国体制的完善，从而为新

① 于善旭：《对当前使用“举国体制”概念的置疑》，《天津体育学院学报》2002 年第 2 期。

世纪在奥运会上创造佳绩奠定了扎实基础。

1995 年 8 月 29 日，第八届全国人大常委会第十五次会议全票通过了经过 8 年时间反复酝酿的《中华人民共和国体育法》(以下简称《体育法》)。《体育法》的颁布是体育事业发展的里程碑，意味着我国体育事业进入“依法治体”新阶段。《体育法》明确了国家发展体育的责任主体和主要目的，并对包括社会体育、学校体育、竞技体育在内各项体育事业的发展作出了具体安排，还就体育社团的社会地位、保障条件、法律责任等方面进行了界定，对促进体育事业在社会主义市场经济条件下加快发展发挥了重要保障作用。《体育法》明确“为经济建设、国防建设和社会发展服务”是国家发展体育事业要坚持的根本目的，体育事业要纳入国民经济和社会发展计划，国务院体育行政部门主管全国体育工作，其他有关部门在各自职权范围内管理体育工作，县级以上地方各级人民政府体育行政部门负责本行政区的体育工作。国家鼓励企事业组织、社会团体和个人兴办和支持体育事业发展，国家奖励为体育事业发展作出突出贡献的组织和个人，对优秀运动员在就业或者升学方面给予优待。《体育法》关于竞技体育的内容共十四条，但单独列出一章，其中对国家促进竞技体育发展，鼓励运动员提高运动技术水平、创造优异成绩为国家争取荣誉的责任进行了明确。另外，对于竞技体育发展中涉及的运动员选拔、运动队组建、单项体育协会、竞赛管理等作了明确规定，并明确要求对运动员进行包括爱国主义、集体主义和社会主义在内的思想政治教育。《体育法》还明确规定要按照公平择优原则选拔运动员并组建国家队，强调体育竞赛活动中的纠纷应由体育仲裁机构调解、仲裁，反对利用竞赛从事赌博活动。

1995 年《体育法》的颁布，标志着发展竞技体育、提高竞技水平正式以国家意志表现出来，并以国家法律的形式固定下来，明确了国家和地方各级政府发展体育的责任，对于促进我国体育事业的发展发挥了积极作用。此后，2009 年 8 月和 2016 年 11 月两次对《体育法》的个别条款进行了修订，删掉了第四十七条“用于全国性、国际性体育竞赛的体育器材和用品，必须经国务院体育行政部门指定的机构审定”和第三十二条“国家实现体育竞赛全国纪录审批制度。全国纪录由国务院体育行政部门确认”。时隔 7 年，《体育法》两次修订都体现了适应社会主义市场经济体制改革的主导思想，限制约束了体育行政部门的管理权限，体育行政部门作为政府职能部门不再直接管理体育器材、赛事等具体业务，而是交由市场和单项体育协会负责。但是，由于社会主义市场经济体制的逐步确立体育管理体制的改革，竞技体育运动员权利、义务保障体系和法律地位的问题更加突出，竞技体育赛事中的纠纷越来越多，而相关法律条款并没有明确的实施细则，影响了运动员权益保护和体育市场的培育。总之，《体育法》以国家法律的形式确立了政府对体育事业发展的责任，也为竞技体育举国体制的改革完善提供了法律保障，在一定程度上意味着举国体制在国家法律层面得到了认可。

三、申奥成功促进举国体制趋向成熟

1. 申奥成功为强化举国体制提供契机。承办奥运会是百年来中华民族的夙愿，但限于综合国力和竞技体育整体实力的制约，这个梦想直至改革开放后才逐步具备了实现的条件。改革开放后，1979 年中国恢复了在国际奥委会合法席位，自 1984 年到 1992 年中国连续参加了 3 届夏季奥运会和 3 届亚运会，在国际体坛展露出不俗的实力。在复杂严峻的国际国内形势下，1990 年第 11 届亚运会的成功举办，让国人深刻认识到举办大型国际比赛对于增强民族凝聚力、推动经济建设、扩大国际影响的重要意义。亚运会前后，邓小平曾多次表达过申办奥运会的意愿，“亚运成功，众盼奥运”成为引领中国体育发展的重要动力。党和国家领导人江泽民曾致信国际奥委会，表示“我本人以及中华人民共和国政府和全体中国人民，将不遗余力地支持北京申办奥运会”。“开放的中国盼奥运”，亚运会刚结束申办奥运筹备旋即开始，1993 年 1 月，北京奥申委正式向国际奥委会递交了申办 2000 年奥运会的报告。但是，6 月份美国众议院外交委员会人权小组以口头决议形式，借人权名义反对在北京或中国任何地方举办 2000 年奥运会。9 月 15 日，英国《泰晤士报》公开发表《北京不应该主办千禧年奥运会》文章，澳大利亚总理在访美时也公开表态：“国际奥委会应该脱离政治，不要选择北京，不要让政治压倒体育理想。”[①] 西方此举显然干涉了中国内政，也违背了奥林匹克宪章精神，国际奥委会要求美国国会尊重国际奥委会的独立性，并将单独决定举办城市。但是，美国掀起的“抵制风波”极大地影响了申奥进展，最终中国以 2 票之差痛失主办权。第一次申奥的经历和中国第一次参加奥运会的经历如出一辙，以美国为首的西方势力总是试图借助奥运会平台达到政治目的，奥运会的政治属性和外交功能成为中国参与奥运竞争和选择竞技体育发展制度的重要因素。

一个世纪以来，中华民族始终萦绕着申办奥运会的情节，奥运会之于中国和中华民族的意义早已超越了竞技体育而被赋予了国家强盛和民族复兴的内涵。世纪之交，中国再次站在申奥的起跑线上。此时，国际国内政治形势已经发生了较为有利的变化，1997 年和 1999 年香港、澳门的顺利回归树立起中国和平的国际形象，2000 年悉尼奥运会展示了较强的竞技体育实力，而 2001 年中国正式加入世界贸易组织则向世界宣告了中国将以更加开放的姿态进入新世纪。1999 年 9 月，北京 2008 年奥运会申办委员会在人民大会堂举行成立大会，明确了突出重点、“全力争取”的申办方针。2001 年 7 月，在莫斯科召开第 112 次国际奥委会全体会议上，经过多轮投票，最终北京获得 2008 年奥运会主办权。时任中共中央政治局常委、国务院副总理李岚清代表中国政府阐述申办方案，表达了中国政府坚定支持申奥的决心，“如果发生赤字将由中国政府承担”。最终，萨马兰奇向世界宣布“第 29 届奥运会主办城市是北京”。自北京获得 2008 奥运会主办权以来，国家体育总局就提出了各项体育工作要与奥运同行的要求，继续坚持和完善举国体制，实施奥运战略，体育事业发展驶入快车道，举国体制进入奥运时代。

2. **中共中央、国务院首次联合颁布《中共中央、国务院关于进一步加强和改进新时期体育工作的意见》。** 自 2001 年 7 月北京获得 2008 年第 29 届夏季奥运会主办权开始，标志着我国以奥运会为龙头的体育事业进入新的发展阶段。萨马兰奇曾经表达过北京申奥成功的意义，“中国或许由此开始了一

① 熊晓正、钟秉枢：《新中国体育 60 年》，北京体育大学出版社 2010 年版，第 256 页。

个崭新的时代”。时任国务院总理朱镕基在庆祝申奥成功时，将北京申奥成功归结为政治的胜利、经济的成就和文化的魅力。总之，北京申奥成功的意义早已超越了竞技体育，而是“对推动新世纪我国经济和社会发展，形成全方位、多层次、宽领域对外开放格局，提高我国的国际地位，都将产生深远的影响”。筹办北京奥运会“既是北京市和体育界的大事，也是全国人民的盛事”，努力把北京奥运会“办成历史上最出色的一届奥运会”，成为全党、各级政府和全国人民的一项共同任务。为此，2002 年 7 月，中共中央、国务院联合印发了《中共中央国务院关于进一步加强和改进新时期体育工作的意见》(以下简称《新意见》)，这也是中共中央、国务院首次联合就体育改革提出意见和要求，承办奥运会使得体育工作在党和国家全局事业中的地位受到空前重视。

3.《新意见》促进了举国体制的成熟完善。《新意见》充分肯定了体育在我国经济社会发展中的重要作用，把体育事业发展水平提升到关乎综合国力和社会文明程度的高度，认为竞技体育“在奥运会和世界性大赛中表现出来的拼搏精神，激发了我国人民的爱国热情和民族自豪感，鼓舞了我国人民战胜困难，奋发向上”，同时认为体育对于增进国际交往和促进人类社会“团结、友谊、进步”，推动我国经济结构调整和经济增长，都具有重要的作用。《新意见》还客观分析了自 1984 年 10 月中共中央颁布《关于进一步发展体育运动的通知》，特别是 1995 年《奥运争光计划纲要》以来，竞技体育取得的成绩和面临的不足，认为竞技体育“全面登上世界体育舞台，在国际赛场屡创佳绩”，但“优势项目不多，后备力量不足”，与世界竞技体育发达国家相比较仍有较大差距。鉴于体育在经济社会发展中的重要地位和我国体育事业发展面临的不足，《新意见》对竞技体育发展目标和发展方式提出了更加明确和具体的规划要求。《新意见》还首次着眼于为“中华民族伟大复兴作出应有的贡献”，提出新时期实现群众体育与竞技体育协调发展和相互促进、竞技体育“以重大国际比赛，特别是奥运会取得优异成绩为目标”的指导思想和总体要求。为实现将北京奥运会办成“历史上最出色的一届奥运会”的目标，《新意见》提出要抓住筹办北京奥运会的机遇，全面实施竞技体育发展战略，制定新时期“奥运争光计划”，“以新世纪我国在奥运会等重大国际比赛中取得优异成绩为目标，进一步发挥社会主义制度的优越性，坚持和完善举国体制，明确中央和地方发展竞技体育的责任……把全国的体育资源更好地整合起来”。[①]《新意见》还就体育科学技术研究、优势项目布局调整、全运会赛制改革、高水平运动队建设和运动员权益保障等方面做出了更为细致的规划。另外，《新意见》还明确提出要构建“有利于体育事业发展的组织架构和适应社会主义市场经济要求的运作方式”的新时期体育体制改革要求，坚持管办分离、责权利统一原则，推动项目管理改革、分期分批推进项目协会实体化，调动多方积极性，拓展社会资金赞助体育事业发展渠道，积极培养体育市场，大力发展体育产业，形成有利于竞争协作和灵活高效的运行机制。为确保组织落实，《新意见》在做出明确规划之后，提出“体育机构只能加强，不能削弱”的硬性要求，更为重要的是还就领导责任进行了划分，要求各级党委和政府把体育事业纳入国民经济和社会发展规划，按照《体育法》的规定，国家对体育事业的经费投入要随着财政收入的增长和国民经济发展逐步增加。此外，《新意见》还就法治建设和反兴奋剂问题作出部署，要求做好体育宣传报道和新闻舆论引导，为推动体育事业健康发展营造积极向上的社会环境。

4. 举国体制体现奥运会国家意志。1984 年 10 月洛杉矶奥运会之后，中共中央印发《关于进一步发展体育运动的通知》，发出了建设体育强国的号召；北京申奥成功之后，2002 年 7 月，中共中央、国务院联合印发《关于进一步加强和改进新时期体育工作的意见》。纵览《新意见》的全部内容和精神实质，其核心就是“为实现‘奥运战略’目标服务”。前后两个“意见”时隔不到 20 年，但都是以提高竞技体育在奥运会上的国际竞争能力为主旨的，突出了政府发展体育的主体责任，体现了国家意志和国家目标。在这个过程中，举国体制发展竞技体育的思想更为成熟，方案更加具体，措施更为

① 国家体育总局:《中华人民共和国体育法规汇编（2000—2002）》，中国法制出版社 2003 年版，第 3 页。

完善，标志着竞技体育举国体制进入成熟完善时期。

5. *体育改革促进举国体制日趋完善*。20 世纪 90 年代，为适应社会主义市场经济体制而开启的体育改革，从《体育法》的颁布到体育行政机构改革等更深层次和更大程度上加速了举国体制的成熟完善，为竞技体育跃升至第一集团提供了重要的制度保障。1993 年《国家体委关于深化体育改革的意见》提出，要按照“精简、统一、效能的原则，转变职能，调整内设机构，实现政事分开”的原则，推进体育行政管理体制改革。[①] 1994 年 3 月和 1997 年 8 月，国家体委根据《关于国务院机构改革方案的决定》和《国务院行政机构设置和编制管理》要求，对内设机构、编制及职能、职责进行了压缩和调整。1998 年 3 月，《关于国务院机构改革方案的决定》经第九届全国人民代表大会第一次会议审议通过。根据决定，要求国家体育运动委员会更名为“国家体育总局”，作为国务院体育行政部门，列入直属机构。此后，国家体育总局大幅进行了机构、职能、职责调整，削减调整了社会体育和群众体育方面的职能，明确了“统筹规划竞技体育发展……竞技运动项目设置与重点布局……组织参加和举办重大国际体育竞赛”等职能。[②] 此后，省市地方体育行政机构及职能相应进行了调整、改革，省级体育运动委员会更名为体育局，但县市体育行政机构改革各地不尽相同，大致分为保留、合并、改为有行政职能的政府直属事业单位、改为无行政职能的独立事业单位四种情形，名称有体育运动委员会、体育运动局、文体委（局）、教文体委（局）、教体委（局）、体育运动中心等。从中央至地方建有完整的体育行政机构是举国体制的重要特征，各级体育行政机构的组织运转是发挥举国体制优势的根本保证，也是长期以来我国体育事业发展的重要力量。此次机构改革不仅仅是名称的变化，更重要的是职能的调整和观念的改变，也对举国体制的运行产生了重要影响。

---

① 国家体育运动委员会:《中华人民共和国体育法规汇编（1993—1996）》，新华出版社 1997 年版，第 12 页。

② 国家体育运动委员会:《中国体育年鉴（1999）》，中国体育年鉴出版社 2000 年版，第 69—70 页。

1998年底，按照政事分开、管办分离的思路，国家体育总局主导推进运动项目实体化改革，先后组建了20个既是直属事业单位又是单项协会常设机构还具有独立社团法人资格的运动项目管理中心，由项目中心对运动项目进行全面管理，总局不再直接管理运动项目而是主要负责宏观调控。但提高竞技体育综合实力和国际竞争力成为压倒性目标，体制机制的改革始终围绕“为国争光”进行，而奥运会的周期性特点使得改革难以进行充分的展开。政府行政管理职能转变滞后，行政指令限制了市场对资源配置基础性作用的发挥和体育社团组织的充分发育，运动协会实体化改革难以取得实质性进展。奥运会为国争光、政府职能转变、运动项目协会实体化、经济利益成为社会主义市场经济条件下竞技体育举国体制难以回避的改革重点，而为国争光、行政调控则是举国体制的核心目标和基本手段，运动项目协会实体化改革和经济利益则是在市场经济条件下调动社会力量投入体育事业的必然要求和必经之路。体制改革的不彻底不可避免也影响到职业联赛的健康发展，俱乐部经营管理、运动员权益保障、电视转播权分成等问题迫切需要深化管理体制改革。

体育体制改革使竞技体育举国体制在市场经济条件下焕发出强大的力量，奥运项目由政府主导，国家投入为主，以奥运会取得优异成绩为国争光为主要发展目标，非奥项目通过市场手段以社会投入为主，竞技体育以奥运会为分水岭呈现出国家主导、行政调控和社会投入、面向市场相结合的“双轨制”发展格局。1994年体育彩票管理中心成立，体育彩票的发行拓宽了体育经费来源渠道，从1994年至2004年投向“奥运争光计划”的体育彩票公益金高达61亿元人民币，平均每年6.1亿元，为奥运战略的实现提供了重要财政支撑。借助市场力量对运动项目进行区别管理和分类投入被奥运会成绩证明是有效的，1996年亚特兰大奥运会中国金牌、奖牌榜均为第四位，2000年悉尼奥运会金牌、奖牌榜均首次升至第三位，实现了从第二集团领先向第一集团的迈进。中国竞技体育在亚洲体坛的地位稳如磐石，亚运会成为中国军团厉兵秣马、锻炼后备人才、积累国际大赛经验的“小考”。足球职业化改革率先突破，篮球、排球、乒乓球职业联赛纷纷开打。

四、奥运时代举国体制更加完善

1. 举国体制的思想基础更为牢固。自 2001 年北京获得 2008 年奥运会主办权以来，中国体育事业发展进入奥运时代，奥运统领竞技体育发展格局日渐巩固，竞技体育举国体制围绕办一届“最出色”的奥运会高速运转，其思路更为明晰，政策更为具体，标志着举国体制趋于完善。2008 年北京奥运会是中国首次举办奥运会，不仅是全国人民的“盛事”，也是世界关注的热点，承载国人和世人的热切期望。这也是起源于西方的现代奥运会百年来第一次走进东方文明古国，东西方文化的差异和社会制度的不同让北京奥运会成为文化交流的窗口，西方希望通过奥运观察了解中国，中国希望通过奥运会向世界展示和平崛起的意愿和改革开放的成就。2002 年《关于进一步加强新时期体育工作的意见》，党和国家把体育上升到关乎“国家综合国力和社会文明程度”的高度，要求体育事业为“中华民族的伟大复兴作出应有的贡献”。[①] 随之，坚持和不断完善竞技体育举国体制，坚定不移实施以在重大国际比赛、特别是奥运会取得优异成绩为目标的奥运争光战略，成为奥运时代竞技体育发展的根本指导思想，也成为坚持和完善举国体制的思想基础。

2. 举国体制的现实需求更为紧迫。办一届“最出色”的奥运会是全党、各级政府和全国人民的共同任务，从历史的视角来看，百年来中国参加奥运会的曲折历程表明，奥运会之于中国和中华民族的意义早已超越了竞技体育的范畴，上升到国家富强和民族复兴的高度；从现实的需要来看，奥运会对于促进我国经济社会发展、提高我国国际地位都将产生深远的影响。北京申奥的成功不仅是国际奥委会对中国竞技体育成绩的认同，更是西方社会对于中国经济社会发展的认可，也在一定程度上说明中国的国际地位和国家影响

① 国家体育总局:《中华人民共和国体育法规汇编（2000—2002）》，中国法制出版社 2003 年版，第 2—3 页。

力获得了世界的承认。在西方媒体关于北京申奥成功的报道中，也认为“能获得奥运会主办权已经证明了中国作为一个外交大国的地位，这不仅是因为它是联合国安理会的一个会员国……中国将在所有领域变得更加强大、更具有影响力”。[①] 中国作为一个处于社会主义初级阶段的发展国家，在经济总量和人均国民收入远远落后于西方国家的情况下，从中国竞技体育整体水平落后实际出发制定了“缩短战线”“有所为、有所不为”“侧重抓提高”“适度超前发展”的竞技体育发展思路，逐步形成了集中全国资源、调动地方积极性的“举国体制”，在短短30年的时间内就创造了从金牌零的突破到跻身第一集团的奥运辉煌，证明了举国体制对于奥运战略的巨大保障作用。而且举办规模庞大的奥运会需要充足的物质保障、人力和科技支持，只有举国体制才能够最大程度地动员全国资源，举国体制成为中国筹办奥运会最现实也最有效的选择。

3. *举国体制的政策措施更为具体*。在长期的实践中，举国体制已经形成了相对较为完备的组织体系和运行机制，但是为了实现办一届“最出色”奥运会的目标，按照中共中央、国务院“坚持和完善举国体制”的精神，国家体育总局围绕影响和制约体育事业可持续发展的体制机制问题进行了大刀阔斧的改革，其中重点是行政管理体制、运动项目管理体制、训练竞赛体制、科技保障体制和体育产业体制。首先，以建立“办事高效、运转协调、行为规范”的竞技体育行政管理体制为目标，按照政事分开、管办分离原则协调体育行政部门与体育社会团体的职责权属划分，进一步明确体育行政部门的宏观调控职能和增强体育社会团体履职尽责的能力。其次，继续实施项目分类管理，区别投入，加强射击、体操、举重、乒乓球、羽毛球等传统优势项目，持续保证投入，扩大领先优势；对潜优势项目则继续加大投入，目标在于培养尖子，实现冲击奖牌目标；在田径、游泳等基础大项上，继续实施

① 彭杰、童昭岗：《从社会心理层面论北京申奥成功的原因及其影响》，《南京体育学院学报》2003年第5期。

"119项目工程"①；不断提高基础大项和篮、排、足等集体球类项目竞技水平和国际竞争力；确立"提高运动员在奥运会上夺取金牌能力"备战导向，并依据夺牌要求，"确定重点项目与重点运动员、给予重点投入和重点关注"。②再次，以国家队为龙头，扩大国家队集训规模，健全国家队竞争激励机制；调动地方积极性拓展训练渠道，力争建设4—8个在世界上领先的综合训练基地和10—15个奥运项目专项训练基地；重点布局、重点投入奥运项目后备人才培养；充分发挥竞赛杠杆作用，全运会设项与奥运会全面接轨，地方竞技体育发展目标与奥运战略全面对接，建设"政府主导、社会自治、市场自主、形式多样"的竞赛管理体系。

复次，科技、经费、法治和运动员权益保障机制更加健全。现代竞技体育科学化、职业化发展趋势，加剧了竞技体育竞争的激烈程度，竞技体育竞争成为国家综合经济、科技实力的较量，训练理念、手段和运动装备科技含量大幅提高，即便拥有运动天赋的所谓"天才"运动员也要经过长期、艰苦的系统训练才能够获得参加奥运竞争的资格，奥运会成为高端运动装备、科学训练理念、先进运动技术集中展示的平台。奥运会竞争和竞技体育发展要求国家加大对优秀运动员和运动队的支持和保障力度，特别是经费、科技支持。中国举办奥运会与西方的差异，不仅体现在文化和理念上，在制度层面也有较大差异。尽管奥运会是最高水平的世界性综合运动会，世界各国都非常重视，任何国家没有政府的支持都不能顺利举办奥运会，甚至连申办的资格都要首先获得政府的支持才可以。但是，西方是社会办奥运，政府起辅助作用，中国则是政府办奥运，甚至"举全国之力、集全国之智"办奥运，北京奥运会实质上又是中国奥运会。事实上，无论是在前期申奥，还是在筹办

① "119项目工程"，指奥运会三个基础大项，即田径、游泳和水上项目（包括皮划艇、赛艇、帆船），金牌数分别为46枚、32枚、41枚，合计119枚，约占奥运会全部金牌数的三分之一，中国在这三个项目领域长期处于弱势地位。2000年悉尼奥运会，中国创纪录获得28枚金牌后，优势项目夺金点基本达到了饱和，为在奥运会上实现新的突破、确保金牌榜领先，必须拓展新的金牌增长点。故此国家体育总局提出该工程，着力在上述三个项目实行突破。2004年，刘翔在雅典奥运会夺得110米栏金牌，标志该工程取得显著成效。

② 熊晓正、钟秉枢：《新中国体育60年》，北京体育大学出版社2010年版，第380页。

奥运会的过程中，当然体育系统备战奥运也不可能例外，举国体制都起到重要的保障作用。举国体制渗透到申奥、办奥的全过程，自然在备战奥运的过程中受到前所未有的重视。在科技保障方面，突出整合分散在不同部门、不同系统的科技力量，重点是中央和地方、体育系统和非体育系统科研力量和科技资源，搭建集训练、科研和医疗为一体的科技保障体系。在经费保障方面，国家主导、保障经费投入，重点投入奥运项目国家队训练，保证争夺金牌、奖牌项目的经费投入；调动社会资源投资竞技体育事业。在法治保障方面，主要是做好《体育法》修订和配套立法，健全体育行政执法体系，保障体育事业主体合法权益。在运动员权益保障方面，主要是围绕退役安置和运动员待遇展开，包括文化教育、工伤保险、经济补偿等，着力解决运动员后顾之忧。最后，通过培育各类体育经营实体、加大体育赛事市场开发力度、推进职业化改革等多种方式促进竞技体育产业化，为发展竞技体育募集更多的社会资源。总之，在加大国家投入力度的基础上，围绕竞技体育训练、竞赛、科研等各个环节，广泛动员社会资源参与发展竞技体育，使竞技体育备战奥运获得最大限度的保障。

4. 举国体制的成效得到全面检验。在奥运会上取得优异成绩、为国争光是中国确立以举国体制发展竞技体育的重要精神动力及核心价值支柱，并根据不同历史阶段中国在奥运会上的目标诉求进行不断调整完善，直至 2000 年悉尼奥运会之后，国家领导人高度评价了举国体制的重要作用，客观存在的举国体制才被正式确认。中国在较短的时间内以较小的代价创造了奥运史上的辉煌，也足以证明“在社会主义初级阶段的中国实现奥运战略和竞技体育举国体制是中国参与国际体育竞争的必然选择，是一种高效率地提高我国运动员竞技运动水平的合理制度设计”。[①] 显然，仅从奥运会金牌的数量的角度而言，竞技体育举国体制的效率和效益都是毋庸置疑的，其经验举措也被许多西方国家借鉴和效仿。但是，如果从金牌数量和质量结构，从竞技体育和群众体育协调发展的角度分析，竞技体育举国体制又不得不面临一些突出

① 梁晓龙、鲍明晓、张林：《举国体制》，人民体育出版社 2006 年版，第 29 页。

的问题。因此，在北京奥运会前后，围绕举国体制的成效和存废，全国学术界产生了激烈的争论。如前文所述，观点大致可以分为赞成、反对、改革三类，当然不同学者的具体观点也有明显差异，极端的是坚决否定或者竭力维护，温和的主张则是通过改革不断发展，但鲜有学者全盘否认举国体制的历史贡献。其实，争论的焦点集中在举国体制产生的历史背景、举国体制能否与市场经济相适应以及举国体制的效益等基础领域。所谓“关系不顺、机制不活、经费不足、效益不好、人才流动不畅、发展后劲不足”，① 并没有针对性地指出举国体制的实质弊端或者具体证据，证明竞技体育领域出现的哪些问题和弊端是由举国体制造成的，也没有从国际比较和竞技体育发展规律的视角，对西方国家是否也存在类似的问题做出有说服力的解释。从世界范围来看，各个国家发展竞技体育的制度、政策是千差万别的，并不存在统一的制度体系。美国、德国都是实现市场经济的资本主义体育发达国家，美国建有国家奥林匹克训练中心，通过运动员奖学金计划等形式资助奥运项目，而英国则没有类似的机构和计划，但并不意味着英国不重视或不支持竞技体育参与奥林匹克竞争，相反英国还利用 2012 年伦敦奥运会契机加大了国家对竞技体育的干预，并且取得了在 2016 年里约奥运会超过中国的显著成效。② 从国际体坛竞争格局来看，竞技体育竞争对科技、经济的要求越来越高，不公平竞争、新型兴奋剂等问题层出不穷。另外，在全球化时代，职业体育的充分发展让运动员具备了谋取更大经济利益的空间，竞技体育的经济、政治、外交功能更加多样多变。因此，表现在中国竞技体育领域中的问题，并不都是由于举国体制造成的，有些是世界各国普遍存在的比如药物滥用，有些则是中国独有或特别强调的比如要求运动队、运动员在国际比赛中维护国家形象为国争光，有的则是历史上长期存在的诸如不公平竞争，有的则是随

---

① 陈培德等:《论“举国体制”的思想渊源和理论基础》,《体育文化导刊》2003 年第 3 期。

② 与“后奥运效应”主要集中在经济领域不同，奥运会主办国或主办城市往往在奥运会结束后出现经济衰退。但是，主办奥运会在竞技体育领域也有个滞后效应，主办国加大竞技体育投入特别是后备人才的培养，其成才周期具有滞后性，这种影响会在下一届奥运会上还有所体现。英国在伦敦奥运会之后的 2016 年里约奥运会金牌榜超越中国就是例证。

着竞技体育自身发展才出现的比如商业化导致运动员高额薪水、网络通信传播技术更新让竞赛更具观赏性等，对这些不同的问题仍然要实事求是地做具体分析，然后对症下药才能药到病除，而不能一概而论将所有的问题统统归咎为举国体制，那样只会掩盖事情的真相而无助于问题的解决。中共中央、国务院明确提出“坚持和完善举国体制”，基本平息了学术界关于举国体制存废的争论，但是如何坚持和完善举国体制仍然存在许多具体的问题。

北京奥运会全面检验了竞技体育举国体制的实效性。2008 年北京奥运会不仅完美回答了近代中国历史上著名的“奥运三问”，而且更以其美轮美奂、无与伦比向世界集中展示了中国改革开放的巨大成就和竞技体育综合竞争实力。北京奥运会是“实现中华民族伟大复兴征程上的又一次历史性跨越”，从 1908 年到 2008 年整整一百年的时间，中国完成了从“东亚病夫”到奥运强国的凤凰涅槃，竞技体育肩负的增强民族体质、提升民族形象的重任已经变成现实，竞技体育的功能也不再是“救亡”而是要为“民族复兴”提供强大精神动力。举国体制在北京奥运会上的成功，主要表现在竞赛成绩和国际影响两方面。首先，中国代表团首次超越美国，位居金牌榜首位。2008 年北京奥运会是中国代表团首次在自己的国土上参与奥运竞争，主场作战的中国代表团阵容最大，获得金牌也最多，639 名运动员参加了 28 个大项、38 个分项、262 个小项的竞争，无论是参赛人数还是参赛项目数都是空前的，获得 51 枚金牌、21 枚银牌和 28 枚铜牌，首次超越美国居于金牌榜首位，创造了中国参加奥运会的最佳成绩。在已经举办的 28 届现代奥运会历史上，除冷战时期苏联获得 7 次第一、美国以 6 次第一的微弱劣势屈尊次席，1992 年的巴塞罗那奥运会成为苏联谢幕的绝唱，但以俄罗斯为主的联合体仍然获得金牌榜首位，在此后举办的 6 届夏季奥运会上，美国的金牌数始终是一骑绝尘，遥遥领先的。中美作为世界上具有举足轻重影响的两个大国，其社会制度、发展道路、发展阶段都存在巨大差异，一个是世界上最大的资本主义发达国家，一个是最大的社会主义发展中国家。北京奥运会中国首次位居金牌榜首位，也是苏联解体、冷战结束后美国首次屈居金牌榜第二位，金牌榜位次的改变不仅是国际体坛格局的调整，在一定程度上被解读为中美两个大国在奥运会的短兵相接或者正面交锋。当然，体育只是综合国力和社会文明程度的重要标志，而竞技体育不过是体育事业的重要组成部分，如果仅仅以奥运会金牌数量作为衡量判断社会制度优劣和民生福祉改善的指标显然也是站不住脚的。2008 年中国国内生产总值（GDP）首次突破 30 万亿元大关，超过德国，位居美、日之后，居世界第三位，但是在总量上仍与美日的差距较大，而人均 GDP，中国更是排到了世界第 109 位，美日分列第 15 和 24 位。如果从竞技体育排名与国内生产总值相关，群众体育发展与国民收入水平相关的理论分析，中国竞技体育的发展水平和国际竞争力也超过了经济和科技的排名，由此也可以从侧面证明举国体制对于提升中国竞技体育综合竞争力的重要作用。

其次，从国际影响来看，北京奥运会取得的无与伦比的成功也凸显了举国体制的重要作用。北京奥运会吸引了来自 204 个国家和地区的 1 万多名运动员，是历史上参赛国家和地区最多的一届奥运会。在这届奥运会上，不仅中国首次占据金牌榜第一位，而且还有 6 个国家和地区首次获得奥运奖牌。北京奥运会的奖牌分布更为分散，获得金牌的国家和地区有 55 个，获得奖牌的国家和地区达到 87 个，有 12 个国家和地区首次获得奥运会奖牌。其中，射击运动员宾德拉更是夺得了印度历史上首枚个人项目奥运金牌。北京奥运会奖牌榜分布更加广泛，一方面说明更多国家和地区更加重视奥运会，积极参加到奥运大家庭的竞争，另一方面也说明奥运的竞争更加激烈，越来越多的国家和地区具备了获得奥运金牌的实力，也从根本上预示着奥运会作为当今世界规模最大的综合性体育竞赛，拥有不可撼动的国际影响力。北京奥运会顺应“为人的和谐发展，以建立一个维护人的尊严的和平社会”的奥林匹克宗旨，提出了“绿色奥运、科技奥运、人文奥运”的举办理念和“同一个世界、同一个梦想”主题口号，并通过良好的组织、周到的服务和一流的设施生动诠释了举办理念和主题口号，向国际社会兑现了办一届“最出色”的奥运会的承诺。2008 年 5 月 8 日，奥运圣火首次登顶世界屋脊珠穆朗玛峰，这一人类历史上的伟大壮举是中国对奥运会的独特贡献。鸟巢、水立方等精美的场馆建筑，精湛的运动技术和美轮美奂的开闭幕式文艺演出，都给世界留下了难忘的记忆，国际奥委会主席罗格在评价北京奥运会时称之为“无与伦比的一届奥运会”。

北京奥运会的成功举办不仅促进了中国竞技体育整体实力的提升，更是实现了中华民族百年奥运梦想，彰显了社会主义制度集中力量办大事的优越性，向世界展示了改革开放的伟大成就，传播了中华优秀传统文化，获得了国际社会的称赞，拓展了中国的国际空间，增进了同世界各国的交流，获得了良好的国际声誉。北京奥运会还是首次在东方发展中国家举办，其成功不仅有助于促进东西方文化交流，还具有促进发展中国家开展奥林匹克运动、举办奥运会的示范意义，是发展中国家举办奥运会的成功典范，打破了冷战结束以来西方模式举办奥运会的垄断。当然，在北京奥运会筹办期间，特别是在奥运圣火传递过程中，发生了极个别西方反华势力干扰、阻挠火炬传递的闹剧，甚至也有部分西方媒体戴着有色眼镜对奥运会作了不实报道，但是都没有阻挡北京奥运会的成功举办。社会主义中国举办诞生于西方资本主义文明的奥运会本身就具有巨大的世界意义，说明奥运会蕴含的价值观和竞赛规则获得了中国的认同，也说明改革开放的中国积极吸收借鉴包括西方资本主义创造的文明成果的开阔胸襟，是中国积极融入国际社会的重要举措。因此，北京奥运会的成功举办，完美诠释了“为建立一个和平的更美好的世界作出贡献”的奥林匹克宗旨，标志着中国以更加开放的姿态面对世界竞争，同时也为奥运会的可持续发展提供了新的参照，为建设更加持久和平的国际秩序、促进人类社会全面发展贡献的中国智慧和中国力量，具有广泛的世界影响和深远的历史意义。胡锦涛在总结北京奥运会总结表彰大会的讲话中明确指出，举办北京奥运会涉及地区、部门、领域众多，之所以能够取得成功就在于集全国之力坚持举国体制，形成“上下贯通、内外衔接、协调运行”的“全天候、全方位”的支持机制，根本上“靠的是社会主义制度集中力量办大事的优越性”，继续提高我国体育事业运动技术水平也需要坚持竞技体育举国体制，保持我国竞技体育的特点和优势。[①]

① 胡锦涛：《在北京奥运会残奥会总结表彰大会上发表重要讲话》，《人民日报》2008 年 9 月 29 日。

从 1984 年正式参与奥运竞争到 2001 年申奥成功直至 2008 年北京奥运会成功举办，从参与、申办到筹办奥运会的每个历程、每个环节，从实现零的突破到 2004 年雅典奥运会首次攀登至金牌榜第二位再到 2008 年最终登上金牌榜首位，举国体制对于以奥运会为核心目标的竞技体育发展战略发挥了重要的保障作用。在这个过程中，举国体制的价值理念、具体思路、制度基础、主要措施和调控手段也在不断地改革完善。举国体制的实质就是国家集中动员配置全国有限的人力、物力和财力资源，提高运动技术水平和国际竞争力，以在奥运会为代表的高层次国际体育竞争中取得优异成绩，实现为国争光、增强民族凝聚力和自豪感的核心价值。其中，社会主义基本政治、经济制度和初级阶段的国情是举国体制形成的制度基础和实践依据；“全国一盘棋、国内练兵、一致对外”是具体思路；从中央至地方的体育行政管理体制和以国家队为龙头的多级条块相结合的训练体制是组织形式和主要措施；以全运会为杠杆调动地方积极性是重要手段；明确的国家目标、强有力的政府调控和思想政治工作是重要保证。事实上，自 1992 年至 2008 年连续 5 届奥运会，中国代表团在参赛项目数、参赛运动员和获得奖牌数方面逐年增多，说明我国竞技体育整体水平“更快、更高、更强”，而这主要受益于改革开放后社会主义市场经济与举国体制的不断完善。

总之，举国体制作为计划经济历史时期形成的“特殊的体育体制”，其特殊性是在中国经济社会发展水平及竞技体育国际竞争力整体落后的情况下，通过国家行政手段集中动员全国力量参与以奥运会为代表的国际体育竞争，以实现为国争光的国家意志和国家利益，在这个过程中形成的配置竞技体育资源的理论、政策、手段和组织体系共同构成了举国体制的有机组成部分，包括组织领导、训练竞赛、项目管理、保障服务等具体制度。这些具体的制度根植于中国经济社会发展实际，从根本上要受到国家政治、经济和文化基本制度的制约，因此必然带有社会制度的痕迹和烙印。因此，竞技体育举国体制的特殊性不是就计划经济、市场经济而言的，认为举国体制只适用于计划经济而不适用市场经济的观点早已被实践所证伪。所以，竞技体育举国体制的特殊性或者说中国特色，不是违背竞技体育发展规律或者国际竞赛规则，而是就中国竞技体育整体落后的实际而言的，为快速提升竞技体育综合竞争力采取的资源配置手段。这种手段的有效性已经被中国竞技体育发展的成功实践所证明，成为具有中国特色的竞技体育发展模式、发展道路和发展经验。鉴于竞技体育事业在党和国家事业发展全局中的特殊地位，竞技体育举国体制自然内化为中国特色社会主义制度的有机组成部分。

在不同历史时期，中国竞技体育虽然有“侧重抓提高”“适度超前发展”和“奥运争光”等不同的发展目标指向，但始终是国家体育事业整体的一部分，从未也不可能脱离国家政治经济实际而独立发展。虽然形成于计划经济时期，但通过改革被赋予了新的内涵，在社会主义市场经济条件下焕发出强大的生命力，被实践证明仍是中国参与世界体育竞争强有力的制度保障。世界上并不存在统一的、一成不变的竞技体育发展模式，各国完全可以根据自己的实际选择合适的发展道路，以西方制度模式为中心的“历史终结论”根本经不起实践和时间的检验。竞技体育制度选择要注重历史与现实、理论与实践、形式与内容的统一，从实际国情出发，既要重视对历史经验的传承，又要着眼现实问题的解决，而不能生搬硬套国外的制度。同样，不能因为美国等西方发达国家没有举国体制，就简单认为举国体制落后、低效。坚定中国特色社会主义体育发展道路、制度、理论和文化自信，首先就是要坚定举国体制自信。所谓制度自信“不是自视清高、自我满足，更不是裹足不前、故步自封，而是要把坚定制度自信和不断创新统一起来”。[①] 在新的时代条件下，坚持和完善竞技体育举国体制是在坚持基本制度基础上的完善而不是根本的改弦更张，首要是坚持其基本制度和核心理念，其次又要通过改革革除其弊端，目的是要建立更加成熟定型的竞技体育管理体制。改革不是因为竞技体育举国体制不好，而是为了更好发挥社会主义制度的优越性，把市场决定性作用和更好发挥政府作用结合起来，从而建立起更完备、更稳定、更管用的制度体系，为提升我国竞技体育综合实力和国际竞争力服务。

---

① 《十八大以来重要文献选编》(中)，中央文献出版社 2016 年版，第 62 页。

第四章　举国体制的历史贡献及局限

竞技体育举国体制为中国实现奥运金牌零的突破、成为奥运强国作出重大历史贡献，是被实践证明了的符合中国国情和竞技体育发展规律的科学高效的机制体制，但是随着社会主义市场经济体制的确立和世界竞技体育格局的演变，举国体制运行的社会环境发生了深刻的变化，其具体的机制也不可避免地暴露出局限和不足。

第一节　举国体制的历史贡献

在以奥运会为代表的国际体育竞赛中取得优异成绩，为国争光，以振奋民族精神，增强民族自豪感，建设社会主义精神文明，体现社会主义制度的优越性，是我国发展竞技体育的核心价值，也是竞技体育举国体制的重要目标。新中国参加现代奥运竞争的曲折历程和创造的奥运成就，雄辩地证明了举国体制是成功发展竞技体育的中国道路，彰显了社会主义制度集中力量办大事的制度优越性，生动地诠释了为国争光、无私奉献的中国精神。

一、中国道路：创造世界奥运奇迹

1. *开启奥运历程*。1952 年，新中国成立不久就冲破重重阻力，派出代表团参加了赫尔辛基奥运会，尽管实现了在奥运会上升起五星红旗的胜利，但是并没有取得任何竞赛的成绩。随后，由于国际奥委会妄图制造“两个中国”，中国宣布断绝了同国际奥委会的联系，直至1979年采取“名古屋模式”恢复中国合法席位。1980年2月，中国参加了在美国举办的冬奥会，但是由于国际形势的原因，并没有参加7月份在苏联莫斯科举办的夏季奥运会，故此中国的奥运之旅不得不延后4年。1984年的洛杉矶奥运会是新中国成立后首次正式参加的夏季奥运会，同时也是中国改革开放后首次参加奥运会。在这届奥运会上，中国不仅收获了第一枚奥运金牌而且共计夺得15枚金牌，一跃成为位列奥运金牌榜第4名的大国，许海峰夺得男子手枪60发慢射金牌，实现了中国奥运史上金牌“零”的突破，自此以后尽管在奥运金牌榜上的排名仍有起落，但再也没有什么力量能够阻挡中国在奥运会上不断进取的脚步。也是在这届奥运会上，中国女排战胜美国女排夺得冠军，许多当地华侨表示感受到了祖国的强大和做一个中国人的光荣和骄傲，“莫不感到扬眉吐气”。中国女排“五连冠”辉煌孕育的“女排精神”更成为全国各条战线学习的榜样，“团结起来、振兴中华”也成为那个时代的最强音。此时，距新中国成立仅仅35年，而距离恢复新中国在国际奥委会的合法席位刚刚5年，但距离1932年中国第一次参加奥运会已经过去了50多年。新中国成立前曾3次参加奥运会都铩羽而归，不仅没有取得任何成绩，相反落下了“东亚病夫”的耻辱。新中国的成立为竞技体育的发展奠定了坚实的基础，而其中举国体制无疑发挥了举足轻重的保障作用，才能够让年轻的新中国能够迅速实现奥运金牌零的突破，并逐渐走上竞技体育强国的道路。由此，1984年作为中国奥运元年，在中国奥运历史上具有特殊的纪念意义。

1984年，不仅开启了中国的奥运历程，也是中国竞技体育发展史上的里程碑。同年，邓小平就曾经谈道：“体育运动搞得好不好，影响太大了，是一个国家经济、文明的表现……要把体育搞起来。”为此，中共中央、国务院首次正式发出了《关于进一步发展体育运动的通知》，指出：“体育关系到人民的健康、民族的强盛和国家的荣誉。”《通知》还要求各级政府将体育纳入国民经济和社会发展计划统筹安排，并强调为了保证体育事业的健康发展，要随着财政收入的增加逐步提高体育事业经费和基建投资。《通知》高度评价了洛杉矶奥运会的成功，认为“具有历史意义的突破”，为祖国争得了荣誉，极大地激发了民族自豪感和自信心。《通知》体现了改革开放之初党和国家发展体育事业发展的纲领，标志着中国开始全面登上世界体育舞台，踏上了建设体育强国的新里程。更重要的是，《通知》还发出了“在本世纪内把我国建设成体育强国”的号召，而且明确提出了“坚持普及与提高相结合的方针”、集中力量把“那些短期内能赶上世界先进水平的项目抓上去”的要求，这就为新时期体育事业的发展提供了可靠的保障，有力推动了体育事业的全面发展，也在一定程度上强化了我国发展竞技体育的举国体制模式，为各级政府重视体育发展提供了政策遵循。

2. *成功申办北京奥运会*。1990 年 9 月，第十一届亚洲运动会在北京举办，这是中国首次举办综合性国际体育比赛，包括中国台北在内的 37 个国家和地区派团参加，中国队获得金牌榜和奖牌榜第一，巩固了在亚洲体坛的霸主地位，也涤荡了两年前“兵败汉城”[①] 带来的不利影响，恢复了中国体育界的信心，也显著提升了当时人们的民族自豪感。中共中央国务院在给亚运会组委会的贺信中说：“亚运会的成功是我国政治稳定、社会安定、经济发展的结果，是全国各地区、各部门社会主义大协作的产物。”[②] 亚运会的成功举办，坚定了中国申办奥运会的决心。1991 年 3 月，中国国家奥委会正式宣布申请在北京举办第 27 届奥运会，“开放的中国盼奥运”成为响彻北京大街小巷的口号，集中反映了当时中国社会对奥运会的热情。但是，遗憾的是以 2 票之差落后于澳大利亚的悉尼。1998 年，北京再次申办 29 届奥运会，“新北京、新奥运”表达了经过改革开放洗礼的千年古城将以崭新的姿态进入 21 世纪，欢迎来自世界各地的奥运健儿。2001 年 7 月，国际奥委会在莫斯科宣布北京获得 2008 年第 29 届奥运会主办权，中国百年奥运梦想掀开了崭新的一页。成功申办北京奥运会对于展示中国改革开放的成就及和平崛

---

① 在 1988 年汉城奥运会上，由于苏联、民主德国等传统体育强国的竞争，中国体育代表团仅获得 5 枚金牌，位列金牌榜第 11 位，与 1984 年洛杉矶奥运会上 15 枚金牌位居第四位形成较大反差。“体操王子”李宁在比赛中出现重大失误从鞍马上摔下来。作家赵瑜曾写过“体育三部曲”，1989 年其出版《兵败汉城》一书，“兵败汉城”的说法被沿用。

② 1990 年 10 月 7 日，中共中央、国务院致信亚运会组委会 祝贺第十一届亚运会圆满成功。

起新形象具有重要意义。英国著名奥林匹克研究学者、作家迈克尔·佩恩说："对于中国来说，北京2008年奥运会将是一个历史的转折点……无论从经济意义上，还是象征意义上说，中国领导人都把这届奥运会看作是一个变革的机遇"，举办奥运会是"进入全球大家庭，向未来打开大门的黄金机会"。时任国际奥委会主席萨马兰奇也曾经说过，北京奥运会意味着中国进入新的历史时期，对中国的发展和奥运会本身都具有重要的意义。"北京奥运会无论在我国体育史上还是世界体育史上都具有里程碑的意义。"[①] 胡锦涛在北京奥运会、残奥会总结表彰大会的讲话中，高度评价了举国体制的重大作用，认为北京奥运会的成功举办"靠的是社会主义制度能够集中力量办大事的优越性"，全国各地区、各部门、各行业"全天候、全方位的有力支持"，举全国之力形成了"上下贯通、内外衔接、协调运行的工作格局"，举国上下同心同德、同舟共济确保了北京奥运会的顺利举办。同时，他还提出要坚持竞技体育举国体制，不断增强竞技体育综合实力和国际竞争力。[②] 北京奥运会的成功举办，再次证明了举国体制对于发展竞技体育的重要保障作用，也集中体现了社会主义制度的优越性。

3. 创造奥运奇迹。2000年悉尼奥运会，中国代表团史无前例地夺得金牌、奖牌前三，"实现了我国体育在奥运会的新突破"；2008年北京奥运会中国代表团更是跃升至金牌榜首位，中国已经毋庸置疑地成为世界竞技体育强国和奥运强国，而此时距1979年恢复中国在国际奥委会合法席位尚不足30年，距离中国夺得第一枚奥运会金牌只有20余年，世界为之惊呼也感到无比好奇，是什么力量让中国在如此短的时间内超越了传统体育强国英、法、德、日，"演绎出了奥运史上的奇迹和神话"。2000年10月，时任国家主席江泽民接见悉尼奥运会代表团时曾经表示，与美国、俄罗斯不同，"中国体育的成功靠的是举国体制"。[③] 悉尼奥运会上，美国、俄罗斯位居金牌、奖牌榜

---

① 谢琼桓：《论北京奥运会后中国竞技体育的价值取向和策略取向》，《武汉体育学院学报》2011年第6期。

② 《胡锦涛在北京奥运会残奥会总结表彰大会上发表重要讲话》，《人民日报》2008年9月29日。

③ 转引自李富荣：《努力成为一名优秀的教练员》，《中国体育教练员》2002年第1期。

前两位，其金牌和奖牌数分别为 39 金 /97 总、32 金 /88 总，而中国的金牌和奖牌为 28 金 /59 总。虽然用奥运会金牌衡量一个国家的综合国力未免有些单薄，但是奥运会金牌至少可以反映一个国家和地区的竞技体育实力，当然奥运会金牌分布更能够反映一个国家竞技体育的结构和质量。事实上，国际奥委会并不倡导金牌排行榜，更不主张用金牌和奖牌考量一个国家经济社会发展状况，但是奥运金牌、奖牌榜的影响力更受到世界各国媒体、公众的关注，成为大国之间明争暗斗的导火索。毫无疑问，奥运金牌、奖牌能够在一定程度上反映一个国家和地区的综合实力和竞技体育竞争力。因此，通过梳理奥运金牌、奖牌榜的变化，也能够从一个侧面反映各国体育制度的科学性和竞技体育政策的实效性。

另据考证，国际奥运史上设立奖牌榜的始作俑者恰恰是英国。[①]1908 年第四届夏季奥运会在伦敦举办，占据天时地利的英国为炫耀其兴建场馆等方面的成就，首次公布了各国获奖统计数据，英国以 56 金 /50 银 /39 铜位居金牌和奖牌榜第一位，紧随其后的是美国 23 金 /12 银 /12 铜，俄罗斯则以 1 金 /2 银位居第 12 位，除英、美外占据金牌、奖牌榜第 3—10 位的分别是瑞典、法国、德国、匈牙利、加拿大、挪威、意大利、比利时。“奖牌榜”的公布提升了各国的竞争气氛，但也引起了“奖牌主义”的非议，因此国际奥委会明确不支持排行榜，而且国际奥委会公布的材料中也从来不体现各国获奖情况。但是，通过首个奥运“奖牌榜”也可以发现端倪，即现代奥运会起源于欧洲，从项目设置到竞赛理念都是西方文化的体现，欧美国家拥有较强的竞争能力。此时的日本虽然已经通过甲午战争、日俄战争战胜了中国和俄国，在亚洲展示出了较强的竞争能力，但是在整个资本主义世界仍处于落后的状态。俄国作为传统帝国，正处在革命的前夜，社会矛盾尖锐、经济形势严峻，自然没有能力参与奥运竞争。而当时的晚清政府历经战争摧残、政权风雨飘摇，更是没有意愿和能力参与奥运会。英国颁布的首个奥运“金牌榜”，完美地体现了 20 世纪初世界政治格局，以“世界工厂”英国领衔的欧

① 孙越等:《奥林匹克运动简明百科知识》，青岛出版社 2008 年版，第 51 页。

洲占据世界舞台的中心，完成工业革命的美国冉冉升起，日本、俄罗斯处在巨变的前夜，中国委曲求全，仍偏安亚洲一隅。

4. *奥运金牌榜折射制度优势*。严格意义上说，中国代表团参加奥运竞争是从 1984 年的洛杉矶夏季奥运会正式开始的，中国首战告捷，获得 15 金 /32 总，位列金牌、奖牌榜第四和第六位，美国以 83 金 /174 总位居金牌、奖牌榜首位，俄罗斯没有参加这届奥运会，日本以 10 金 /32 总位列金牌榜第七位、奖牌榜第六位，加拿大、英国奖牌数分别为 44 枚和 37 枚。1988 年的汉城奥运会，苏联强势回归，以 55 金 /132 总位居金牌、奖牌榜首位，民主德国以 37 金 /102 总位居金牌、奖牌榜第二位，美国则以 36 金 /94 总位居金牌、奖牌榜第三位，中国以 5 金 /28 总位居金牌榜第十一位、奖牌榜第七位。1992 年巴塞罗那奥运会，联合队（1991 年苏联解体后，除波罗的海三国外，其余 12 个国家组成联合队）以 45 金 /112 总位居金牌、奖牌榜第一位，美国以 37 金 /108 总位居金牌、奖牌榜第二位，中国以 16 金 /54 总位居金牌、奖牌榜第四位。1996 年亚特兰大奥运会，美国以 44 金 /101 总位居金牌、奖牌榜首位，俄罗斯以 26 金 /63 总位居金牌榜第二位、奖牌榜第三位，中国以 16 金 /50 总位居金牌、奖牌榜第四位。1991 年苏联解体，不仅深刻改变了国际政治格局，而且也改变了奥运金牌、奖牌榜的排名，1996 年美国全面领先俄罗斯，2004 年中国又将其超越。鉴于此，江泽民在接见悉尼奥运会中国代表团时表示，美国靠的是经济实力，俄罗斯靠的是基础，而中国的成功靠的是举国体制。

2004 年雅典奥运会上，中国金牌和奖牌数分别为 32 金 /63 总，超过了俄罗斯的 27 金 /92 总，但仍落后于美国的 35 金 /103 总，位居金牌榜第二位。2008 年北京奥运会，中国以 51 金 /100 总位居金牌榜首位，也是首次超越美国，美国以 36 金 /110 总位居金牌榜第二位、奖牌榜第一位，俄罗斯以 23 金 /72 总位居金牌和奖牌榜第三位。2012 年伦敦奥运会，美国以 46 金 /104 总仍位居金牌、奖牌榜首位，中国以 38 金 /88 总位居金牌、奖牌榜第二位，英国以 29 金 /65 总位居金牌榜第三位、奖牌榜第四位，而俄罗斯以 24 金 /82 总位居金牌榜第四位、奖牌榜第三位。2016 年里约奥运会上，美国以46金/121总仍位居金牌、奖牌榜首位，英国以27金/67总位居金牌榜第二位、奖牌榜第三位，中国以26金/70总位居金牌榜第三位、奖牌榜第二位，俄罗斯以19金/56总位居金牌、奖牌榜第四位。中国竞技体育的举国体制经受了奥运会的检验，在21世纪已经举办的四届奥运会上，中国代表团金牌和奖牌数稳居世界前列，显示出极强的竞争力和实效性。

5. 制度优越性获得认可。“事实胜于雄辩”，无论是学术界还是体育界都不能不承认举国体制的重要作用，“为中国竞技运动迅速跨进世界前列的确起到了不可替代的作用”。[①]2001年，国家体育总局副局长段世杰在讲话中指出，竞技体育举国体制“利用社会主义制度的优越性，充分发挥了全国体育界的聪明才智，为国争光的奉献精神，在政府主导下，比较好地利用了全国体育资源，调动了各方面的积极性，为实现国家的最高目标奋斗”。胡小明认为举国体制是“中国竞技体育攀登世界高峰的一张战无不胜的王牌，在提高运动技术水平方面取得了惊人的效益，成为许多国家羡慕的摘取金牌的最佳途径”。[②]杨桦认为：“中国在短短的20年里，跃居为奥运强国，就是得益于举国体制的管理模式和运行机制。”[③]学术界和体育界关于举国体制的认识纳入党和国家的政策选择。2002年7月，中共中央、国务院印发的《关于进一步加强和改进新时期体育工作的意见》，明确“以新世纪我国在奥运会等重大国际比赛中取得优异成绩为目标，进一步发挥社会主义制度的优越性，坚持和完善举国体制”，同时又结合社会主义市场经济体制改革的形势，专门指出“深化我国体育管理体制改革势在必行”。2005年，时任国家体育总局局长刘鹏在全国体育局长会议上，明确提出举国体制是我国竞技体育在国际竞争中取得胜利的“基本经验和致胜法宝”。2008年，胡锦涛在总结北京奥运会、残奥会成功的经验时，更是明确强调“靠的是发挥社会主义制度

① 郝勤：《选择来自愤怒——1952年的两岸对峙与中国的奥运之路》，《体育文化导刊》2002年第3期。

② 胡小明：《“举国体制”的改革》，《体育学刊》2002年第1期。

③ 杨桦等：《坚持和进一步完善我国竞技体育举国体制的研究》，《北京体育大学学报》2004年第5期。

集中力量办大事的优越性”，“举全国之力”、举国上下同心同德、同舟共济是北京奥运会、残奥会成功举办的强大力量，要“在坚持我国竞技体育举国体制、保持我国竞技体育特点和优势的同时……不断增强我国竞技体育的综合实力和国际竞争力”。[①] 北京奥运会取得“无与伦比”的成功，有人认为已经实现了百年奥运梦想而且也创造了金牌第一的辉煌，鉴于举国体制导致运动员伤病问题难以根除、查禁兴奋剂成本过高、公平竞争环境遭到破坏等“制度性代价”过高，应该进行较大范围的改革。[②] 当然，也有个别研究者认为举国体制已经完成历史使命，应当退出历史舞台。[③] 但是，2012 年伦敦奥运会期间，《人民日报》发表了《举国体制与奥运辉煌》的文章，认为举国体制通过对有限资源的有效配置，确立“奥运争光”清晰坚定的目标，保证运动员专注于训练和竞赛，其效率已经被数百枚奥运金牌证明。当前，在奥运会这样具有重大影响的国际体育竞赛中取得优异成绩，仍然具有鼓舞人心、增强凝聚力的重要作用，特别是“升国旗、奏国歌”更是大大增强了竞技体育的仪式感和象征意义。因而“淡化金牌”的提法，甚至荒谬地认为金牌是可有可无的“无所谓”，这不仅不符合“更快、更高、更强”的奥运精神，也不符合我国实际需要。我国仍然处于并将长期处于社会主义初级阶段，“完全依靠社会和个人，不可能取得这样的成就，也无法充分利用人才资源优势”，“中国要从体育大国迈向体育强国，举国体制依然是基础结构，不断加以完善和充分发挥作用的空间远未穷尽”。[④]

党的十八以来，习近平分别在 2016 年接见中国奥运代表团和 2017 年会见全国体育先进单位和先进个人代表的讲话中表示，要把竞技体育搞得更好、更快、更高、更强，“更好发挥举国体制在攀登顶峰中的重要作用”[⑤]，进一步提升我国竞技体育综合实力，提高在重大国际赛事中为国争光能力，有

① 胡锦涛：《在北京奥运会残奥会总结表彰大会上发表重要讲话》，《人民日报》2008 年 9 月 29 日。
② 卢元镇：《中国竞技体育现行管理体制的制度性代价》，《体育学刊》2010 年第 3 期。
③ 胡舒立：《“举国体制”淡出正其时》，《领导荟萃》2010 年第 8 期。
④ 汪大昭、薛原：《举国体制与奥运辉煌》，《人民日报》2012 年 8 月 9 日。
⑤ 习近平：《开创我国体育事业发展新局面　加快把我国建设成为体育强国》，《人民日报》2017 年 8 月 28 日。

力带动群众体育发展，让体育为社会提供强大正能量。由此可见，竞技体育举国体制作为我国体育基本制度，是社会主义制度优越性在竞技体育领域的体现，是中国竞技体育实现赶超发展、创造奥运辉煌的基本重要保障。“只要想在奥运会上获取更多的金牌，那么举国体制就是最佳的实现形式和途径。”[①] 在社会主义市场经济条件下，举国体制不是要不要坚持的问题，而是要如何坚持并通过深化改革不断发展完善的问题，是如何正确理解举国体制的精髓并科学运用举国体制优势的问题。综上所述，举国体制彰显了社会主义制度的优越性，对中国创造奥运辉煌发挥了重要作用，是中国竞技体育快速赶上并超越传统体育强国的制胜法宝和基本经验。在新的历史时期，仍要坚持和完善举国体制。

二、中国精神：诠释奥运价值理念

1. *竞技体育的符号意义*。竞技体育作为独特社会文化现象，尽管也具有游戏的全部形式特征和绝大部分功能性特征，但其强烈的致胜欲望根本不同于游戏的无目的性和趣味性。在激烈的竞争中，“首要的事情是要胜过他人、成为冠军并因此而受到尊敬的欲望”，“竞争的这个对象首先便是胜利”，获胜者“可向别人夸耀他的胜利”，产生“自我满足感”。[②] 竞争的深层次心理动机在于证明自己优越及获得荣誉等心理需要，作为手段其本身存在于道德之外，既非善也无所谓恶，而且这种类似“本能”的行为，也是促进人类社会发展的重要推动力。因为，“从儿童的生活直到文明的最高成就，一种指向完美的最强烈的冲动（无论个人还是社会），乃是那种因自己的优秀而受到赞扬与褒奖的欲望……一个人必须证明自己‘优秀’……竞争是就是用来证明优越性的”。[③] 实践中，无论是一个人还是一个国家，都希望在竞争中获胜，竞争获胜不仅可以给个人带来自我满足感，还能给集体带来荣誉感。马克思

① 朱国平：《金牌举国体制改革》，《体育文化导刊》2005 年第 5 期。
② ［荷兰］ 胡伊青加：《人：游戏者》，成穷译，贵州人民出版社 1998 年版，第 62 页。
③ ［荷兰］ 胡伊青加：《人：游戏者》，成穷译，贵州人民出版社 1998 年版，第 79 页。

在《家庭、私有制、国家的起源》中就论述了这种现象："胞族间互相赛球竞技，每一胞族派出自己的优秀球员，其余的人按胞族旁立观看，并以本胞族球员的获胜打赌。"[①] 竞技体育比赛的胜利，"在形式上恰恰最完美地沟通了生活在现实生活中不断竞争的人们的心理愿望——成功和胜利，因此使竞技体育立即产生了价值认同，成了进行国际交往中力求以成功、胜利来表达自身民族心态的一种愿望符号"。[②] 在以和平发展为主题的时代，竞技体育的较量和胜利自然会延伸到国家和民族政治制度、社会发展和文明进步领域，竞技体育的符号意义被世界各国的政府和政治家所洞悉，并借助现代奥运会实现了全球化扩张，深刻影响人们的文化心理和思维方式。

2. *奥运会的独特魅力*。尽管国际奥委会倡导友谊、团结和公平竞争，反对任何歧视特别是种族歧视，但是现代奥运会仍然被打上了深深的种族烙印，现代竞技体育成绩更是与国家、民族存在密切的联系。尽管国际奥委会委员实行"逆向代表制"，最大限度确保奥运会不受国际政治的影响，但是参加奥运会竞赛的运动员是由所在国家和地区的奥委会派出的，包括按国别顺序入场、国旗为获胜者而升、国歌为获胜者而奏、带有国徽的运动服，无不带有庄重的色彩，即运动员不是代表一个人而是代表一个国家参赛，从而赋予了奥运会获胜更多的内涵，奥运会也因此获得了几乎所有大国的青睐和重视。在以和平发展为主要特征的现代社会，竞技体育作为"礼仪化的战争"是不同国家、地区集中展示政治、经济、文化和社会发展水平的重要窗口，更是大国竞相角逐的前沿阵地。奥运会竞赛的胜利可以让公民感受到国家、民族的强盛，增强本民族的自豪感、自信心，而失败则往往会让人感到沮丧。这也是奥运会竞赛不同于职业联赛的重要之处，职业联赛本质上是竞赛表演业，来自不同国家、民族的运动员可以组成一支队伍，以追求经济利益为最大目标，观赏性和娱乐化是其存在的重要依据而体育竞赛只是其存在的形式。美国男子篮球职业联赛（NBA）就是最好的例证，不同国家、民族、

---

① 《马克思恩格斯选集》第 4 卷，人民出版社 2012 年版，第 101 页。

② 李力研：《竞技体育在中国超前发展的文化机制与社会价值》，《体育与科学》1989 年第 1 期。

肤色的运动员都可以在联盟打球，对联盟而言，输赢并不重要，重要的是观众喜欢，2002—2003 赛季共有 68 名分别来自 35 个国家的国际球员加盟 NBA，而且伴随 NBA 的全球化，其国际球员数量还会更多。① 当前，职业联赛作为竞技体育全球化、职业化、商业化的重要载体，在世界范围内的广泛扩张，但其重要职能在于满足人民对竞赛表演的消费需求，难以从根本上取代国际体育竞赛，奥运会仍然是世界范围内影响最大的综合性体育赛事。职业联赛在全球范围内配置资源，一方面提升了联赛的观赏性，同时也有利于提高包括奥运会在内的综合性赛事的竞争水平。

3. *新中国参与奥运会的政治意义*。近代中国社会发展的曲折历程以及参与现代奥运竞争的艰辛，放大了奥运会在中国的地位、作用及意义，也让奥运金牌的含金量大幅提升至关乎国家荣誉、民族复兴的高度。1952 年的赫尔辛基奥运会是二战后第二届也是新中国成立之后的第一届奥运会，围绕参赛资格展开了激烈的斗争，此时台湾地区占据国际奥委会席位，而根据《奥林匹克宪章》规定，一个国家只能承认一个全国性的奥林匹克组织，国际奥委会试图以此为据阻挠新中国参加奥运会，国际奥委会的错误决定遭到新中国中华全国体育总会的强烈抗议和反对，最终新中国毅然冲破重重阻力，派代表团参加了这次“特殊的政治斗争和外交斗争”，体现了新中国维护国家统一、打破西方政治孤立图谋的坚强决心。1952 年奥运会虽然没有取得竞赛成绩，但是也实现了“把五星红旗插到奥运会上”的外交胜利，让新中国充分认识到竞技体育的政治价值和外交功能，“不仅能够提高新中国的地位与形象，增加与各国人民的交流与友谊，也有利于在国际体育舞台上粉碎分裂中国的阴谋，维护中国的统一与尊严”。② 自此开始，新中国逐步提出并完善了“普及与提高相结合”体育方针，在普及群众体育的基础上优先集中有限的人力财力物力侧重提高竞技水平，从而为搭建竞技体育“举国体制”奠定了认识基础和制度框架。1952 年新中国首次参加奥运会的曲折历程，以及此后

① 丁浩、王岗：《解读 NBA 全球化》，《体育文化导刊》2006 年第 4 期。
② 郝勤：《选择来自愤怒——1952 年的两岸对峙与中国的奥运之路》，《体育文化导刊》2002 年第 3 期。

1956 年墨尔本奥运会上国际奥委会坚持邀请台湾的“中华全国体育协进会”派团参加，为粉碎西方制造“两个中国”的图谋，新中国拒绝了墨尔本奥运会。由于国际奥委会坚持其错误决定，1958 年中国国家奥委会断绝了同国际奥委会的联系。直至 1979 年 11 月，采用“一国两制”的办法解决了参赛资格问题，中国在国际奥委会的合法席位得以恢复。1980 年 2 月，中国就派团参加了在美国普莱西德湖举办的冬奥会，尽管此时中国冬奥项目竞技水平还远远落后于西方发达国家，但迅速参赛仍然体现了改革开放的中国期盼尽早回归国际奥林匹克大家庭的热切愿望。遗憾的是由于 1979 年底苏联侵略阿富汗，以美国为首的 62 个国家和地区奥委会掀起了抵制莫斯科奥运会的“歪风”，中国也最终没有参加 1980 年 7 月的夏季奥运会。1984 年美国洛杉矶奥运会是新中国正式参加的第一次完全意义上的夏季奥运会，然而苏联以“担心运动员的安全无法得到保障”为由，联合 19 个国家和地区没有参加这届奥运会的竞争。因此，中国的第一次奥运会之旅在一定意义上又是不圆满的，但是中国的参赛仍然具有超越体育的重大意义，时任洛杉矶奥运会组委会主任的尤伯罗斯在接受《纽约时报》采访时声称“1984 年的时候，中国挽救了奥林匹克运动”。2000 年，江泽民在接见第 27 届奥运会代表团时，高度评价中国体育健儿的表现“再一次向世人展示了中国人民自强不息、奋发进取的精神面貌，体现了中华民族自立于世界民族之林的坚强信心和力量”，“全国各个行业、各条战线的同志们都要大力发扬振兴中华、为国争光的爱国主义精神，大力发扬顽强拼搏、争创一流的革命英雄主义精神，同心同德地把建设中国特色社会主义的伟大事业不断推向前进”。[①] 竞赛胜利的意义早已超越了体育，不再是运动员、运动队的“小事”，其功能也不再局限于“增强人民体质”，而更多地被拔高到关乎国家、民族的“大事”。

4.“奥运三问”展现中华民族自强不屈的奋斗精神。在中国百年奥运史上，“奥运三问”是一个具有标志性意义的事件，也是近一个世纪以来始终萦绕着中华儿女的梦想。1908 年，此时距离中国首次参加奥运会恰好也是 24 年，

① 江泽民:《在会见第二十七届奥运会中国体育代表团时的讲话》,《人民日报》2000 年 10 月 3 日。

而距离中国夺得第一枚奥运金牌足足还有长达76年，多灾多难的中国和英勇顽强的中国人也在此刻提出了持续一个世纪的“奥运三问”。胡锦涛在北京奥运会、残奥会总结表彰大会上，深情回顾了中国参与现代奥运的曲折历程，在一定意义上也可以看作自1998年北京申办第29届奥运会以来社会各界对“奥运三问”的回应。他在讲话中把百年中国的奥运历程大致划分成了五个阶段：首先，1908年中国人发出了参加和申办奥运会的“第一声呼唤”，觉醒的中国人正式提出了“奥运三问”的期盼；其次，1932年刘长春只身一人参加了第10届洛杉矶奥运会，“开启了中国参与现代奥林匹克运动的艰难征程”，实现了派一个人参加奥运会的梦想；再次，1952年新中国成立之初即派出40人的代表团参加了第15届赫尔辛基奥运会，“向世界宣告了新中国奥林匹克运动的存在”，实现了派出一个代表团参加奥运会的夙愿；复次，1984年许海峰在第23届奥运会上实现金牌“零的突破”，由此也“掀开了中国参与现代奥林匹克运动历史的崭新一页”；最后，2008年北京奥运会的成功举办被誉为中华民族“在实现伟大复兴征程上的又一次历史性跨越”而载入史册。北京奥运会“实现了中华民族百年期盼”，在现代奥林匹克运动史册上深深钤上了彤红的中国印，中华民族一百年的奋斗终于绽放出夺目的光彩。2008年北京奥运会的成功举办，不仅实现了海内外中华儿女的共同心愿，还向世界展示了中国民主进步、文明开放的国家形象，是实现中华民族伟大复兴征程上的“又一次历史性跨越”。[①]“奥运三问”在一定意义上是中华民族独立、自强的象征，不仅是中国的奥运梦想、奥运情节，还寄托着中华民族对理想的求索和民族崛起的诉求。

5. *奥运强国梦与民族复兴梦息息相关*。2014年2月，习近平主席专程赶赴俄罗斯出席索契冬奥会开幕式，这也是中国国家元首第一次赴境外参加大型国际体育赛事。习近平索契之行，不仅彰显了中俄战略合作关系，是对俄罗斯举办冬奥会的祝贺和支持，更弘扬了友谊、和平、团结的奥林匹克精神，是对奥林匹克运动的重视和支持，展示了中国负责任大国的良好形象，

① 胡锦涛：《在北京奥运会残奥会总结表彰大会上发表重要讲话》，《人民日报》2008年9月29日。

堪称中国公共外交的创新之举。其间，习近平会见了俄罗斯总统普京、联合国秘书长潘基文等政要，还专门同国际奥委会主席巴赫进行了会谈，阐述了中国申办 2022 年冬奥会的意愿，表示冬奥会不仅有助于推动冬季项目在中国的普及，更有利于全方位弘扬奥林匹克精神。在西方政要因乌克兰等地缘政治因素，竞相表示不参加索契冬奥会之际，习近平则通过亲临索契冬奥会开幕式现场的举动，向世界展示了中国信守和平发展理念的决心。中国作为奥林匹克和平理念的坚定践行者和倡导者的形象获得国际社会高度评价，也是对国际奥委会致力于推动奥林匹克运动的最大支持。习近平还亲切会见了中国冬奥会代表团并指出："现在，我们比以往任何时候都接近实现中华民族伟大复兴的目标。我们每个人的梦想、体育强国梦都与中国梦紧密相连。"[①] 他还谆谆告诫："成绩不仅仅在于能否拿到或拿到多少块奖牌，更在于体现奥林匹克精神，自强不息，战胜自我、超越自我"，希望大家坚定报效祖国、为国争光的信念，发扬奥林匹克精神和中华体育精神，发挥更高的竞技水平，为申办 2022 年冬奥会作出贡献。习近平索契之行将奥林匹克倡导的和平、友谊精神同中国坚持和平发展的外交理念紧密结合，表明"中国政府始终从提高民族素质、振奋民族精神，实现民族复兴的战略高度为我国体育事业固本培元，激励把个人梦和体育强国梦汇入到中国梦的伟大奋斗中"。[②]

第二节　举国体制的历史局限

举国体制作为特定历史条件下的竞技体育特殊管理体制，在实践中不可避免存在弊端和不足，坚持历史唯物主义观点就应当看到其存在的合理性和必然性，客观承认其卓越的历史贡献。同时还要坚持辩证唯物主义，看到其

---

① 习近平：《我这次专程来到索契，为你们鼓劲加油》，《中国青年报》2014 年 2 月 8 日。

② 刘盼盼等：《习近平主席索契冬奥会之行看体育与外交的相互融合》，《北京体育大学学报》2014 年第 12 期。

存在的不足和面临的巨大挑战，驳斥各种抹黑、曲解、污蔑举国体制的奇谈怪论，为构建新型举国体制、服务体育强国战略做出理论探索。

一、举国体制存在的不足

世界上不仅没有完全相同的制度，也没有完美无缺的制度，因此任何现存的社会制度总有其优势和不足。尽管没有完美的制度，但是适合的、更优的、高效的制度也是客观存在的。“对具体情况作具体分析”，[①] 既是马克思主义的精髓和活的灵魂，也是科学评价和判断一种社会制度的重要标准。举国体制作为国家基本政治经济制度在竞技体育领域的具体体现，无论是优势和不足都不能脱离当时的历史条件和基本的政治经济制度体系。另外，从计划经济向社会主义市场经济体制的转轨，导致社会结构、利益格局、思想观念发生深刻变化，举国体制的具体运行机制也在不断地调整和完善。杨桦等则将举国体制的问题归结为动力源不足、规模难以扩大，多种利益矛盾冲突，人才流动不畅，教练员流失、运动员出口不畅四个方面。[②] 梁晓龙从社会积极性调动、多元利益格局整合、市场作用发挥不够等五个方面概括了举国体制存在的不足，认为经济体制转轨、社会转型和竞技体育自身规模扩大是举国体制产生不足的根源。[③] 郝勤则将举国体制的弊端主要概括为政府包办体育、高度依赖政府财政投入和行政手段管理、运动员退役难以安置。[④] 实质上，举国体制存在的不足主要表现在所有制结构和具体运行机制两个层面，焦点在于社会经济体制转型导致利益纷争和观念冲突，难以在既有的体制中协调解决，从而限制了举国体制的制度优势，同时又暴露了其僵化、封闭、单一的缺陷。

---

① 《列宁选集》第 4 卷，人民出版社 1995 年版，第 213 页。

② 杨桦等:《坚持和进一步完善我国竞技体育举国体制的研究》,《北京体育大学学报》2004 年第 5 期。

③ 梁晓龙:《竞技体育举国体制运行中存在的问题及完善对策》,《体育科研》2006 年第 3 期。

④ 郝勤:《社会主义市场经济与新型“举国体制”的形成》,《体育文化导刊》2005 年第 3 期。

（一）应对多种所有制结构冲突乏力

首先，以奥运会为代表的高水平国际体育竞赛承担着为国争光、增强民族自信心、丰富精神文化生活的重要职能，具备社会公益事业属性，发展竞技体育、参加奥运竞争也是国家肩负的重要职责使命，这是观察和判断举国体制的重要理论前提。奥运健儿在赛场上争金夺银，“激发了全国人民的爱国热情和全世界中华儿女的民族自豪感，增强了中华民族的凝聚力、向心力、自信心”。① 通过举办奥运会，“必将极大振奋民族精神，有利于凝聚海内外中华儿女为实现中华民族伟大复兴而团结奋斗，也有利于向世界进一步展示我国改革开放成就、和平发展主张”。② 其次，体育体制本质上是基本政治经济制度与体育发展规律相互作用的结晶，基本政治经济制度是体育体制的“母体”，对体育体制的形成、改革和完善具有决定性影响。体育发展规律是体育体制形成的重要制约因素，任何高效的体育管理体制都必然要符合体育发展规律。体育体制的形成、发展和改革、完善既要反映基本政治经济制度，同时还要符合体育发展规律，并不是个人意志甚至国家意志所能够单独决定的，更不是突发奇想的或者所谓天才的设计的结果。再次，从历史沿革来看，中国竞技体育举国体制萌发于 20 世纪 50 年代，在 80 年代基本定型，90 年代更趋成熟稳定，21 世纪面临改革完善重大机遇，其间又以 70 年代末的改革开放为分界线，分为改革开放前和改革开放后两个历史时期。改革开放两个历史时期，在指导思想、方针政策有重大差别，但本质上都是党领导人民进行的社会主义现代化建设实践探索，两者是相互联系的而不是彼此割裂的，不能相互否定，更不能彼此对立。改革开放前后两个历史时期，举国体制经历了从计划经济向社会主义市场经济的转轨，社会经济结构由单一公有制向公有制为主体多种所有制并存转变，但是党的领导、国家的社会主义性质等基本政治制度没有变。

---

① 习近平：《中国队加油！中国加油！》，《人民日报》2016 年 8 月 26 日。

② 习近平：《绿色办奥共享办奥开放办奥廉洁办奥　办成一届精彩非凡卓越的奥运盛会》，《人民日报》2016 年 3 月 19 日。

政治经济体制变革对举国体制最根本的影响在于竞技体育所有制结构变化，兴办主体多元化。20 世纪 50 年代，公有制占据绝对统治地位，整体经济发展水平和竞技体育实力较为落后，国家通过计划手段和行政力量配置竞技体育资源，以实现在奥运会取得优异成绩为主要目标，国家既是管理者又是举办者，政府通过财政拨款和行政指令直接行使竞技体育管理职能，形成了各级财政投入和各级体育行政部门直接举办竞技体育的单一主体发展模式。自 20 世纪 90 年代体育社会化改革以来，社会资源在市场引导下投向竞技体育领域，特别是全球化时代职业体育的快速发展，改变了国家作为竞技体育唯一主体状况，出现了外资、私营、个体、集体和国家多种所有制兴办体育的格局。国家办、社会办、合作办交叉重叠，举国体制“管办不分”的弊端体现出市场在竞技体育资源配置中的基础性、决定性作用难以发挥，市场力量和社会资源兴办体育积极性受到抑制，不同所有制结构利益冲突难以有效协调。“举国体制”作为举全国之力、集全国之智的体制机制，理应形成国家、集体、个人多主体参与和财政拨款、市场筹集多渠道投入的格局，但是“政府包办”和体育行政部门主导限制了社会、个人和市场力量参与竞技体育的积极性，既不利于发挥社会主义制度优势，又不利于发挥社会力量作用，不是严格意义上的举国体制而是举部门体制。首先，作为资源配置手段，举国体制突出的是国家意志和政府责任，因此更倾向于使用国家力量和行政手段配置资源，与“使市场在资源配置中发挥决定性作用”的改革理念不相符合。其次，国家举办竞技体育事业在于体现“为国争光”的国家意志和国家利益，社会力量投资兴办竞技体育则要追求经济利益和社会影响，政治影响和经济效益之间的冲突对举国体制提出了新的要求。再次，随着经济发展水平提高，公众参与竞技体育运动、社会力量参与竞赛经营管理的能力和意愿都在逐步增强，不再满足于观众的角色定位，更愿意成为参与者、竞争者，共享竞技体育的经济价值和精神胜利，但举国体制存在行政壁垒、精英色彩浓厚，不能有效消纳社会力量热情。总之，举国体制在应对竞技体育发展主体的多种所有制结构冲突方面的不协调，实质是“市场决定性作用”和“更好发挥政府作用”相结合的问题，反映出举国体制理论研究的滞后。

（二）利益协调机制不畅通

根源于所有制结构的多元化，市场配置竞技体育资源能力增强，竞技体育的经济功能放大，投资主体、管理体制、发展目标也出现多样多变多元趋势，国家不再是单一利益主体，为国争光不再是唯一功能，财政拨款渠道和行政管理手段受到更多限制。由于竞技体育社会化、职业化、产业化、全球化发展趋势，举国体制在运行机制方面的弊端集中体现在利益协调机制不畅通、激励能力下降、人才流动不畅等方面。经济体制转轨和运行机制调整使得利益主体更加多元、多样，传统计划经济时代国家是竞技体育利益的总代表，利益主体单一，而在向市场经济转轨时期多种所有制进入体育领域，导致利益主体多元和利益格局多变，虽然国家利益仍在被强调，但“整体利益开始向个体利益过渡”。[①] 举国体制的运行的经济基础发生深刻变革，一方面国家投入、行政管理、为国争光仍然是竞技体育的主旋律，另一方面又不得不更加关注运动员、教练员对经济利益的诉求，充分利用经济手段调动地方的积极性，客观上要求举国体制加快变革，以协调不同主体的利益冲突。另外，“双轨制”改革不彻底，竞技体育体制不透明，存在权钱交易腐败隐患。

1. *激励能力下降，利益主体多元化整合机制不健全。*市场化改革带来主体多元化，必然导致利益多样化的冲突。在宏观层面，有国家政治利益和经济利益的冲突，国家追求为国争光的政治利益，而其他主体则更多关注经济利益，特别是竞技体育中职业化、商业化程度高的项目，比如足球、篮球等。在中观层面，中央同地方绩效考评利益冲突，表现在国家更多地关注奥运争光，而地方更多关注的则是全运会金牌，“全国一盘棋”统筹协调地方实施奥运战略难度加大。在微观层面，俱乐部、运动员、教练员，包括体育行政部门官员更加注重个体和本单位利益，对明星运动员追求个人利益不择手段现象缺乏有效调控机制，俱乐部追求经济利益最大化，不配合国家队建设，优秀运动员、教练员追求高薪和个人价值而到海外俱乐部效力。上述三

---

① 李艳翎、郑吾真：《中国竞技体育的利益分析》，《体育科学》2000 年第 5 期。

个方面从整体上说明市场经济条件下，竞技体育的经济功能被放大，不同利益主体更多关注经济利益，统筹协调不同利益主体“为国争光”的体制机制不够完善。

2. *人才流动无序*。后备人才短缺，现役人才难管，退役人才难以安置，优秀人才难调动。后备人才短缺主要体现在竞技体育后备人才梯队建设断档脱节，“三级训练网”根基受到侵蚀，特别是基层教育、体育行政制度改革之后，部分县市区裁撤合并了体育局，从中央到地方的垂直体育行政机构基础不复存在，体育运动学校、区县业余体校大规模萎缩，消解了基层政府配置竞技体育资源的职能。城镇高收入家庭子女从事专业体育训练的积极性下降，运动员遴选面越来越向偏远地区和低收入家庭倾斜，部分项目在训后备人才队伍规模缩减，女子青少年足球训练规模一度急遽降至不足 3000 人的规模。在仅以奥运冠军为衡量标准的片面评估机制下，竞技体育成材率畸低而淘汰率极高的假象被严重扭曲，导致业余训练规模难以扩大。竞技体育人才队伍是典型的金字塔结构，奥运冠军只是塔尖最闪亮的部分，但永远只能是极少数，这也是世界体坛较为普遍的现象。但是，过分重视奥运金牌和奖励奥运冠军，“金牌至上”“金牌 GDP”“千银不如一金”的错误发展观却在举国体制实施奥运战略中被固化，导致竞技体育塔基缩小。“基础不牢，地动山摇”，业余训练规模成为制约我国除乒乓球等极少数项目外绝大部分竞技体育项目可持续发展的最大障碍。

现役人才难以管理，主要体现在专业队维系成本越来越高，专业队队员管理难度越来越大。现代竞技体育竞争呈现“高精尖”趋势，成为资金密集和技术密集领域，使训练、比赛、装备、科研、后勤、康复各个环节投入成本越来越高，财政投入压力巨大。另外，专业队队员学训矛盾难以协调，长期专业训练难以保证系统文化学习，导致运动员知识结构存在缺陷，致使其再就业困难进而产生思想波动。现役优秀运动员急于兑现经济价值，追求曝光率和商业利益，对运动员队伍管理产生消极示范作用。在篮球、足球、网球等职业化程度高的项目中，存在不服从国家队调遣，不愿为国效力的情形。在部分运动项目国家队为国争光意识淡薄，甚至出现严重损害国家荣誉的退赛、罢赛、消极比赛现象。

退役人才难以安置也限制了举国体制优势的发挥。现代竞技体育是投入和产出不成比例的高风险行业，具有高竞争、高对抗、高风险、高投入的特征，意外情况和突发事件等不可抗、不可控因素众多，要求对运动员有完善的医疗、康复和社会保障。传统计划经济条件下，运动员退役由国家负责安置，伤病由国家负责救治，体现国家“对运动员负责一辈子”的关怀和爱护。但是，市场经济体制改革的推进和社会保障制度的不完善，医疗、就业、社保推向市场，要求运动员分担成本，承担风险，动摇了运动员为国争光、顽强拼搏的奉献精神根基，不利于充分调动运动员的积极性。邹春兰搓澡，张尚武卖艺，甚至有运动员退役后同教练和原训练单位对簿公堂讨要奖金补助，大量退役运动员生存处境堪忧的负面报道，影响了运动员为国争光的整体形象。

优秀人才难调动，主要是指在全球化条件下，在职业化、市场化程度高的篮球、足球等竞技项目领域，国际一流的教练员、训练技术和先进理念等国内急缺的资源，需要通过国际体育市场进行配置。举国体制的政策框架和主要手段局限于国内资源的动员和配置，而对国际体育市场和国外优秀教练员的引进缺乏有效可行的举措。面对国际国内两个市场、两种资源，举国体制无论是政策储备还是具体举措都捉襟见肘。男子足球国家队高薪聘请外籍教练引起社会普遍关注，前世界著名教练卡马乔执教中国国家队合同提前终止引发的薪资争议，暴露了中国足球协会及国家队管理体制粗放的弊端。另外，行政手段直接干预俱乐部经营管理和人事调动，也曾引起巨大争议，著名篮球运动员王治郅在征战 NBA 期间曾拒绝国家队召唤，凸显了职业体育和竞技体育、国家利益和个人发展、社会影响和经济利益的矛盾。2017 年，中国足球超级联赛广州恒大、上海上港的俱乐部纷纷斥巨资引进欧美球员，而国内联赛水平和国际竞争力并没有因此提升，中国足球协会专门发文限制天价引进外援的做法，也暴露出足协依赖行政手段、缺乏系统规划的不足。2016 年，万达、苏宁等国内部分知名企业也竞相进入职业体育，动辄数十亿收购欧洲知名足球俱乐部。《中国经济周刊》为此曾专门刊文报道，3 年来，中资企业收购了 15 家欧洲足球俱乐部，包括 AC 米兰、曼城等一些世界知名的顶级足球俱乐部。[1]随后，这种情况就引起国家外汇监管当局高度关注而被叫停。国家体育总局官方表态，天价收购和天价引援“意在商业，不在体育”。职业联赛赛制安排同国家队集训比赛时间冲突、运动员俱乐部高收入与国家队低补助等矛盾，也成为优秀运动员难以调动管理的现实。

透过上述人才流动无序的种种表现，无论是后备人才不足还是现役人才难以管理以至退役难以安置，其焦点和核心在于利益协调，即国家利益和个体利益、俱乐部利益和国家利益之间的利益冲突，举国体制的“国家利益至上性”受到了来自市场的挑战和冲击，而本应当为国争光的运动员则冲到了争夺利益的第一线，致使举国体制的正义性、合理性受到质疑。在市场经济条件下，运动员追求经济利益无可厚非，毕竟“人们为之奋斗的一切，都与他们的利益有关”。“如果只讲牺牲精神，不讲物质利益，那就是唯心论。”[2]但是，如果只讲物质利益而不讲牺牲奉献精神，特别是在以公平竞争、团结协作为核心价值的竞技体育领域，那么恐怕也是一场灾难，兴奋剂、赌球无不是追求经济利益最大化的表现。如何建立健全利益协调机制，让国家、俱乐部、运动员、教练员能够在为国争光大战略下找到最佳的位置，是举国体制亟须完善之处。

另外，自 20 世纪 90 年代开始的体育社会化、职业化改革，相继成立了 20 余个项目管理中心和单项运动协会，虽然有助于调动社会资源参与兴办体育事业，但并没有从根本上赋予社会团体兴办体育事业的权力，也没有理顺项目管理中心与总局的关系。改革的不彻底形成了“双轨制”，竞技体育由国家负责，群众体育由各部门分工负责，奥运项目主要靠国家投入，非奥项目采取国家办与社会办相结合的模式，运动项目管理中心既可以作为社团法人面向市场开展经营，又可以作为事业单位行使行政管理职能。“双轨制”充分利用政府行政调控“有形之手”和市场经济利益的“无形之手”，凭借市场平台调动更多社会资源进入体育领域，客观上为竞技体育奥运争光目标的实

① 崔晓林：《3 年收购 15 家海外足球俱乐部：中国富豪为何爱上“赔钱货”》，《中国经济周刊》2016 年第 33 期。

② 《邓小平文选》第 2 卷，人民出版社 1994 年版，第 146 页。

现提供了源源不断的财务支持，但是在这个过程中也产生了大量的利益冲突和腐败隐患。在实际运行过程中，项目管理中心制极易陷入内部人控制而出现道德风险，从而让竞技体育成为封闭系统，更加排斥社会力量参与，还由于竞技体育的高度专业性，再辅以运行机制的不透明，外部监督、监管更难以奏效。在项目管理中心体制下，举国体制被简单化“举中心体制”，不是面向全国配置竞技体育资源，而是由内部人封闭控制，从而增加了风险和不稳定性。体育社会化改革不彻底，项目管理体制“双轨制”也是制约举国体制优势的重要方面。

二、全面剖析举国体制积弊

（一）历史分析法是正确分析评判举国体制的科学方法

举国体制是在历史中形成和完善的，分析判断其功能和局限也要与特定的历史条件相结合。列宁说过：“判断历史的功绩，不是根据历史活动家有没有提供现代所要求的东西。而是根据他们比他们的前辈提供了新的东西。”[①] 不能因为举国体制的个别运行机制不能解决当下具体问题，就全盘否定举国体制的历史贡献，也不能因为举国体制曾经创造过奥运辉煌就认为其完美无缺，并讳疾忌医，不承认或无视举国体制存在的严重问题而贻误改革发展的机遇。举国体制在其长期发展过程中，经历了改革开放前后两个历史时期，国家基本经济制度发生重大变革，因此必须把举国体制的贡献和局限同大的社会背景结合起来，才能够全面客观分析其功过是非，不能把在市场经济条件下出现的所有问题都归咎于举国体制，更不能天真地以为举国体制“一改就灵”，特别是在没有更好的管理制度出现之前。毛泽东说：“今天的中国是历史的中国的一个发展；我们是马克思主义的历史主义者，我们不应当割断历史。从孔夫子到孙中山，我们应当给以总结，承继这一份珍贵的遗产。”[②]

① 《列宁全集》第 2 卷，人民出版社 1995 年版，第 150 页。

② 《毛泽东选集》第 2 卷，人民出版社 1991 年版，第 534 页。

习近平多次指出“历史是最好的教科书”，历史实践是坚定中国特色社会主义道路自信的深厚根源。坚持和完善举国体制也必须用“历史的眼光”，坚持从历史与现实结合的宽广视角，才能客观全面地总结和剖析其历史经验。所谓举国体制，概括地说就是政府最大限度地集中全国资源，动用各种可以动用的社会资源，去实现任何一个社会团体、任何一个社会局部都无法实现的社会目的的运行机制和工作体系。[①] 因此，按照历史的逻辑，举国体制可以存在于不同的国家，并且在不同历史时期其运行机制和表现形式也不尽相同，比如古代中国的“万里长城”“京杭大运河”、现代的“三峡工程”等，无不是动员协调了全国资源完成的重大战略工程，国外类似的案例也不胜枚举，比如苏联的卫国战争、美国的阿波罗登月计划、欧洲的“伽利略计划”等，其合作和动员的深度、力度甚至超越了主权国家的范畴，实现了更大程度、更广范围的联合，说明举国体制在全球化时代仍然具有强大的生命力和优越性。

竞技体育举国体制是在竞技体育整体水平相对落后的历史条件下，国家为了打破西方的封锁和孤立，尽快提高竞技体育国际竞争能力，必须集中有限的人力、物力和财力，对竞技体育实施有效的管控基础上逐步形成和确立的。竞技体育举国体制与社会主义初级阶段的基本国情和通过奥运会获胜实现民族复兴的基本价值判断相一致，体现中国特色的竞技体育管理机制，其科学性、有效性已经被奥运辉煌的成就所证实，而且也被奉行自由主义的西方发达资本主义国家所借鉴、吸收和利用。竞技体育举国体制作为配置竞技体育资源的手段，本身并不具备社会制度属性，不是区别社会主义和资本主义的标志，不同社会制度的国家都可以用。同时，还要注意区分矛盾的普遍性和特殊性，客观分析举国体制实际运行过程中的特殊的矛盾，既不能把所有的成就都归功于举国体制，也不能把所有的问题都归咎于举国体制。竞技体育具有很强的国际通约性和客观规律性，但在不同国家，其发展模式和管理机制不尽相同，因此其矛盾特殊性的表现形式也各异，区分国际竞技体育

① 沈定珠：《科学地认识和发展中国体育的举国体制》，《体育与科学》2009 年第 5 期。

普遍存在的问题和举国体制条件下特有的问题，才能正确认识举国体制的历史局限和具体不足。

（二）社会主义初级阶段是分析评判举国体制的逻辑起点

马克思主义认为，体育作为文化现象，本质上是对社会政治、经济状况的反映，竞技体育尽管有其鲜明的特质，但仍然属于体育的重要组成部分，其管理体制和发展方式也是由国家的历史传统、经济水平和文化发展实际综合决定的。举国体制作为社会主义中国发展竞技体育的特殊管理机制，从根本上是由社会主义社会性质决定的，社会主义根本政治制度和基本经济制度是举国体制的基础。尽管举国体制产生于计划经济时代，改革开放后社会主义市场经济体制逐步确立，其运行的社会经济环境和制度背景发生了深刻的变化，但是社会主义市场经济并没有也不可能改变中国的社会主义性质。1992 年，邓小平在南方谈话中明确指出，计划和市场都是经济手段，资本主义可以有计划，社会主义也可以有市场，“计划多一点还是市场多一点，不是社会主义与资本主义的本质区别”。[①] 与此同时，邓小平还针对国内外的质疑，首次明确将社会主义的本质概括为“解放生产力，发展生产力，消灭剥削，消除两极分化，最终达到共同富裕”。[②] 邓小平关于社会主义制度本质特征以及计划和市场辩证关系的论述，极大地推动了思想解放和改革开放向纵深发展，社会主义市场经济体制被确立为改革的重要目标。改革是社会主义制度的自我完善，社会主义方向始终贯穿于改革开放和市场经济逐步确立的全过程。社会主义市场经济“‘社会主义’这几个字是不能没有的，这并非多余，并非‘画蛇添足’，而恰恰相反，这是‘画龙点睛’。所谓‘点睛’，就是点明我们市场经济的性质”。[③] 江泽民关于社会主义市场经济的论述，明确了市场经济体制改革过程中的社会主义性质，是对邓小平关于社会主义也可以有市场思想的坚持和发展。社会主义

---

① 《邓小平文选》第 3 卷，人民出版社 1993 年版，第 373 页。

② 《邓小平文选》第 3 卷，人民出版社 1993 年版，第 373 页。

③ 《江泽民论有中国特色社会主义（专题摘编）》，中央文献出版社 2002 年版，第 69 页。

市场经济体制将社会主义制度的优越性同市场经济的优势紧密结合，显著提升了资源配置效率，促进了生产力的快速发展，也为社会文化事业的发展奠定了坚实的基础。社会主义市场经济理论和实践是包括竞技体育在内的社会文化事业发展的制度前提和物质基础，同样也是认识和推进竞技体育举国体制改革的基本依据和逻辑起点。

（三）抹黑举国体制错误观点的实质及其剖析

2015 年 11 月，《炎黄春秋》刊登了卢元镇先生的《“举国体制”下的体育透视》一文，对举国体制下中国体育进行了“透视”，提出举国体制并不是学习苏联的结果，其雏形“集训队”是在“一场令人窒息的反右斗争”中“不得已而形成的”，是“计划经济独霸天下在体育界的必然结果”，因此“过分强调了体育的爱国主义和民族主义功能，而忽视了体育文化中必须共同遵守的体育精神和体育道德”，具体表现为在国际比赛中让球罢赛、运动员年龄造假、滥用兴奋剂等。该文选取的案例横亘半个多世纪，既有 1956 年成立“集训队”始末，又有 1994 年广岛亚运会小山智丽夺冠，还有 2011 年“北京体育世纪十佳”评选颁奖活动，时间跨度包括新中国成立之初、十年“文革”和改革开放等不同历史时期，既涉及乒乓球、游泳、田径、体操等众多项目，还亲自当面采访了钟师统等亲历者、当事人，并且对前因后果作了分析，其论证不可谓不严密。如若不了解近代中国体育发展的曲折历程，通读该文只能得出中国体育“不是好极了，而是糟透了”的结论，而举国体制则是导致中国体育不干净的根本原因。但是，言之凿凿的严密的论证未必经得起推敲，因为该文的“透视”是戴着“有色眼镜”的结果，因此只能看到“不人性、不干净、不健康”的一面，而看不到举国体制对于中国体育发展的重大历史贡献。不是从整体上、联系地看问题，而是片面地、孤立地、静止地看问题，其结论甚至“连儿戏都不如”。因为，在中国竞技体育长期的历史发展过程中，由于对竞技体育发展规律的认识和把握程度不够，再加上特定的国际、国内形势，不可避免会出现一些失误，甚至是严重错误，这在世界各国竞技体育发展历史上并不鲜见。以“对竞技体育危害至深，对国家荣誉损害最大”的滥用兴奋剂为例，“环法七冠王”阿姆斯特朗、加拿大短跑名将约翰逊……这个名单还可以罗列很长，但是能以此得出世界竞技体育都不干净的结论吗？列宁曾经说过：“挑选任何例子是毫不费劲的，但这没有任何意义，或者有纯粹消极的意义，因为问题完全在于，每一个别情况都有其具体的历史环境。如果从事实的整体上、从它们的联系中去掌握事实，那么，事实不仅是‘顽强的东西’，而且是绝对确凿的证据。如果不是从整体上、不是从联系中去掌握事实，如果事实是零碎的和随意挑出来的，那么它们就只能是一种儿戏，或者连儿戏也不如。”[①] 胡乱抽出事实和玩弄事例是站不住脚的，这种简单化、片面化看问题的视角显然达不到“透视”的程度。历史事件只有在“具体的历史环境”中，从整体上和联系中去把握和分析，才能够得出全面的结论。

同样是个案分析，李海则具体分析了“张尚武事件”中运动员个体差异与体制的辩证关系，认为竞技体育本身的高风险性及其功利性价值的扭曲才是张尚武事件的最终诱因，从而得出了举国体制不是冠军沦落街头乞讨卖艺的根本原因的结论。[②] 还有研究者不是具体分析现代竞技体育领域出现的“异化”的原因，甚至是在没有完全搞清楚举国体制概念的情况下，就将在特定历史时空中出现的问题简单归咎于举国体制。[③] 事实上，无论是举办综合性运动会的高投入，还是运动员的高额奖金，无论是运动员沦为“金牌工具”、竞技体育成为捞钱产业，还是传统体育项目生存空间被挤压等现象，恰恰是世界范围内普遍存在的情形。关于现代竞技体育异化的表现、成因问题，前文已经充分论述。这里需要强调的是社会主义举国体制，理论上应该是促进竞技体育向实现“人的全面发展”宗旨回归的重要保障，但遗憾的是举国体制在实践中并没有很好地阻止竞技体育的“异化”。马克思主义的“异化”观，本意是指资本主义条件下客体成“异己力量”反制主体的现象和过程。在社会主义中国，竞技体育是国家事业发展的重要组成部分，举国体制作为

① 《列宁全集》第 28 卷，人民出版社 1990 年版，第 364 页。
② 李海、徐剑：《举国体育体制下的“冠军”之殇》，《科技创业月刊》2014 年第 3 期。
③ 邵桂华、满江虹：《“举国体制”下的竞技体育异化现象分析》，《体育学刊》2015 年第 4 期。

国家创设的竞技体育管理体制，国家主导恰恰是其最主要的制度特征，个别地方和部分运动员受利益驱动出现竞相加大财政投入、不择手段谋取金牌等错误行为不应看作举国体制造成的。相反，只能说明竞技体育领域并没有很好地贯彻“全国一盘棋”“国内练兵、一致对外”的举国体制原则。

第五章　举国体制改革的背景与前景

自 1995 年首个《奥运争光计划纲要》颁布以来，我国政府接连颁布了三个“计划纲要”。目前，正在实施的是 2011 年 4 月颁布的《2011—2020 年奥运争光计划纲要》(以下简称“新纲要”)。2002 年，中共中央、国务院出台的《关于进一步加强和改进新时期体育工作的意见》中，首次明确将“坚持和完善举国体制”同“制定新时期奥运争光计划”密切联系起来，强调发挥社会主义制度优越性，整合全国体育资源，以在奥运会夺取优异成绩。2013 年，中共十八届三中全会通过的《关于全面深化改革若干重大问题的决定》，明确将“完善和发展中国特色社会主义制度，推进国家治理体系和治理能力现代化”作为全面深化改革的总目标，并强调经济体制改革要“使市场在资源配置中起决定性作用和更好发挥政府作用”的具体目标。[①]2017 年，党的十九大报告提出要“广泛开展全民健身活动，加快推进体育强国建设，筹办好北京冬奥会、冬残奥会”。[②] 举国体制作为实施奥运争光战略的基础平台，没有奥运争光战略不会产生举国体制。适应竞技体育发展规律和我国竞技体育发展实际，充分发挥制度优势实现“新纲要”确立的发展目标，加快推进体育强国战略，提升竞技体育治理能力和治理现代化水平，成为新时代举国体制改革的重要背景和发展方向。

---

① 《十八大以来重要文献选编》(上)，中央文献出版社 2014 年版，第 512—513 页。

② 习近平：《决胜全面建成小康社会　夺取新时代中国特色社会主义伟大胜利》，《人民日报》2017 年 10 月 18 日。

第一节 举国体制改革的历史背景

现代竞技体育全球化、职业化、系统化程度迅猛发展，对训练理念、竞赛组织、科技支撑和保障体系提出了更高要求，日益成为资金密集、技术密集领域和展示国家综合经济实力、科技水平的重要窗口。我国竞技体育发展面临重大挑战和机遇，确保位居奥运金牌榜前列，提升竞技体育整体实力和综合竞争力任务艰巨。2008 年北京奥运会以来，媒体以奥运金牌为切入点，掀起了对举国体制和竞技体育不同发展模式的争论，国际比较成为举国体制改革的重要参照。

一、现代竞技体育发展趋势

（一）全球化势态加速发展

现代竞技体育全球化源于经济全球化，主要表现在竞赛项目全球化、竞赛组织国际化、人员流动全球化三个方面。奥运会全球化是现代竞技体育全球化的缩影，既是竞技体育全球化的重要推手又是竞技体育全球化的重要平台，竞技体育全球化反过来增强了奥运会在世界的影响力。现代奥运会比赛项目主要有 28 个大项、301 个小项，每届奥运会都会按照国际奥委会有关规则进行项目调整，借助奥运平台的巨大影响力，世界各国普遍重视奥运竞赛项目。世界部分国家在竞赛管理方面往往划分为奥运项目和非奥项目两大类，加大对奥运项目的投入力度。一些地区性、民族性项目由于成为奥运参赛项目，世界影响力迅速扩大，相反没有成为奥运项目的一些运动则日渐萎缩，比如同样起源于亚洲的跆拳道、武术、板球、相扑等运动，尽管在各自国家和地区群众基础和社会影响都较大，只有跆拳道成为奥运项目，在世界范围内日渐普及，而武术、相扑、板球则相对局限于中国、日本和印度国内。

竞赛组织国际化主要表现在世界各国参与国际体育竞争的积极性越来越

高，包括国际奥委会在内的国际体育组织和世界单项体育组织规模迅速扩大。目前，已有 206 个国家和地区加入国际奥委会，其数量超过了联合国 193 个成员国、2 个观察员国的规模。2016 年里约奥运会有 205 个国家和地区参赛，2012 年伦敦奥运会和 2008 年北京奥运会参赛国家和地区均为 204 个，2004 年的雅典奥运会参赛代表团也高达 202 个，2000 年悉尼奥运会参赛国家和地区有 200 个，连续 5 届奥运会参加竞争的国家和地区稳步增长，说明世界各国参与奥运竞争的积极性和奥运会的世界影响力都在增加。随着国际奥委会和国际单项体育组织成员数量激增，国际体育组织在世界政治版图中的影响力也在放大，国际体育竞赛成为国际关系和地缘政治格局的重要砝码。尽管国际奥委会倡导奥运会是运动员之间的竞赛，但是主要大国更加重视奥运金牌榜，奥运会作为国家综合实力的象征意蕴更为浓厚。

竞赛人员流动的全球化主要是指从事竞技体育的运动员、教练员、科研人员在世界范围内加速流动。在以国家为代表队参赛的竞争中，运动员“归化”通过更改国籍参赛现象尤为突出，成为国际体育仲裁的重要议题。在职业体育比赛中，跨国组合、“多国联军”等现象成为常态。NBA 作为竞技体育全球化的翘楚，已有来自 35 个不同国家和地区的“国际球员”，联赛形成“世界打美国”的格局。中国乒乓球、羽毛球等传统优势项目运动员、教练员分遍布世界各地，在乒乓球赛场也出现“中国打世界”的格局。这种格局的形成，一方面说明中美两国在篮球、乒乓球项目上的优势地位难以撼动，另一方面也是竞技体育人员流动全球化的最好例证。

（二）职业化规模迅速扩大

现代竞技体育职业化又称商业化，主要是指商业因素全方位渗透到从后备人才选拔、训练、参赛以至运动员形象包装、商业代言和竞赛组织等竞技体育全环节的各个链条，成为主导竞技体育发展的最重要制约因素。现代竞技体育职业化源于世界经济的市场化、全球化和私有化、自由化趋势，在竞技体育职业化规模加速发展的过程中，大型跨国企业扮演了重要角色。世界 500 强企业竞相赞助奥运会、世界杯等重大国际体育比赛，显著扩大了竞技体育的全球影响力，体育赛事同跨国企业的产品一道渗透到世界的各个角落和居民日常生活的方方面面。竞技体育职业化还催生了一大批具有世界影响的世界体育品牌和赛事，耐克、阿迪达斯、NBA 成为全球家喻户晓的品牌，吸引了世界各国的目光和关注。现代高水平竞技体育商业因素越来越重，大型跨国企业通过直接赞助比赛、聘请明星运动员形象代言、新闻媒体、体育高科技研发等多种途径，深度参与国际体育竞赛组织和运动员选拔培养。现代竞技体育职业化和全球化密不可分，全球体育人才、科技、装备市场日渐成熟，体育人才交流更加频繁。

商业理念、市场手段和经济利益成为体育竞赛和运动员参赛的重要驱动机制，职业运动员和以体育竞赛为主要收入来源的体育经纪人、教练员、科研人员和信息情报人员队伍规模更加庞大。由竞技体育职业化延伸出来的体育产业和相关行业市场规模不断壮大，竞赛表演业成为体育发达国家的支柱产业。国务院 46 号文件也提出将体育及相关产业定义为朝阳产业、绿色产业，是推动经济结构转型升级的重要驱动力，设立 2025 年体育产业总规模达到 5 万亿的发展目标。经济利益成为职业运动员训练、参赛的首要目标，训练理念、训练手段和训练方法及参赛计划主要围绕市场需要进行。体育竞赛组织经费收入更多地依靠电视转播、商业赞助和企业冠名等形式募集，竞赛组织的每个环节都有成本和收益考量，经济效益成为决定赛事生存发展的决定性因素。国际体育组织设置了形式各异的大奖赛、系列赛，设立丰厚的奖金吸引运动员参赛。各国政府和企业对竞技体育的支持更多地采用拨款、奖金的形式进行，也在一定程度上刺激和调动了运动员的经济欲望，助推了竞技体育的职业化发展。

（三）系统化趋势更加明显

现代竞技体育的系统化发展趋势主要体现在运动员训练成才的周期性和参赛保障的科学化两个方面。现代竞技体育是高度专业化的竞争，对运动员自身的生理、心理、体力、耐力、技巧等身体素质提出了更加具体的要求，同时对训练、比赛过程中的医疗康复、生化监控、数据采集、情报分析也提出了更严苛的标准，训练和参赛全过程服务保障要求更为细致。现代竞技体育的职业化趋势还要求运动员进行长期、系统、专业、科学的训练，平均大约需要经过 10 年的专门训练才能够获得较高的竞技水平，而参赛的黄金年龄大约也是 10 年，当然不同运动项目运动员成才周期和运动寿命周期不尽相同。以奥运冠军为代表的优秀运动员群体，从事“更快，更高，更强”的竞技运动，承载人类对体能极限探究的渴望，为了在长达 20 年的训练比赛周期内获得、保持较高的竞技能力，一方面需要长期不间断的专业训练，另一方面对科技保障提出更高要求。

现代竞技体育的科学化发展趋势主要是指科学理念和工程技术广泛应用到竞技体育各个环节，在一定程度上成为提高运动技能、决定比赛胜负、确保竞赛公平的关键因素。运动医学、运动生理学、运动心理学、运动工程力学等多学科理论，在运动训练过程中的综合运用对于提高运动员训练效益、提升运动技能发挥了举足轻重的作用。运动装备科技含量增加，特别是运动器材对新材料、新工艺的需求更为迫切，甚至成为决定胜负的关键。现代科技大量应用到比赛过程中，通信卫星、数字电视显著提升了比赛传播时效和视听观赏效果，扩大了竞技体育赛事的影响力。另外，“鹰眼”高速摄像系统、激光测距、GPS 定位等高科技装备和辅助技术的大量应用，也提升了裁判执法判罚的准确性和比赛成绩计量的精确性，确保了比赛公平和运动员权益。

总之，现代竞技体育的全球化、职业化和系统化发展趋势，对于运动员训练参赛和竞赛组织都提出了新的更高的要求。竞技体育资源的全球竞争和市场化配置，运动员对经济利益的追逐，训练竞赛的资金和技术投入强度增大，成为举国体制深化改革中必须面对和破解的议题。

二、我国竞技体育发展格局

（一）奥运项目结构

“缩短战线，突出重点”“侧重抓提高”“有所为有所不为”等指导思想和战略战术，始终伴随我国竞技体育举国体制形成、发展和改革完善全过程。

在整体经济发展水平和竞技实力落后的情况下，国家对竞技体育项目结构进行了调整，从宏观上可以分为奥运项目和非奥项目两大类，其中国家政策和资金重点支持奥运项目，非奥项目更多面向社会社团开放，通过市场筹集发展经费。在奥运项目中，主要根据在奥运会上争夺奖牌的能力，划分为优势项目、潜优势项目、一般项目和落后项目四大类项目结构。同时，现实中又划分出基础项目和集体球类项目两大类。在竞技体育举国体制下，项目结构的划分主要依据是奥运奖牌，优势项目是指在奥运会成绩优异且长期稳定发挥的项目，主要有乒乓球、羽毛球、射击、举重等七项，是我国争夺奥运金牌的主力；潜优势项目是指达到较高水平、具备争夺奥运奖牌可能的项目；一般和落后项目主要指竞争力较差且长期没有突破的项目。基础项目主要是指田径、游泳，奥运会共设置了 119 枚金牌；集体球类项目主要是指（男 / 女）篮球、排球、足球，也包括棒球、垒球等项目，这些项目具有社会影响力大、职业化程度高、经济效益好、人民群众接受度高的特点。

在竞技体育举国体制下，奥运项目结构的划分不是遵从竞技体育自身的发展规律，也不是从项目的社会影响、经济效益和群众基础来划分的，而是从围绕争夺奥运金牌的能力和条件作出的制度安排，有利于集中优势资源实现夺得奥运金牌的目标，对于实现我国奥运战略发挥了积极作用。但是，这种项目结构划分也导致不同项目获得的资源支持不同，项目发展不平衡的矛盾更加突出。另外，受制于奥运项目设置的约束，我国优势项目夺金空间更加狭窄，其中乒乓球多次包揽奥运金牌，缺乏新的金牌增长点。而且我国优势项目大都集中于市场容量和社会影响小的“小众项目”，而社会关注度高、经济效益好的集体球类项目则长期处于落后水平，影响了我国奥运金牌的“质量”。项目结构的不平衡是制约我国竞技体育综合实力和国际竞争力整体提升的重要因素，也是举国体制改革亟须破解的难题。

（二）奥运形势与任务

2016 年 8 月，国家体育总局印发《竞技体育“十三五”规划》（以下简称《规划》），《规划》重申了“奥运争光计划”纲要的有关目标任务，并客观地分析和总结了我国竞技体育发展面临的形势和任务，成为新时代举国体制改革完善的重要政策依据。《规划》指出我国竞技体育发展形势不容乐观，其中“竞技体育在项目结构上发展不均衡的现象依然存在，优势项目提升空间有限，潜优势项目整体缺乏后发优势和潜力，基础项目和‘三大球’以及冬季项目整体水平仍然较低”，“仍然依靠政策和保障等要素驱动，创新驱动不足；科学化管理和训练水平有待提高，效益不明显”。关于2020年东京奥运会的目标，《新纲要》提出要“继续保持金牌和奖牌数领先，金牌和奖牌结构显著改善，潜优势项目、基础项目金牌和奖牌数占金牌奖牌总数的比例大幅度提升；集体球类项目整体水平显著提高”，竞技体育综合实力进入世界竞技体育强国行列。在《规划》和《新纲要》中，都明确提出了“坚持和完善举国体制”的要求，以在奥运会等重大国际赛事上取得优异成绩为目标，深化举国体制改革，提高我国竞技体育综合实力和国际竞争力。

三、举国体制争论焦点的新变化

（一）2008年借“业余射击爱好者”质疑举国体制

2008年，印度运动员宾德拉在北京奥运会上夺得男子10米气步枪金牌，是印度历史上第一枚奥运个人项目金牌。国内外媒体在报道宾德拉实现印度奥运史上“零的突破”喜讯时，其公司CEO和“业余射击爱好者”的身份成为关注的焦点，并以此作为质疑中国举国体制成本高、效益低的证据，进而引发中印两国不同体育发展模式的争论。自1928年至1980年，印度总共获得8枚奥运金牌，全部来自曲棍球项目。但自1980年至2016年里约奥运会，印度只获得了1枚奥运金牌，是典型的奥运弱国。比较中印两国参与奥运会的历史可以发现，印度最早参加奥运会是1928年，中国直到1932年才只有刘长春一人参加了第10届美国洛杉矶奥运会；印度1928年首次参加奥运会就获得了男子曲棍球金牌，至1980年前就已经获得了8枚奥运金牌，而中国直到1984年才获得第一枚金牌；但是1984年中国一届就获得了15枚金牌，至今已经获得了超过200枚夏季奥运金牌。中印作为世界人口第

一、第二位的亚洲国家，具有很多的相似性，同为历史悠久的文明古国，近代都曾遭受西方资本主义入侵，沦为殖民地或半殖民地……1945 年，二战结束后，中印两国都获得国家独立和民族解放，1947 年印度从英属殖民地脱离，获得独立，1949 年中华人民共和国成立，而且两国都选择了社会主义作为实现现代化的道路。当然，印度传统文化中有注重精神修行、鄙视体力活动的因素。除此之外，导致中印两国在奥运会上截然不同的表现的根本原因，就是两国选择了不同的体育发展制度。目前，奉行自由市场经济的印度经济增长速度已经超过中国，但是“没有系统的规划”，有限的资源很难投入体育项目，运动员甚至难以获得基本的生活补助。按照这个形势发展下去，印度难以在奥运会上同中国展开竞争。

中国竞技体育的“赶超”发展得益于举国体制的根本保障，才快速实现了奥运强国的目标。但是，在同印度的比较中，举国体制仍然引起了不同的争论。那么，“举国无所谓”和举国体制孰优孰劣，究竟有没有一个相对比较客观的标准呢。北京奥运会期间，宾德拉夺得印度首金之后，腾讯网“奥运多视角”第 4 期发布了“向印度的金牌学什么”专题栏目，栏目从印度夺得奥运首金开始，在比较了中印两国的经济实力之后，指出中印两国竞技体育实力悬殊，但是印度的首金来自民间的“业余选手”，而中国则是举国体制长期专业化培养的，进而得出“靠计划经济经营体育不可行”“民间组织创造的金牌才更有含金量”的结论。由于印度“体育弱国”的现实，国内媒体分析报道中印体育发展状况的材料并不多见，因此对本期 5 大板块大约 10 篇文章进行了重点分析。

在“中印经济孰强，这是个问题”栏目中介绍了中印两国经济现状，认为中印“龙象之争”是国际广泛关注的议题，单纯就目前经济总量甚至是人均 GDP 来看，中国暂时领先印度，但是由于印度具有健全的民主和法治，因此相比较中国更具有制度优势，存在超越中国的可能。中印两国虽然具有高度的相似性且为亚洲邻国，但是喜马拉雅山阻断了两国大规模的人员往来，因此实地到过印度的人并不多，所以栏目链接了分别是亲历过印度的人撰写的三篇文章《记者赵艺宁的“印度印象”》《经济学家茅于轼的“印度一瞥”》《北大教授姚洋的“印度随想”》。其中，只有第一篇能够打开，文章介绍了印度民主的历史和弊端，指出印度作为“民主的橱窗”，是世界上建立在私有制基础上的最大的民主国家，并且认为只有产权明晰才能有民主存在，但是制度成本巨大，治理能力欠佳。文中还引用了南亚问题研究专家张文木的观点，“中印之争实际上是制度之争”。随后，经过比较分析，其对“印度将超过中国吗”作了肯定回答，链接到了《商业周刊》发表的题为《为何说印度可以胜过中国》的文章，主旨就是“专制政权”虽然可以短期内创造“令人印象深刻的经济和工业壮举”，但长期会导致“经济和社会的扭曲”，而印度已经建立了民主制度和完善的法治以及私人产权保护制度，因此“印度最终可以在社会上和经济上胜过中国”。显然，这里关于中印两国经济制度的比较已经延伸至政治领域，认为印度是民主的而中国则是“专制政权”，尽管短时间内创造了经济成就但是最终仍将被民主政体超越。2008年北京奥运会前后，国际上关于中国政治体制的评议激烈程度，由此可见一斑。

在“中印金牌孰强，这不是问题”栏目中，分别列举“拿奥运会比，两个平起平坐的崛起大国却是天上地下”“印度‘奥运英雄’三分钟热度，射击经费政府不管”两个主题。旅美专栏作家薛涌在《中国要从印度人的金牌中学什么？》一文中，首先承认在奥运会上中、印有百倍的差距，“两个几乎平起平坐的崛起大国却是天上地下”，但是印度的金牌更值得高兴。他比较了宾德拉和被他打败的对手中国运动员朱启男的家庭出身，指出宾德拉出身富豪、年仅26岁就获得了美国大学的企业管理学位，还是电子游戏设备公司的总裁，“在自己家里建个小射击场训练”；反观朱启男出身贫困，父母以贩卖水果谋生，小时候被教练选入专业队常年进行训练。宾德拉和朱启男的出身显然成了逻辑的起点，“问题并不在这种个人的层面，而在体制上”，宾德拉由于“业余”身份而被称为“民间的成功”，相反朱启男则是“计划经济式的‘举国体制’”造就出来的，进而质问如果中国“不靠国家供养的体校、专业队”，“能够打造出多少印度这样的奥运金牌”？甚而由此得出靠计划经济来经营体育创造不出什么社会效益，“中国体育的体制转型势在必行”的结论，并且认为像印度这种来自“草根”的民间组织创造出的金牌才更有“含金量”，印度在体育制度方面走在了中国的前面。在《印度的金牌梦》的文章中，貌似“无欲无求”“举国无所谓”的印度人还是非常重视和欢迎在奥运会上创造佳绩的运动员的，2004 年在雅典奥运会夺得男子多向飞碟射击银牌的拉索雷受到了“英雄式的接待”和高达 20 万美元的奖励，相较于印度月平均 100 美元的收入，奖励堪称丰厚，凸显了印度人对金牌的渴求。通过这个栏目不难看出其主题，印度金牌落后但他来自民间的“业余选手”，这体现了其制度的优越是值得高兴的，反观中国虽然是金牌百倍于印度，但由于来自举国体制，并不能够创造社会效益，“改革势在必行”。所以“中印金牌孰强”这个不是问题的问题反而更难以回答，如果直接说印度强于中国显然没有说服力，但是仍然为印度找到了完美的理由，那就是金牌的“含金量”不同。同样是奥运射击金牌，宾德拉这位“贵公子”是靠个人努力和家庭培养的，因而更加“非功利”，是为了“追求自己的爱好、寻求自我完善”，朱启男则穷苦出身，依靠国家培养，因而值得同情。

在“问题是：印度的金牌来自民间”栏目中，同样是两个主题“神枪手竟是公司 CEO”“宾德拉的成功是民间的成功”。其中，《华西都市报》在报道了宾德拉实现印度历史上奥运个人项目金牌“零的突破”，把焦点指向了其“业余射击爱好者”和公司 CEO 的身份。作为“民间的成功”的例证，仍然是薛涌《中国要从印度人的金牌中学什么？》，其主要观点上文已经引述，不再赘述。

在“印度金牌给我们的启示”栏目中再次引述了薛涌的文章，认为“民间组织创造的金牌，才更有‘含金量’”，同时转引了发表于 2004 年的题为《奥运金牌——国家荣誉还是陷阱》的文章，其主旨是体育不能承载全部强国梦，奥运会已变成“吸取国家金钱财富的陷阱”，因此中国不能深陷“奥运金牌陷阱”，耗费大量的社会财富。总之，全面回顾腾讯网关于围绕宾德拉夺得印度首枚个人奥运金牌的报道，其主旨非常鲜明，就是认为举国体制是不可持续的，而印度“业余射击爱好者”获得的金牌“含金量”更大，中国应该学习借鉴印度的经验，果断放弃或修改举国体制。

毫无疑问，腾讯网的报道犯了以偏概全的错误，而且其所引用转载的部分观点也是经不起推敲的。首先，奥运会金牌的“含金量”虽然不是物理意义上的黄金纯度，但是仍然可以用数值来衡量，面对中印奥运金牌百倍数量级的悬殊，做出符合逻辑的解释和判断并不困难，印度的 1 枚金牌无论多么光芒，也不能遮蔽中国竞技体育的成就。其次，宾德拉获得 1 枚奥运金牌，并不完全是其个人努力的结果，而中国运动员的金牌中也天然包含有个人奋斗的成分，不能以是否接受国家资助、支持、训练作为区别金牌“含金量”的标准。宾德拉“在自己家里建个小射击场训练”，其职业并不是专业的运动员，而是 CEO 和所谓的“业余射击爱好者”，并不能作为其没有接受国家支持的有力证据，至少参加国际比赛要经过国家奥委会和单项协会的批准和技术指导。现代竞技体育科学化训练水平已呈现出“高精尖”的趋势，即便是非常有天赋的“天才”运动员，不经过长期、系统、专业的训练也不可能在奥运会这样的高水平竞赛中获胜。现代奥运会发展过程中，正是因为摈弃了“绝对业余”“非商业化”原则，才获得了市场的青睐和资金的支持而实现全球扩张的。宾德拉的所谓“业余”，只是形式上不同于中国运动员在国家组织下的专业队集中训练而已，其训练和参赛经费更多是由其个人负担罢了。如果说宾德拉“兼职”就可以轻松获得奥运金牌，除了说其对竞技体育的无知还有就是别有用心了。现代竞技体育竞争的激烈程度和专业化水平，已经让业余选手难以望其项背了。宾德拉用于训练和参赛的时间丝毫不会少于专业运动员，只是因其不在所谓的专业队集中训练，就认定为业余选手是荒唐可笑的。由此，与其说宾德拉是兼职运动员，还不如说其是兼职 CEO 更符合实际。否则，就难以解释为什么最近 30 年来只有印度出现了一个宾德拉，而重视奥运竞争的欧美诸国没有出现兼职的奥运冠军呢。事实上，欧美部分国家运动员由于要从事兼职工作，影响其系统训练的时间和精力，才让其在与中国运动员相比较过程中产生了不公平竞争的思想和看法。而通过一系列的制度安排和经费投入，让运动员免除后顾之忧，集中精力进行长时间系统训练，恰恰是举国体制的优势。据此，不能简单地以运动员的经费来源和训练时间判定奥运金牌的质量。再次，在印度经济社会发展条件下，如果仅仅依靠个人负担训练、参赛费用，那么奥运会就只能是极少数人才可以参加的“贵族运动”了，毕竟能够在自己家建个小射击场训练的CEO并不具有统计意义和参考价值。“只有百万富翁才可能在不背离教义的前提下从事竞技体育”，[①]这就会回到古代奥运会时代，与现代奥运的宗旨和精神理念不相符合。在国民生产总值和人均国民收入都远远落后于中国的情况下，如果没有政府的强力干预和支持，仅凭运动员个人及其家庭负担训练、参赛的费用，只能是极少数极为富裕的阶层才可以。正是因为如此，同样是建立在私有制基础上的欧美各国也普遍对奥运会和奥运冠军进行资助和支持。因此，印度这种独特的竞技体育发展模式，注定不具有参考价值和借鉴意义，也不符合竞技体育发展客观规律和大部分国家参与奥运竞争的实际。

体育制度本质上属于文化管理体制，是根植于政治经济制度，并受政治经济基本制度规定和影响的。上述关于中印两国参与奥运历史以及体育制度的比较分析，尚不足以从根本上解释中国竞技体育举国体制和印度“举国无所谓”体制的差异，还需要从经济社会发展历史角度予以阐释。在历史文化方面，印度传统文化中有鄙视体力活动的传统，但是又难以解释历史上印度8次获得奥运会曲棍球金牌的现实，而且作为曲棍球的变种——板球运动至今在印度拥有极为深厚的群众基础，类似于中国的乒乓球，但目前不是奥运参赛项目。假如板球能够成为奥运项目，并且印度也能够凭借其雄厚的群众基础夺得奥运会板球项目冠军的话，其传统文化中鄙视运动的消极因素就不成立了。奥运会的参赛项目也一直在不断地调整，现代奥运的28个大项和301个小项是多次变动的结果，许多竞技体育项目都有在部分国家影响较大然后进入奥运会的经历，典型的如跆拳道等。乒乓球是在1988年才成为奥运项目，2020年奥运会新增了三人制篮球等项目。理论上，印度流行的板球运动有成为奥运项目的可能，但是，按照国际奥委会的相关规定，男子项目要进入奥运会至少需要在四大洲75个国家广泛开展，女子项目要至少在三大洲40个国家广泛开展，同时该项目的国际体育组织得到国际奥委会承认

① 郝勤：《完美使命：萨马兰奇与奥运改革》，四川文艺出版社2002年版，第103页。

的前提条件，印度板球成为奥运项目的可能性微乎其微。至少，以印度“举国无所谓”的态度，就不会有在世界广泛推广板球运动的动力。因为运动项目本身就是民族文化、历史传统的载体，奥运会项目的设置和撤除从来不单纯是竞技体育问题。现代奥运会绝大部分项目都是直接起源于西方资本主义工业文明的产物，跆拳道这个源于东方的项目也是经过了严苛的改进符合现代竞技体育的要求后才进入奥运会的。另一方面，如果印度板球不能进入奥运会，印度也不能获得更多奥运金牌，奥林匹克运动在世界人口第二大国也难以广泛开展，这就与奥林匹克促进人类社会发展的宗旨不相符合。出现这种情形对于印度和奥林匹克而言都不是双赢的结果，而要改变这种局面，除非国际奥委会修改项目设置规定，以特殊条款允许板球进入奥运会，那么这将促进印度参加奥运会的积极性，也有助于扩大奥运会在印度的影响，但是无疑会引起其他国家和地区的效仿或反对，毕竟中国武术、日本相扑至今也未曾入选奥运会比赛项目。显然，国际奥委会不会因此修改项目设置规则，可行的就是印度修改发展体育的制度，以更加积极的姿态参加奥运会。但是，建立在私有制基础上的民主制度，向竞技体育投入更多资源难以达成共识。举国体制对于落后国家地区发挥后发优势，实现赶超发展具有重要的促进作用，在竞技体育领域后发优势可以体现在运动技术、体育体制和资金等方面，且已经为中国的实践所证明。[①] 鉴于此，囿于国内的制度限制，印度竞技体育仍然难以获得足够的支持，可以预测短期内如果印度体育政策不做重大调整的话，其将难以在奥运竞争中取得优异成绩。

上海社科院研究员权衡在《中国印度收入状况的比较》一文中，认为中印两国经济社会发展的历程有颇多相似之处，具有相互参照借鉴的现实意义。历史上，中印都曾选择社会主义计划经济发展道路，认同平等正义的价值观；现实中，都是发展中国家，都面临着工业化、城市化的问题，都存在地区发展不平衡和城乡二元经济差异和严重的农村、农业、农民问题，都在

① 杨桦等:《坚持和进一步完善我国竞技体育举国体制的研究》,《北京体育大学学报》2004 年第 5 期。

进行市场化改革和市场经济体制建设，两国政府对经济发展都有一定干预和影响，等等。比较中印两国经济社会发展历程，差异之处在于自20世纪80年代初中国通过改革开放战胜了90年代东欧剧变、苏联解体对国际社会主义运动的冲击和考验，坚定不移地走上了中国特色社会主义“新路”。另外，中国在改革开放的过程中，注重学习借鉴包括西方资本主义国家的先进经验，创造条件重返奥林匹克就是积极融入国际社会、拓展国际交流空间的重要举措，而中国也一直把举办奥运会作为展示国家成就的窗口和增进国际交流、学习国际经验的重要平台，并不仅仅是作为提升国际影响力和实现民族伟大复兴的契机。20世纪90年代，改革开放的总设计师邓小平不仅多次督促申办奥运会，而且重点讲过“社会主义要赢得与资本主义相比较的优势，就必须大胆吸收和借鉴人类社会创造的一切文明成果，吸收和借鉴当今世界各国包括资本主义发达国家的一切反映现代社会化生产规律的先进经营方式、管理方法”[①]。因此，在坚持科学社会主义根本原则基础上，通过市场经济体制改革激发了社会活力，开辟了中国特色社会主义道路，形成了中国特色社会主义理论，创立了中国特色社会主义制度，发展了中国特色社会主义文化，从而为包括竞技体育在内的各项社会事业的发展奠定了物质基础、理论准备、制度保障和文化指引。而且与印度“举国无所谓”不同，中国近代的奥运记忆充满了艰辛、曲折和屈辱，竞技体育肩负着从“民族救亡”到“民族复兴”的重任，中国体育的发展也经历了从“东亚病夫”到奥运强国的涅槃。在这个过程中，举国体制发挥的重要作用得到了实践和历史的检验。

（二）2016年以点赞“网红”运动员来质疑举国体制

举国体制的核心目标就是在以奥运会为代表的国际体育竞争中获得优异成绩，为国争光，在一定意义上，奥运金牌与举国体制是目的与手段的关系。2016年伦敦奥运会前后，国内外媒体围绕公众对奥运金牌态度的转化和“网红”运动员的报道，使得关于竞技体育举国体制的热议再度兴起，“去金

① 《邓小平文选》第3卷，人民出版社1993年版，第373页。

牌化”的舆论趋势开始挑战“唯金牌论”。奥运会结束后，在国家领导人的讲话中，也称赞那些没有获得奖牌但“只要勇于战胜自我、超越自我”、做了最好的自己的队伍和运动员都是好样的、同样值得尊敬和表扬。例行访问香港的代表团名称也由内地奥运冠军（金牌运动员）代表团改称为奥运精英代表团，傅园慧（女子仰泳 100 米铜牌）、林丹（男子羽毛球单打第四名）等并没有获得金牌的运动员也随团访问香港。自香港回归以来，每届奥运会结束以后中央政府都会第一时间安排奥运金牌运动员代表团访问香港，让香港市民分享祖国奥运荣耀。包括新华社、《人民日报》、中央电视台在内的官方媒体都有关于国内公众淡化奥运金牌的报道，相反对于明星运动员、“网红”运动员的关注度上升，公众对金牌的关注也更为理性平和。新华社在报道中也认为，中国运动员在比赛中表现出的自信从容，“比金牌更重要”。《人民日报》在报道中引用了网友评论：“傅园慧这小丫头的意义在于让我们相信，国人的体育情怀除了金牌还有运动竞技本身的快乐！”中央电视台发布了题为《当我们不再迷恋金牌》的微博，认为不再迷恋金牌“凸显大国自信和包容”，说明国人心态越来越成熟，能够欣赏比赛。《中国青年报》评论指出：“对中国来说，里约奥运会的比赛不在竞技场内，而是在场外。”傅园慧夸张的表情走红网络，其微博粉丝数从十几万猛涨至 400 万。同样，在这届奥运会上成绩不佳的宁泽涛，发布“全力以赴，无愧我心，做真实的自己”的微博也获得了 100 万以上的点赞。

2016 年 8 月，《中国新闻周刊》也在首页刊发了题为《是时候告别金牌崇拜、关注全民健康了》的评论员文章，[①] 也为“我就这水平”的宁泽涛和“用了洪荒之力”的傅园慧点赞，当然也对卫冕失利的帆船选手徐莉佳表示尊重和理解，认为“精神比金牌重要”，中国作为世界第二大经济体应该以理性平和的心态彰显软实力。同时，文中列举了大量数据，“全世界 14 亿近视患者，其中 6 亿在中国；中国人高血压 1.6—1.7 亿”，23.1% 的青少年体重过轻，另有 16.8% 的青少年体重过重，体重正常的只有 45.5%……文中还举

① 《是时候告别金牌崇拜、关注全民健康了》，《中国新闻周刊》2016 年第 31 期。

证美国弗吉尼亚州一个人口仅 20 万的县就拥有大量的体育场地和设施，而中国体育场馆开放率仅为 60%，存在大量的闲置浪费。中美两国体育基础设施差异巨大，中国国民身体素质总体下降，关注奥运金牌榜，但更要关注国民体质和健康，“比用举国之力从小培养部分奥运选手更为重要”。此时为期 16 天的里约奥运会刚刚落下帷幕，因此该文观点可以视为《中国新闻周刊》对里约奥运会的官方判断。显然，将国民体质下降同奥运金牌对立起来的认识和判断是非常肤浅的，因为国民体质特别是青少年身体素质是一个综合概念，不仅与体育锻炼有关还与饮食、生活环境、学习压力甚至遗传等因素密切相关。体育锻炼对增强国民体质具有重要的基础作用，但国民是否参与锻炼既与体育观念即国家、社会及个人对体育的认识有关，也与体育设施的便利程度相关，同样是一个综合性的系统。另外，在现行体制下，青少年体育更多地被置于学校体育的政策框架内，由教育部门和家长共同负责，教育部、国家体育总局对青少年体育的参与角度不同。2016 年 4 月，教育部官方网站刊载了国务院办公厅《关于强化学校体育促进学生身心健康全面发展的意见》，对学校体育课程设置、竞赛体系、经费投入、组织保障提出了明确要求。2016 年 9 月，国家体育总局印发的《关于青少年体育“十三五”规划的通知》，虽然指出了青少年体育对于建设体育强国的基础性意义，提出要构建学校、家庭和社会相衔接的青少年体育网络，但是更多是从奥运项目竞技体育后备人才的角度重视青少年体育。国家体育总局和教育部都肩负发展青少年体育的责任，但是分工负责、各有侧重，不能将青少年体育的问题全部归咎于体育总局只抓竞技体育的举国体制。事实上，党和国家也一直高度重视青少年体育、群众体育，为此也借鉴竞技体育举国体制模式出台了大量的规划、纲要、政策和措施。另外，文中简单地将中美两国的体育基础设施进行横向比较，也不符合中国社会主义初级阶段的基本国情，庞大的人口规模必然摊薄了人均占有体育设施的数量和质量。金牌榜位居前列而国民体质下降，是我国竞技体育同群众体育发展不平衡、不协调矛盾的具体体现。对此也要作全面的分析，一方面说明我国竞技体育发展迅速，超越了我国经济发展水平，这正说明了举国体制巨大的优势；另一方面说明随着社会经济发展水平提高，人民群众对群众体育提出更高要求与群众体育非常薄弱的现状产生冲突，还需要加大力度“补短板”。但是，从整体上看我国仍然处于社会主义初级阶段的基本国情没有变，竞技体育综合实力和国际竞争力仍然有待提高，不能因为竞技体育超过了群众体育就简单认为“精神比金牌更重要”“国民体质更重要”，甚至要削足适履。在全面建成小康社会决胜阶段，“没有全民健康，就没有全面小康”，国民体质、国家精神和奥运金牌都重要，应该在保持我国竞技体育竞争力、确保奥运金牌前列的同时，利用社会主义制度的优越性，发挥竞技体育示范、带动作用，补足群众体育的短板，增加群众体育供给，满足人民群众体育需求。举国体制发展竞技体育的成功经验，同样可以为群众体育实现快速发展提供借鉴。

官方和公众对奥运金牌态度的转变，使得竞技体育举国体制的价值拷问更加猛烈。参考消息网援引英国广播公司 BBC 的报道称，用尽“洪荒之力”的女子游泳运动员傅园慧“比冠军还有光环”，其坦率和幽默的个性更好地体现了“参与比取胜更重要”的奥林匹克宗旨，相反对在赛后接受记者采访时因在 400 米自由泳比赛中失利而痛哭孙杨并不认同。BBC 分析认为：“中国希望通过举国体制去培养顶尖的运动员，在世界大赛的舞台上争金夺银来体现中国国力的不断强大；另一方面，中国更希望以此唤起广大人民对自己国家的支持、热爱和认可。”《参考消息》主办的“锐参考”第 153 期也集中盘点了中国代表团里约奥运会的表现，也引用中外媒体主要是路透社的观点，表达了对傅园慧的称赞同时也深挖傅园慧走红背后的社会根源，并将其指向举国体制，认为“中国体育的举国体制，一直饱受争议，但在过去，它有着某种正当性与合理性，它契合着那种发展情境和集体心理”，“这种举国体制在赢金牌上确实很有效率，也滋养了国民一度渴求的民族荣耀感。但时至今日，中国体育的举国体制需要进行一场大变革。如果说在举国体制的前期和中期，普罗大众还可以从锦标和金牌中获得自豪感的话，那么随着国家经济的发展和个体意识的日趋强烈，这种大而无当的振奋会逐渐被身为旁观者、难以参与其中的失落感所逐渐取代”。这种正当性和合理性源于自改革开放以后，中国急需要通过胜利来证明取得的成就，并激发民族自尊心和自豪感，“中国人的内心一直需要一种可以证明自己的举动，所以奥运会成了中国人可以表达内心的一个重要方式”。报道还引用体育特约评论员张宾的话，分析称傅园慧走红不是因为为国争光，而是认为中国运动员在奥运赛场上往往“背负着祖国的重托”，但傅园慧“身上完全没有负担”，是中国运动员中的凤毛麟角。路透社的报道中，也将“率真和幽默”“完全没有负担”的傅园慧同其他中国运动员进行了比较，2012 年获得伦敦奥运会举重银牌的运动员吴景彪曾在接受采访时表示“有愧于祖国”，而刘翔在 2004 年雅典奥运会夺冠后曾将“金牌压在枕头底下，做了个好梦”，认为传统的杰出运动员“享有巨大公共资源和丰厚商业利益的同时也承受着‘为国争光’的巨大心理压力”，认为刘翔在 2008 年、2012 年连续两次因伤退赛都引起了对体育体制的辩论，并且借用网友微博评论认为“体育健儿被功利主义和金牌战略绑架久矣”。因此，当官方媒体开始主动为金牌降温，被认为“对运动员也是一种无形的解放”。傅园慧的意外走红和民众对奥运金牌期望值下降，表明日渐强大的中国已走过“要用一块金牌来证明民族价值的时代”，能够以更加平和轻松的心态欣赏奥林匹克运动。报道还称，傅园慧就像体育界的“洪荒之力”，打破了过去运动员失利后“对不起国家栽培，辜负了人民的期望”的传统运动员刻板形象。报道最后指明，中国在金牌榜上的位置不重要了，希望未来中国体育可以彻底剥离其不可承受之重，金牌之外是“鲜活、丰沛、有生命力、人格完整的个体”，“运动员们作为个体的面孔愈发清晰起来，与其说是为国家而战，不如说他们是在为自己而战”。

美国《华尔街日报》则评论说，自 20 世纪 80 年代开始，“大量资金投入到了以制造世界冠军为主要目标的国家体育制度中，国家媒体步调一致地把金牌描述为中国进入先进国家之列的象征”，但现在中国告别了“唯金牌论”时代，对待奥运金牌的心态更加平和。报道还援引中国代表团副团长高志丹的话，“要努力争取每一块金牌，但不能用金牌作为全部的衡定标准”。在这一届奥运会上，男子双人三米板运动员秦凯还在颁奖现场向另一位刚刚获得女子三米板跳水的运动员何姿求婚，也有评论说“金戒指比金牌还好”。美国《纽约时报》和英国《金融时报》在里约奥运会报道中，也借奥运金牌评价了中国的体育制度，“不再确信奖牌值得运动员和纳税人一门心思地作出这么大的牺牲”，“中国正处于体育改革的关键期，原本为北京奥运准备的一套举国体制，因为高投入、低产出，渐渐不再适用”。但同时认为公众对待奥运金牌态度的变化显示中国更加强大、自信，不再需要体育金牌来彰显国力，“金牌不再是一切：中国对待奥运更加轻松”，“往届比赛中对李宁、刘翔的责难，与本届对傅园慧等并未摘得金牌的新星的认可形成鲜明对比，展现出意识上的进步”。退役体操运动员、奥运冠军刘璇也在评论中认为“公众的态度肯定还是有一定变化的，从以前纯粹看作是为国争光的比赛、竞技和任务，慢慢开始转变到能以一个更加轻松开放的心态去看待和享受奥运吧”。

美国《华盛顿邮报》则在其网站发文，集中评论了举国体制，认为中国政府“一直以一门心思追求奥运金牌著称”，“一直是培养精英运动员”，“一直寻求用奥运会成功来提高声望”，“有潜力的运动员在小时候就被挑选出来，以奥运会夺金为目标进行训练……奥运会成功也被视为国家崛起的有力象征”。但是，价值观正在变化，中国人对奥运金牌的迷恋也在减少，粉丝更喜欢诸如傅园慧等“有个性的运动员”，而不是“比赛机器”。BBC还评论说里约奥运会期间关于举国体制的争论再起，“甚至演变成了某种意识形态之争”，而且不透明的官僚体制“产生了种种不公平甚至腐败的现象”，并且认为举国体制已经成为中国体育发展的瓶颈。评论同时还提出，美、英等主要大国也都非常重视奥运，但“最大的差别在于体制”，同时又认为提高国际竞技体育水平“机制是个关键问题”。

不同的训练体制机制对于不同项目的运动员参赛和社会形象的要求是不同的，在职业体育中运动员在一定程度上可以享受比赛、欣赏比赛，因为胜负虽然重要，但取悦观众、赢得市场认可更为重要，胜负输赢只是形式而吸引消费者直接关乎赛事的运行和运动员的收入。竞技体育的重要起源就是游戏，而职业体育作为竞技体育的特殊形态，并不意味着职业比赛中运动员就可以不拼尽全力，或者可以通过违背公平竞争的规则任意操纵比赛结果。相反，职业体育对于运动员的社会形象和敬业精神要求更苛刻，更不允许运动员以游戏的心态参加比赛，或者出现危害联赛形象的问题。竞技体育承载着人类对公平、规则、竞争等价值的追求，职业体育同样要符合竞技体育的精神理念。公众购票观赏职业体育比赛是对体育精神表达的美好价值的认同，离开了公平竞争职业比赛就难以生存。所以，职业体育对运动员的竞技能力要求更加严格，高质量、高水平的竞争是竞技体育项目发展成为职业体育的重要前提。美国男子篮球职业联赛（NBA）和意大利足球甲级联赛之所以能够成为具有世界影响的职业联赛，高水平的竞技和完备的规则体系是其成功的基础。在这些联赛发展的历程中，电视媒体和商业广告发挥了巨大作用，运动员的收入获得飞速增长，联赛影响力持续扩大，但是不断出现的运动员酗酒、吸毒、出轨、球场暴力、赌球、奇装异服和怪异发饰等丑闻，导致联赛社会形象下降，甚至威胁到联赛的生存。1984 年，大卫斯特恩成为 NBA 的总裁，其铁腕戒毒、肃清球场暴力，甚至颁布了“限衣令”，对球员服饰的 Hip-Hop 风格进行坚决抵制，成功重塑了 NBA 的模范公众形象，培育了乔丹、约翰逊、艾弗森等一大批著名球星，NBA 的全球化也大获成功。①

竞技体育不同于职业体育，竞技体是对人类极限的探索和挑战，追求“更快、更高、更强”，奖牌是重要的衡量标准；职业体育也要区分胜负，追求的是比赛的观赏性和娱乐性，公众是否愿意购票是重要标准，但对运动员阳光、健康形象的要求是一样的，这是由竞技体育本身承载的功能决定的。因此，商家和社会公众自然希望运动员能够成为社会公众的模范，电视媒体也乐于把运动员塑造成光鲜亮丽的明星，进而扩大其社会影响和商业价值。体育明星成为跨国公司的形象代言人，在跨国公司全球扩张中，体育明星健硕的身影和灿烂的笑容成为公司形象最好的名片，体育明星也因此跻身富豪阶层获得天价薪酬。但是，竞技体育被市场接纳和公众认可是建立在遵守体育精神基础之上的，经济功能或者商业价值只是竞技体育的延伸和附属功能。因为违背体育精神或者社会形象受损而被赞助商抛弃的例子比比皆是，美国高尔夫名将“老虎”伍兹因出轨丑闻、俄罗斯网球名将莎拉波娃因兴奋剂丑闻、NBA 球星科比因性侵丑闻曝光后，都曾经被赞助商终止代言合同。因此，

① 胡丁：《NBA 世纪风云》，花城出版社 2001 年版，第 21—55 页。

世界体育明星无不高度重视公众形象，NBA 也在努力维护其品牌价值，制度化组织球星参加公益慈善活动。职业体育高度发达的资本主义市场经济国家，在竞技体育市场化过程中管理赛事品牌和运动员形象的成熟经验带有普遍的规律性，反映了共同的价值诉求，值得体育落后国家和地区借鉴学习。

运动员的个性张扬绝对不是通过奇谈怪论和奇装异服，更不是通过挑战规则和体制实现的，中国作为竞技体育职业化发展中国家对此更应有清醒的认识。怪异的是在美国被严格遵守的规则，在中国却表现得截然不同，游泳运动员宁泽涛因商业代言问题被国家队停训之后，竟然又获得了美国某知名体育用品公司的商业代言合同，羽毛球运动员林丹出轨被曝光后很快风平浪静，篮球运动员易建联在球场上脱下国内某品牌赞助商的鞋子、换上美国某品牌的运动鞋竟然获得了同情和谅解，乒乓球队擅自弃赛竟然引发对国家队改革的质疑……屡屡发生在中国运动队和运动员身上的“丑闻”，如果挑战规则、不遵守合同可以被谅解，那么竞技体育向社会公众传达的就不再是积极健康的价值观。如果唯利是图大行其道，竞技体育的精神光芒必然被金钱遮蔽，那么竞技体育市场化、职业化进程必然受阻。职业体育的发展离不开市场的培育，自然要通过市场的渠道获得资金支持，但经济价值只是竞技体育的附属功能，过度关注经济价值而忽视其精神价值只会导致职业比赛的枯萎。“皮之不存毛将焉附”，如果竞技体育失去了价值引领作用，还能够获得公众的认可和商家的青睐吗，明星运动员还能够获得天价薪酬吗？

不同文化背景对运动员社会形象的影响和塑造也各不相同，欧美国家运动员普遍比较张扬，而中国运动员相对比较内敛，这也是历史文化传统和现实体制共同作用的结果。国外球员文身司空见惯，但中国足协发布全方位整顿球员文身的通告，认为过度文身不符合传统文化氛围、不利于传播健康文化，要求国足队员做健康文化的表率，为足球发展营造健康向上的文化环境。随着竞技体育市场化、职业化进程的加快，中国运动员群体的社会形象日渐由“英雄”向“明星”转变。国家体育总局在推动竞技体育发展的纲要和规划中，也曾明确提出要通过媒体宣传等渠道打造体育明星。体育明星对于推动竞技体育运动开展的确有其积极价值，但是个别运动员缺乏职业意识和敬业精神，也屡屡成为社会诟病的依据。中国男子足球队更是重灾区，成为舆论调侃和网络段子挤兑的对象，尤为突出的是天价薪酬同竞技水平极不相称，引发社会不满。娱乐媒体的介入虽然扩大了竞技体育的社会影响力，但是往往注重挖掘运动员的私生活而不是竞技水平，有的还倾向于报道运动员的花边新闻吸引公众眼球，个别媒体素养不高的运动员也热衷于曝光豪车、豪宅，甚至运动员的女朋友也成为媒体竞相报道的素材。离开竞赛和竞技水平，通过炒作、曝光达到提升运动员商业价值的目的，注定是饮鸩止渴。在巨大的利益驱动下，也有凭借奥运冠军配偶的独特身份，通过包装、炒作奥运冠军提升社会影响力的现象，如某著名拳击运动员的配偶利用承办中日拳击对抗赛的噱头谋取影响力，某著名女子乒乓球运动员的配偶借助微博等新媒体频频爆料国家乒乓球队管理体制改革等，实质都是滥用奥运冠军影响力谋取个人利益的行为，不利于维护奥运冠军整体形象。

国际国内体坛不乏运动员“跨界”成功的先例，国外还有运动员竞选州长、议员成为社会活动家，国内也有运动员华丽转身成为著名企业家，体现出竞技体育精英运动员极强的适应性和创造性。中国女子排球运动员郎平更是以奥运冠军退役，后转型成为奥运冠军教练员，成为世界女子排球领域第一人。奥运冠军退役后也是社会关注的重点，举重奥运冠军占旭刚出任县长，山东一次性拟提拔 9 名奥运冠军担任副处级干部，都曾经引起社会广泛关注和争议。“体而优则仕”并不鲜见，“金牌”换“官帽”也折射出举国体制下运动员退役安置出路狭窄的困境。退役运动员经过培训成为教练员也是国际体坛通行做法和基本经验，中国许多著名教练员也都有运动员经历，有的本身还是著名运动员，但是由此也会带来“近亲繁殖”的困扰，使得竞技体育系统成为封闭的小圈子，阻碍了优秀人才、先进技术和科学理念的流动和传播。竞技体育项目的高度专业性，限制了运动员其他技能和知识阅历的拓展，也是导致运动员社会形象与公众期待不尽相符和退役再就业困难的重要原因。[①] 梳理跨界运动员成功的典型，可以发现卓越的运动成绩是其退役后

① 祁靖、李静波：《优秀运动员退役再就业政策观念研究》，《山东体育科技》2014 年第 3 期。

实现涅槃的重要基因，而鲜有运动员兼职演员、歌星、商人成功的先例。竞技体育是个竞争惨烈的领域，天才运动员集中全部精力尚且不足以确保竞技水平始终处于巅峰状态，分身进入其他领域只能削弱其竞技能力。运动员“个性”的基础只能是竞赛成绩，“个性”的运动员也不能挑战规则，更不能成为侵蚀瓦解竞赛管理体制的突破口。

另外，运动员在应对媒体采访的经验以及媒体报道运动员的视角也不尽相同，国内媒体倾向于把运动员塑造成为国争光的英雄，并且更多介绍的是运动员训练的刻苦和比赛过程的艰难，目的在渲染运动员的顽强拼搏让奖牌更加耀眼，而运动员在回应媒体采访时也大多会按照相应的程序，更多介绍比赛过程的艰难和对手的顽强，同样是为了让比赛结果更为大家接受。在这个问题上，中国运动员的确缺乏应对媒体采访的经验，国内媒体宣传报道体育竞赛和运动员的程式也过于简单、刻板，不如体育发达国家的报道更加专业、生动，运动员的形象也更加鲜活、丰满。在举国体制下，参加奥运竞争的中国运动员不仅肩负着为国争光的重任，还要通过顽强拼搏诠释和展示体育精神及当代中国人的精神风貌。同样道理，参加奥运竞争的世界各国运动员都要遵守奥林匹克宪章，都要通过公平竞赛传达健康向上、公平竞争的体育精神。在竞技体育市场化迅猛发展，获得奥运金牌就意味着巨额奖金和商业代言的情况下，没有哪一个运动员不会千方百计、拼尽全力，所谓的享受比赛、欣赏比赛注定只能是公众一厢情愿罢了。所以，竞技体育不能被运动员的“个性”所蒙蔽，运动员更不能够天真地以为可以脱离金牌而单纯依靠“演技”和“颜值”获得商家的青睐。无论是职业体育还是竞技体育的运动员，运动成绩是最好的“个性”张扬，赛场外的趣闻可以为体育明星增加曝光率，但永远不会成为公众关注的焦点，也不会成为赞助商倾囊相助的理由。

2016 年伦敦奥运会前后关于举国体制的争论，实质上早在 2008 年北京奥运会时就已经在不断发酵，而且这种争论往往会在每届奥运会前后集中爆发，学术界发表的论文统计数据也可以证明这个规律。尽管每届争论切入的议题不尽相同、争论的焦点也不一样，但其指向都是针对举国体制，而且无论是表扬还是批评最终的结论都是应该取消或改变举国体制。2016 年，外媒特别是欧美媒体以赞许的口吻，引导公众为“有个性的”“坦率和幽默的”“网红”运动员傅园慧点赞，认为这体现出中国对奥运会的心态更加平和，反映出中国日渐强大的自信不再需要奥运金牌支撑。国内官方媒体也以不同形式和视角报道了里约奥运金牌榜的变化，意在引导公众理性看待金牌大幅减少和被英国超越、排名下降的事实。但是切入点被过分突出了场外因素，特别是对一些运动员的报道被曲解和放大。没有运动员不想成为奥运冠军，由于各种原因导致傅园慧、宁泽涛这些明星运动员竞赛成绩不佳，这原本是竞技规律的反映，也是竞技体育的魅力之所在，公众自然能够理解和认识，但是报道的视角不同却可以向不同的方向引导。正如习近平总书记所说的那样，“英雄就要敢于争第一”，“敢于战胜自我、超越自我”，“做了最好的自己的队伍和运动员”即便没有拿到奖牌，也都是好样的、值得尊敬。全面理解习近平总书记的指示精神，首先是“英雄就要敢于争第一”，其次是“做了最好的自己的队伍和运动员”，最后才是没有拿到奖牌。只有经过顽强拼搏而没有获得奖牌才是值得尊敬的，并不是说所有没有拿到奖牌的都是好样的。当然，奥运会作为最高层次的国际体育竞赛，凡是获得参赛资格、参与奥运竞争的都是优秀运动员，但这里的优秀运动员和总书记讲话中“好样的”并不在同一个层面上。所以，媒体报道中“我就这水平”“我尽力了”显然并不是竞赛失利的最佳表述，而对于运动员赛场求婚的渲染则更不合时宜，原因在于个别项目国家队队内管理规定中明确禁止、至少是不提倡运动员队内恋爱的。毕竟，在现行举国体制条件下，国家队无论是集结训练还是出国参赛，在某种程度上代表的都是国家而不是个人，训练和参赛都是一种职务行为而不是个人行为，国家队运动员理应负有维护国家形象的义务。

四、美俄奥运竞争的实质及启示

（一）美国奥运金牌资助模式

《参考消息》第153期的“锐参考”栏目中，援引彭博社的观点介绍了美国奥委会资助支持奥运夺金项目的有关情况，指出“不仅美国人视奥运金牌获得者为国家英雄，美国政府还特别重视金牌的数量”，美国奥委会通过类似绩效考核的方式向夺得奥运金牌项目的体育协会拨款，2004 年后游泳、田径等夺得金牌较多的项目协会就获得了 2.48 亿美元的拨款，而举重、皮划艇由于夺金较少获得的拨款也较少，至于篮球等项目则拥有赞助商的大量支持。美国代表队获得的奖牌越多得到的资金支持越多，而更多的资金支持则意味着更高的获取金牌的能力。所以，美国并不是不重视奥运金牌，也并不是不支持和资助奥运会，只是美国对奥运会和奥运金牌的资助是通过美国奥委会进行的。

（二）美苏围绕奥运金牌的争夺

冷战时期，美苏作为世界上的“两极”，围绕奥运会金牌榜展开了激烈的竞争。1946 年，二战结束以后不久，英国首相丘吉尔就发表了著名的“铁幕演说”，世界随之以美苏两国为首划分为资本主义和社会主义两大阵营。此后，两大阵营除直接战争之外，在政治、经济、文化和意识形态领域展开了全方位的尖锐对立，故又称冷战。奥运会自然不可幸免成为两大阵营较量的前沿。1952 年第 15 届赫尔辛基奥运会，也是苏联第一次在现代奥运会亮相，为此苏联在全国范围内选拔运动员，进行了长期专门训练，首开政府参与竞技体育竞争的先河。苏联在赫尔辛基奥运会上大获全胜，创造了 22 枚金牌、71 枚奖牌、总分并列第一的优异成绩，成为世界上仅次于美国的奥运强国。自此开始，直至 1991 年苏联解体及 1992 年巴塞罗那奥运会，其间先后举办了 11 届奥运会，美苏两国围绕奥运奖牌榜的争夺愈演愈烈，其中美国抵制了 1980 年莫斯科奥运会、苏联抵制了 1984 年洛杉矶奥运会、1992 年巴塞罗那成为苏联在奥运会的绝唱。总体而言，苏联以 6 次金牌榜首位稍占优势，美国 5 次登顶，美国、苏联各领风骚。

（三）举国体制对苏联奥运竞争经验的借鉴

中国首次参加奥运会也是由于受到了苏联的邀请，而且参赛过程发生的两岸争夺国际奥委会合法席位的斗争，又放大了国际竞技体育竞争的政治外交功能。中国也正是受到苏联成功经验的启发，开始加强对体育工作的领导，1952 年 11 月中央人民政府委员会决定成立“中央人民政府体育运动委员会”（1954 年改称国家体育运动委员会），“在国务院领导下负责统一领导和监察全国的体育事业”。[①] 从而改变了新中国成立初期由共青团、教育部和中华全国体育总会负责体育事业的体制架构，建立了从中央到地方的垂直体育行政管理部门，为举国体制的最终形成奠定了基础。中苏同为社会主义国家，基本政治、经济制度相似，政府拥有强大的资源配置能力，都高度重视奥运会竞争的意义，因此具备以政府为主、集中优势资源参与奥运会的全部要素。所以，举国体制又与社会主义“集中力量办大事”的制度优势密切相关，原因在于社会主义苏联首先采用，又在中国特色社会主义被再次证明，故被打上了社会主义的烙印。因此，举国体制自然带有社会制度的色彩，常被作为衡量制度优劣的重要标准，又鉴于体育在社会主义国家整体事业中的重要地位，举国体制在长期发展过程中也有机融入国家整体制度体系中，成为政治经济和社会文化制度的有机组成部分，从而具有了社会制度的意义。但是，正如邓小平南方讲话中指出的那样，计划和市场都是经济手段，不能作为资本主义和社会主义的根本区别，举国体制作为资源配置手段也不是社会主义的专利，不同社会制度国家同样都可以采用。事实上，如前文所述，古今中外不同社会形态国家都曾经运用政府集中动员全国资源的手段，去完成对国家发展具有重大影响的事情，比如战争、自然灾害和重大工程领域。所以，竞技体育举国体制诞生于社会主义国家并被发扬光大，实质上反映的是不同社会制度国家对待以奥运会为代表的国际竞技体育事业的态度和不同的资源配置理念，仍然根源于不同国家的政治经济制度。

（四）俄罗斯奥运竞争经验

比较苏联解体后俄罗斯在奥运会金牌榜位置的变化具有重要的参考价

---

① 国家体育运动委员会：《体育运动文件选编（1949—1981）》，人民体育出版社 1982 年版，第 27 页。

值。苏联以一种完全不同于资本主义的体制，快速成为工业化强国，“它的艺术家和运动员也是世界上最优秀的”，其速度之快、影响之大在世界历史上是绝无仅有的。但是，这个发射了人类历史上第一颗人造地球卫星的经济、军事强国，却以让人猝不及防的速度轰然倒塌，而且在没有发生大的自然灾害和外部入侵的情况下，这在人类历史上也是空前绝后的，“它的经济崩溃了……它的运动员和科学家移民了”。导致苏联解体的原因众说纷纭，“经济体制崩溃说”“政治制度腐败说”“西方和平演变说”“高层背叛说”都曾盛极一时，但导致苏联体制瓦解的真正根源是“自身统治精英对个人利益的追逐”，即苏联体制中形成的特殊利益集团党—国精英支持的资本主义革命。[①] 关于东欧剧变、苏联解体，美国作者称之为“革命”，而按照马克思主义观点，社会主义代替资本主义才是革命，资本主义颠覆社会主义只能称之为“复辟”。在苏联解体的过程中，历史虚无主义大行其道，苏联经济、文化建设的历史被肆意篡改，竞技体育运动员也成为西方势力分化瓦解的重要手段。在苏联参加奥运角逐的 40 年历史上，涌现了一大批奥运冠军和著名运动员，成为国际体坛有力的竞争者和奥运秩序的维护者。苏联解体后，奥运冠军命运各异，但凝聚他们心血和汗水奥运金牌已经黯然失色。正是由于苏联党—国精英集团追逐权力和特权的争斗，才最终背叛对社会主义的信仰而走向资本主义道路。俄罗斯继承了苏联绝大部分土地、人口和核武库，成为原苏联 15 个加盟共和国中最大的国家。1992 年以联合体的名义参加了巴萨罗那奥运会，仍然占据了金牌榜首位，此后各加盟共和国奥委会获得国际奥委会承认，纷纷以各自国家名义参加奥运会。1996 年亚特兰大奥运会、2000 年悉尼奥运会俄罗斯仍以 26 枚、32 枚金牌位居金牌榜第二位，2004 年中国以 32 枚金牌首次超越俄罗斯，此后 2008 年、2012 年和 2016 年连续三届奥运会俄罗斯在金牌榜的位置始终在第三、第四之间。2008 年北京奥运会，中国史无前例登顶金牌榜首位，此后一直位居第二、三位，但始终力压

① ［美］大卫·科兹、费雷德·威尔：《来自上层的革命——苏联体制的终结》，曹荣湘、孟鸣歧等译，中国人民大学出版社 2008 年版，第 1—6 页。

俄罗斯而领先。奥运金牌作为竞技体育领域的王冠，尽管不能代表一个国家经济社会和文明发展程度，但是其窗口作用和标志性意义也是世界主要大国所重视的。俄罗斯在奥运会金牌榜位置的下降，一方面说明了其综合国力的下降，另一方面也是其放弃原有体制优势的苦果。苏联解体后采取“休克疗法”，试图建立起完全的自由市场经济，但是私有化的结果并没有迎来经济的繁荣。比较苏联解体后俄罗斯参与奥运竞争的结果，可以发现国家政治经济制度对于确保竞技体育国际竞争力的重要作用不容低估。

（五）美俄奥运竞争的实质及启示

美俄围绕奥运会的缠斗至今仍然没有停息的可能，尽管苏联早已解体俄罗斯也已经走上了资本主义发展道路，建立在私有制基础上的市场经济体制主导着包括竞技体育在内所有领域的资源配置，也有国会、政党和竞选等资本主义民主政体所要求的一整套政治体制，而且俄罗斯国际影响力相较于苏联而言已经大幅度下降，根本不足以对美国为代表的西方阵营构成实质性威胁和挑战，但是由于地缘政治的原因美俄之间的关系并没有随着俄罗斯的政治经济体制改革而缓和，相反在局部地区还有紧张的趋势，比如乌克兰、叙利亚问题等等。在美俄“混合战”中，奥运会首当其冲再度成为较量的前沿。2014 年俄罗斯索契冬奥会，以美国为首的西方大国政要拒绝出席；2016 年里约奥运会前夕，国际奥委会以俄罗斯存在系统性使用兴奋剂为借口，决定禁止俄罗斯田径等项目大部分运动员参加奥运会；2018 年韩国平昌冬奥会，俄罗斯被禁止以国家奥委会名义参赛，只能是以来自俄罗斯奥委会的运动员个人名义参赛；2018 年俄罗斯世界杯在即，“双面间谍”谢尔盖·斯克里帕尔及其女儿在英国被生化武器暗杀引发俄欧外交风波，英国驱赶了 23 名俄罗斯外交官，随后宣布内阁大臣和皇室成员不会前往俄罗斯观看世界杯，甚至威胁英格兰队应退出俄罗斯世界杯。在英国尚未公布确凿证据之前，制裁俄罗斯的措施就接连不断，而国际体育竞赛再次成为首选目标，由此看出国际体育竞赛与国际政治形势紧密相关，再次证明“体育无关政治”只能是一厢情愿罢了。国际体育竞赛的高关注度使其更容易成为国际政治博弈的砝码，并且抵制体育竞赛的成本相对低廉，对国际格局并不能构成实质性伤害，但是却借助媒体的关注造成世界影响。因此，无论是韩、朝利用平昌冬奥会迅速改善双边关系，还是国际奥委会以兴奋剂禁止俄罗斯参赛，包括欧洲威胁抵制俄罗斯世界杯，都可以理解为通过国际体育竞赛实现政治诉求的政治行动。2014 年，中国国家主席习近平出席索契冬奥会就被国际媒体解读为中俄全面战略合作关系的标志，开创了中国国家元首出境参加国际体育竞赛开幕式的先例。奥运会不仅是双边关系的试金石，还与国际地缘政治存在密切联系。奥运会诞生 120 余年来仍没有走进非洲国家，奥运五环至今仍然缺失非洲，并且 2024 年和 2028 年奥运会将分别在巴黎和洛杉矶举办。另外，2018 年韩国平昌冬奥会、2020 年日本东京夏季奥运会、2022 年北京冬季奥运会，21 世纪前 20 年亚洲接连承办、申办三届奥运会，这在奥运会历史上也是首次，印证了 21 世纪亚太国家和地区在世界格局影响力上升的判断。法国、美国接连举办两届夏季奥运会，一方面说明欧美仍然是当今世界竞技体育最发达的国家和地区，另一方面也预示着奥运会全球化进程在一定程度上放缓。走进非洲是衡量奥运会全球化的重要标志，但是如果非洲经济发展和安全形势不能持续改善，国际奥委会美好的理念也难以付诸实施，所以奥运会对世界政治经济发展和人类和平事业影响既不可以低估，也决不可以过度拔高。奥运会不应成为也不能成为决定国家内政外交和国际形势的决定性因素，历史上德国、日本并没有因为承办 1936 年和 1940 年奥运会而放弃法西斯侵略扩张，奥运会“神圣休战”理念并没有带来世界和平，不能因为举办奥运会而改变国家既定的大政方针。

综上所述，2008 年、2016 年北京和里约奥运会前后，媒体分别以印度运动员宾德拉获得奥运个人项目首金和中国运动员傅园慧没有获得金牌却收获“网友”“粉丝”点赞为突破口进行的宣传报道和对举国体制的争议，始终没有离开奥运金牌这个“指挥棒”和“试金石”。也就是说，无论是批评者、反对者还是支持者和改革者，都不能不客观承认奥运金牌对一个国家竞技体育水平的指标价值。事实上，以印度运动员宾德拉获得奥运首枚个人项目金牌为切入点，引发的关于中国竞技体育举国体制的争论，再次证明奥运金牌并不是运动员个人的竞赛而是国家的竞争，举国体制的存在仍有其现实合理性。另外，媒体关于奥运金牌成本高昂的猜测，如前文所述，时任国家体育总局局长在接受媒体采访时已公开澄清。傅园慧成为“网红”运动员获得关注和点赞，其“坦率和幽默”的所谓“个性”只是刷新了传统中国运动员为国争光的刻板形象，但是能够证明运动员价值并引起舆论和媒体关注的仍然是金牌。奥运结束以后，傅园慧在接受媒体采访时也重申了成绩才是硬道理。网球运动员李娜、篮球运动员姚明以幽默和睿智，都曾给外媒“耳目一新”的感觉，但媒体聚光灯下最闪耀的仍然是竞赛成绩。傅园慧和演艺“网红”根本不同在于，吸引公众眼球和媒体关注最终要靠成绩而不是凭演技和颜值。所以，宾德拉实现印度奥运史上零的突破，其竞技水平和取得金牌都值得祝贺，但若过度解读印度的体育制度具有优越性，并以此作为否定中国竞技体育举国体制的例证，则缺乏足够的说服力和实效性。中印两国选择不同的体育发展道路及其在奥运会上的不同表现再次说明，体育发展模式受制于各国的政治经济制度和历史文化传统，世界上没有统一的体育发展模式，各国完全可以选择适合国情的发展道路。“有个性”的“网红”运动员，并没有从根本上侵蚀竞技体育的基础，奥运金牌仍旧是国家和社会关注的重点。面对未来奥运会更加激烈的竞争和国际体坛格局的改变，坚定不移走具有中国特色竞技体育发展道路自信具有广阔的空间。

第二节　举国体制改革的前景

在社会主义初级阶段，“只要中国的国情民情仍对包括奥运会在内的重大国际赛事上获取优异成绩怀有强烈的群体性诉求”，就不能不坚持政府主导的举国体制。“举国体制”作为奥运战略和奥运争光计划纲要的基础和平台，没有举国体制就不会有奥运争光计划纲要和奥运战略，也不会有“零的突破”和“百年梦圆”，中国奥运的优异成绩证明了举国体制的巨大优越性，又反过来强化了举国体制。[①] 贯彻落实中共十九大和十八届三中全会全面深化改革决定精神，加快推进体育强国建设战略，筹办好北京冬奥会，为新时代竞技体育举国体制改革提供了现实基础和方向指引。“坚持和完善举国体制”就是要将市场在资源配置中起决定性作用和更好发挥政府作用结合起来，在坚持基本制度下通过改革完善其具体的运行机制，不断推进竞技体育治理能力和治理体系现代化，为建设体育强国和实现中华民族伟大复兴贡献力量。

一、实施奥运战略必须坚持举国体制

（一）新“奥运争光计划纲要”明确举国体制改革方向

2008 年北京奥运会完美谢幕，竞技体育举国体制日臻成熟，我国体育事业发展进入新的历史时期。针对新时期竞技体育发展面临的问题，2011 年 4 月国家体育总局颁布了“新纲要”，成为新的历史时期竞技体育改革发展的纲领性文件。“新纲要”全面回顾并客观分析了 2001—2010 年中国竞技体育取得的成就和面临的形势，竞技体育快速发展为和谐社会建设作出积极贡献，中华体育精神成为激励全国各族人民的巨大精神力量和民族精神的宝贵财富。经过改革开放 40 年的发展，我国竞技体育创造的成就有目共睹，总体竞争水平跃居世界先进行列，初步形成了符合我国国情和实际的“具有中国特色的竞技体育管理体制和运行机制，走出了一条有中国特色的竞技体育发展道路”，其中政策制定、体制调整、法规建设、机制运行更为成熟稳健，特别是备战奥运会组织体系和管理模式逐步完善，为我国竞技体育事业可持续发展提供了重要的体制保障。“新纲要”认为我国已经形成了以在奥运会上取得优异成绩为主要目标的竞技体育举国体制，在“调动国家、地方和社会多方面的积极性、主动性和创造性，发挥竞技体育较快发展的资源优势和人才优势”方面都具有极大的优越性。北京奥运会“历史性突破”，标志着我国体育事业发展进入“由体育大国向体育强国迈进”的新时期，要以建设体育

① 郝勤、任海：《论举国体制与“奥运争光计划”的关系》，《体育文化导刊》2003 年第 12 期。

强国为目标指引，坚持以“奥运争光”为最高层次的竞技体育发展战略，全面推进举国体制改革和完善。“新纲要”还就竞技体育改革发展的指导思想、工作方针、发展目标和主要任务提出了明确要求，坚持以改革创新为动力，走中国特色竞技体育发展道路，推进奥运战略和体育强国战略建设，促进竞技体育全面协调可持续发展，构建更加开放、更具活力的竞技体育管理体制和运行机制，竞技体育综合实力和竞争力进入国际体育强国行列。“新纲要”在举国体制的框架内，围绕奥运战略提出了许多具体的举措，包括加强对奥运会备战工作的组织领导，巩固全国一盘棋的大协作机制；充分发挥奥运战略导向作用，全面深化全运会赛制改革，综合平衡国家“奥运战略”与各地方“全运战略”的协调；加大对竞技体育和奥运战略的投入，调动全国备战奥运会的积极性；用政策手段调整区域间竞技体育发展格局，引导竞技体育资源在东中西部合理配置；综合运用多种手段，处理好运动项目职业化与提高竞技水平为国争光、职业联赛与国家队备战的关系；构建以政府主导、多方参与、充满活力、发展可控的竞技体育管理体制和与国际接轨、适应社会主义市场经济要求的运动项目管理体制。“新纲要”坚持了国家加大竞技体育投入的责任和竞技体育为国争光的功能属性，对国家调控竞技体育资源配置和职业体育发展及管理体制改革也有明确的表述，体现了举国体制政府主导竞技体育发展的基本思路。

在全面建成小康社会决胜阶段，竞技体育的历史使命和奥运会的多元价值受到世界各国的普遍重视，竞技体育在国家经济和社会文化发展中仍将具有重要的地位，奥运争光对于体育强国战略仍具有重要的引领作用。竞技体育蕴含的积极进取、规则至上精神理念与社会主义和谐社会的价值追求高度契合，对促进人的全面发展和经济社会进步都具有重要的示范带动作用，而且“在振奋民族精神，增强民族自豪感和凝聚力方面具有不可替代的特殊作用”。另外，竞技体育职业化、商业化发展趋势，也对传统的体制机制、训练理念和竞赛组织产生重要影响，“形成了与奥林匹克运动密切相关，又有独自特点”的竞技体育发展新格局。同时，现代奥运会作为最高层次的国际竞技体育赛事，已经发展成为世界各国交流、竞争和展示国家形象的重要平台及“窗口”，并且奥运竞争“具有很强的国际可比性，是体育强国建设的鲜明指标和表现特征之一”。运动员在奥运赛场上的竞争“依赖的是强大的国家科技力量，奥运会的竞争更像是国家与国家之间在科技水平和经济实力方面的竞争”。[①] 因此，以奥运会为代表的国际体育竞争必将更为激烈，要求政府发挥主导作用加大对竞技体育发展的投入和支持力度。世界各国特别是主要大国竞技体育发展水平更为接近，我国竞技体育在项目结构、发展方式上仍然存在突出问题。优势项目趋向极限，夺金能力接近饱和，而且也面临激烈的竞争；潜优势项目难以稳定发挥，尚不足以有效转化为金牌增长点；田径等基础项目和足球等集体球类项目与世界先进水平差距较大，项目整体竞争力难以支撑可持续发展需要。发展方式集约化、科学化水平不高，仍然过度依靠政策、资源投入和要素驱动，科技创新能力和科学训练水平与国际先进水平差距较大，职业体育和职业联赛发展不充分，缺少世界性知名品牌和赛事，运动装备科技含量及竞赛情报搜集研判能力都有待提高，体育社会组织发育缓慢，体育治理能力和治理体系现代化水平不高，在国际体育组织的话语权与国家地位仍不相称。综合判断，我国竞技体育高质量发展的体制机制性形势仍然严峻，全面深化竞技体育管理体制改革刻不容缓。

（二）2020 年东京奥运会的特殊意义

“新纲要”针对 2012、2016、2020 三届奥运会也提出了目标任务，核心思想是要继续保持金牌、奖牌领先，并努力改善金牌奖牌结构，在基础大项和集体球类项目实行重点突破。2020 年东京奥运会要实现继续保持金牌和奖牌数领先的目标任务之外，还要达到“金牌和奖牌结构显著改善，潜优势项目、基础项目金牌和奖牌数占金牌奖牌总数的比例大幅度提升；集体球类项目整体水平显著提高，进入先进国家行列”的目标。目前，2020 奥运会备战工作正在如火如荼地进行，实现“新纲要”确立的目标面临较大的不确定性。2020 年在我国经济社会发展历史上是个关键的时间节点，根据党的十八大确

① 熊晓正、钟秉枢：《新中国体育 60 年》，北京体育大学出版社 2010 年版，第 449 页。

立的“两个一百年”宏伟蓝图，届时我国将实现全面建成小康社会的“第一个百年目标”。尽管《奥林匹克宪章》始终坚称，奥运会是运动员之间的竞赛，不是国与国之间的较量，但事实上无论是运动员还是各国政府无不将奥运会视为国家之间的竞争。“政府的支持”从来都是奥运会成功与否的决定性条件之一，而国家选拔运动员参加奥运会，赛场上运动员穿着带有国家标志的运动服，升获胜运动员所在国家的国旗，奏金牌运动员国家的国歌，无不在强化奥运会的国家色彩，也正是从这个意义上，主要大国无不普遍重视奥运竞争及其国际排名。竞技体育还被称为“没有硝烟的战争”或者“礼仪化的战争”，比赛过程具有直接现实性，比赛结果具有国际可比性，运动员在赛场上获胜往往被解读为在战场上战胜对手。正因为如此，奥运竞赛获胜才具有爱国主义教育效应，能够激起民族的自尊心和自豪感，增强民族凝聚力。

2020 年东京奥运会，也是二战后日本第二次承办奥运会，鉴于中日关系历史包袱沉重的事实，能否在东京奥运会上继续保持金牌、奖牌领先，至少不能被日本超越，极有可能被赋予更多的意义。事实上，尽管 1931 年日本就发动了对中国侵略战争，并在 1936 年柏林奥运会之后获得了 1940 年奥运会的主办权，也没有阻挡日本法西斯侵略中国的步伐。1937 年日本还是发动了全面侵华战争，1940 年东京和 1944 年伦敦两次奥运会也因为第二次世界大战而停办。二战后，在美国的庇护下日本国民经济快速恢复，并于 1964 年承办了第 18 届夏季奥运会，日本天皇裕仁宣布奥运会开幕，广岛原子弹幸存者、田径运动员坂井义则点燃奥运火炬。颇具讽刺意味的是宣称“远离政治”的国际奥委会，此时仍然坚持“两个中国”的错误立场。中国作为二战的战胜国，为夺取反法西斯主义战争胜利付出巨大代价和伤亡，被剥夺了参与奥运竞争的资格，而发动法西斯侵略战争的战败国日本已经通过举办奥运会开始向世界展示其取得的成果了。另外，在中国没有全面参加奥运竞争的历史时期，日本作为亚洲体育强国曾长期处于奥运金牌、奖牌榜领先地位。2020 年东京奥运会对于中国代表团而言具有特殊的意义，同样日本也会竭尽所能争取更大的成绩，中日两国在奥运会上的竞争无疑更为引人瞩目。

据参考消息网援引英国媒体的报道，里约奥运会上中英两国金牌榜位次的更迭，似乎印证中国陷入了“东道国诅咒”，但是“考虑到中日关系的因素，中国会想方设法争取好的表现”（东京奥运会）。在这届奥运会上，中国传统优势项目体操只拿到2枚铜牌，而此前在伦敦奥运会上拿到5枚金牌、北京奥运会更是多达9枚金牌。最终，里约奥运会上中国代表团以26枚金牌居于第二位，在金牌榜上的位置被英国超越，同时这也是自2000年悉尼奥运会以28枚金牌闯入金牌榜前三名之后获得金牌最少的一届奥运会。值得注意的是这个成绩还是在传统体育强国俄罗斯因兴奋剂问题被禁止参加部分项目比赛的情况下取得的，带有某种不确定性，但是如果俄罗斯全面参与本届奥运会的话，金牌榜的位次还会有更大的变化，俄罗斯在这届奥运会上以19枚金牌位居第四位。而在2012年伦敦奥运会上，中国则以38枚金牌位居金牌榜第二位，英国主场超常发挥以29金超过俄罗斯24金居于第三位。比较分析2008年北京奥运会后连续两届夏季奥运会，中国代表团获得金牌奖牌出现较大幅度下降，个别传统优势项目被动摇，奥运竞争格局出现新的变化。

（三）筹办北京冬奥会需要坚持举国体制

2015年7月，北京获得2022年冬奥会举办权。届时北京将成为世界唯一举办过夏季、冬季奥运会的城市，中国的奥运事业站在了“新的起跑线”上。筹办好2022年北京冬奥会具有特殊重要的意义，要求坚持和完善举国体制。2016年3月，习近平指出：“在北京举办一场全球瞩目的冬奥盛会，必将极大振奋民族精神，有利于凝聚海内外中华儿女为实现中华民族伟大复兴而团结奋斗，也有利于向世界进一步展示我国改革开放成就、和平发展主张”，要“集各方之智，聚各界之力”筹办好北京冬奥会。[①] 同年，习近平在会见全国体育先进单位和先进个人时，更为坚定地指明“体育承载着国家强盛、民族振兴的梦想”，强调“体育强则中国强，国运兴则体育兴”，要不断

---

① 习近平：《绿色办奥共享办奥开放办奥廉洁办奥　办成一届精彩非凡卓越的奥运盛会》，《人民日报》2016年3月19日。

开创我国体育事业新局面。8 月，习近平在接见第 31 届奥运会代表团时，更是高度赞誉了体育健儿的表现“为祖国争了光，为民族争了气”，“激发了全国人民的爱国热情和全世界中华儿女的民族自豪感，增强了中华民族的凝聚力、向心力、自信心”。[①]2017 年 10 月，党的十九大报告中再次提出“广泛开展全民健身活动，加快推进体育强国建设，筹办好北京冬奥会、冬残奥会”。[②]2022 年北京冬奥会，在时间节点上恰逢“两个一百年”奋斗目标交会时期，从空间范围来看小康社会全面建成、为实现中华民族伟大复兴和到 21 世纪中叶建成富强民主文明和谐美丽的社会主义现代化强国夯实基础，都对北京冬奥会提出了更高的期待。近代以来中国参与现代奥运会的曲折历程见证了中华民族为实现伟大复兴中国梦的接续奋斗，在这个过程中奥运精神、奥运会已经融入中华民族的血脉之中，体育强国梦同中华民族伟大复兴梦息息相关，奥运会在中国早已超越了体育领域而具有更为深远的意义，在某种程度上成为中华民族伟大复兴的重要参照。

在我国竞技体育项目结构中，夏季奥运会项目和冬季奥运会项目发展不平衡状况仍然严峻，无论是参赛规模还是竞赛成绩冬季项目都长期远远落后于夏季项目，与我国竞技体育大国的国际地位不相称。2002 年，杨扬在第 19 届盐湖城冬奥会上夺得短道速滑女子 500 米冠军，实现了我国在冬奥会金牌零的突破。杨扬因此被“2002 感动中国”新闻人物评选提名，并最终获得全国十大杰出青年、2002 年度中国十佳运动员等荣誉称号。杨扬获得冬奥首金及其随后获得的荣誉和褒奖，极大提升了冬奥会在我国的影响力。但是，遗憾的是受制于我国自然条件和文化传统的制约，冬奥竞技水平难以获得快速发展。2018 年，平昌冬奥会中国代表团仅仅获得 1 枚金牌、6 枚银牌和 2 枚铜牌，排在奖牌榜第 16 位。中国冬奥项目不仅落后于欧美竞技体育发达国家，也落后于亚洲的日本、韩国和东欧部分国家和地区，和斯洛伐克、芬兰、波兰、匈牙利处于同一层面。冬奥项目竞技水平落后的实际需要

① 习近平：《中国队加油！中国加油！》，《人民日报》2016 年 8 月 26 日。
② 习近平：《决胜全面建成小康社会　夺取新时代中国特色社会主义伟大胜利》，《人民日报》2017 年 10 月 18 日。

国家发挥举国体制优势，借鉴夏季奥运会成功经验，加大对冬奥会项目的资金和政策扶持力度，促进冬奥会项目竞争力迅速提升。2008 年北京奥运会获得“无与伦比”的成功，其中重要的经验就是发挥举国体制“集中力量办大事”的制度优势。筹办好 2022 年北京冬奥会是一项系统工程，必须“加强组织领导和统筹协调，集各方之智，聚各界之力，形成做好筹办工作强大合力”。

二、实现竞技体育治理现代化必须坚持举国体制

（一）举国体制促进竞技体育区域协调发展

优秀运动员既是竞技体育的基础，又是竞技体育的重要标志，其整体数量和质量构成状况可以有效反映一个国家和地区的竞技体育综合实力和竞争力。通过追踪分析优秀运动员在不同地区、民族的分布状况，也可以较为直观地说明各地区和各民族竞技体育整体发展水平。有学者研究表明，我国健将以上优秀运动员基本集中分布在上海、广东、辽宁和江苏四省市，其拥有的优秀运动员数量甚至数倍于其他 28 个省市的总和，也大幅度领先同为东部经济发达或沿海地区的北京、天津、山东、浙江和海南等省市。[①] 优秀运动员的集中分布沪、粤、辽、苏，再次证明我国竞技体育地区发展不平衡状况，也说明广大中西部地区竞技体育发展极不充分。奥运冠军在优秀运动员群体中也属于凤毛麟角，自 1984 年新中国代表团首次参加第 23 届洛杉矶奥运会以来，至 2016 年第九次参加第 31 届里约奥运会，中国累计获得 227 枚夏季奥运会金牌、培养奥运冠军 302 名。自 1980 年首次参加在美国普莱西德湖举办的第 13 届冬奥会开始，直至 2002 年盐湖城冬季奥运会获得首枚金牌，共获得 12 枚冬季奥运会金牌、产生 12 名冠军运动员。32 年间，中国累计获得奥运金牌 236 枚，奥运冠军 311 名。而传统竞技体育强省辽宁，无论是冠军运动员还是金牌数都位居全国第一，共有 29 位辽宁籍

---

① 范凯斌：《我国优秀运动员结构研究》，《体育文化导刊》2010 年第 8 期。

运动员获得 28 枚夏季奥运金牌，还有 1 人 1 次获得冬季奥运会金牌，累计培养 30 名奥运冠军、贡献 29 枚奥运金牌。在 2008 年北京奥运会上，辽宁籍运动员共夺得 8 枚金牌、25 枚奖牌，位列全国第一；2016 年里约奥运会，又产生了 6 名辽宁籍奥运冠军，仍然位列全国第一。另外，在我国竞技体育领域还有一个引人瞩目的“南通现象”，自 1992 年至 2008 年连续 5 届奥运会涌现 7 位奥运冠军、获得 10 枚奥运金牌，而且“届届出新人、届届见金牌”，并且涉及游泳、跳水、羽毛球、体操等多个项目领域。[①] 南通作为江苏省的一个地级市，又被誉为“世界冠军的摇篮”，其贡献的奥运冠军和金牌数位居全国地级城市首位，向全国全省输出了大量竞技体育后备人才，其投入与产出比率之高引起广泛的关注，也成为举国体制下地方竞技体育发展的成功案例。

目前，奥运冠军已经扩展到全国 26 个省份，其中辽宁奥运冠军数量遥遥领先，紧随其后的是江苏、湖北，其次是北京、上海、浙江、山东，云南、内蒙古自治区等省市区只有 1—2 名奥运冠军，而青海、甘肃、宁夏至今没有奥运冠军。以奥运冠军在全国的分布作为参照，可以反映出竞技体育发展不均衡不充分的状况。东中西地域差距较大，传统竞技体育强省优势扩大，西部地区竞技体育发展总体落后情况没有根本改变。由于我国民族分布的特点，西部地区也是少数民族聚居区，奥运冠军运动员集中在东中部，说明少数民族优秀运动员数量偏少，意味着我国竞技体育领域也存在民族结构失衡的突出问题，民族体育发展不平衡不充分的矛盾需要引起高度重视。尽管我国竞技体育发展历程中，也曾涌现郎平（满族）、李宁（壮族）、巴特尔（蒙古族）、阿的江（维吾尔族）等著名的奥运冠军和优秀运动员，但也有数据表明，“近 85% 的运动项目，少数民族优秀运动员所占比例在 1%—9% 之间”，而还有少部分项目如高山滑雪，少数民族运动员至今尚无一人。[②]

---

① 郜崇禧等：《奥运冠军南通现象研究》，北京体育大学出版社 2014 年版，第 2 页。
② 范凯斌：《我国优秀运动员结构研究》，《体育文化导刊》2010 年第 8 期。

加快西部地区和少数民族竞技体育发展，不仅是建设体育强国的需要，也有助于扩大汉族同少数民族的交流，增进民族团结、凝聚民族共识。为此，需要发挥举国体制的制度优势，在加快少数民族地区经济社会发展的同时，因地制宜积极采取措施鼓励少数民族参加竞技体育运动，促进少数民族传统体育项目融入现代竞技体育潮流。国家体育总局颁布的《奥运争光计划纲要（2010—2020）》，针对我国竞技体育东中西区域发展不平衡的现实状况提出专门举措，要求坚持“全国一盘棋”的举国体制，“用政策手段调整区域间竞技体育发展格局”。通过实施奥运战略为抓手，促进东部发达地区和中西部及少数民族地区的特色和优势相互结合，实现科研、管理、人才和区位优势互补，充分发挥东部竞技体育发达地区示范带头作用，以东部地区率先发展引领中西部地区共同提高，实现全国竞技体育协调发展和资源优化配置。

（二）举国体制确保职业体育正确发展方向

当前，职业体育在全世界范围内迅猛发展，在美国等体育发达国家其创造的产值和提供的就业岗位几近支柱产业的标准，出现了诸如美国男子篮球职业联赛（NBA）、阿迪达斯、耐克等具有世界影响的赛事和一大批跨国体育用品公司。我国也出台了促进职业体育发展和支持体育产业的政策文件，职业体育呈现加速发展的良好势头，也培育了中国男子篮球联赛（CBA）、李宁等体育赛事和体育用品企业，甚至出现了上市公司（中体产业）。但是，正如前文所述竞技体育举国体制并不等同适用于所有竞赛项目，事实上我国始终坚持“缩短战线、突出重点”的原则进行项目布局，也从未将其应用到所有项目中去。在社会主义市场经济条件下，对于竞技体育领域的部分具体项目，比如男子篮球、足球和网球等，由于其社会影响大、观赏性强，能够获得市场的认可和商家的赞助支持，因而完全可以通过市场配置项目发展所需的资源，其运动员培养和赛事组织运营也可以更多借助职业化、商业化的机制体制完成，调动社会力量和专业团体协会参与项目发展和治理的积极性，确保运动员权益和项目自身可持续发展。这也是欧美资本主义国家发展竞技体育运动的成熟模式和成功经验，具有广泛的适应性和较大的影响力。举国体制作为资源配置手段，可以从职业体育中适度退出，充分发挥市场在资源配置中的决定性作用。但是，“橘生淮南则为橘，生于淮北则为枳，叶徒相似，其实味不同。所以然者何？水土异也”。如同自然界的生物进化需要特定的地理、气候、土壤、水质等生态环境条件一样，在人类社会中也没有包治百病的灵丹妙药，世界上并不存在普遍适用的发展模式、发展道路，更遑论完全相同的机制体制了。同为发达的资本主义国家，美国、英国、德国、日本发展竞技体育的体制机制和政策措施各不相同。社会主义中国具有独特历史和文化传统，实行以公有制为主体的基本经济制度，完全可以根据竞技体育发展规律，坚定不移走中国特色竞技体育发展道路，以便于更好发挥政府作用。虽然，国家产业分类目录将职业体育划归第三产业，但职业体育作为竞赛表演行业本质上是竞技体育属性的延伸，仍旧可以归属于文化领域。

另外，竞技体育项目众多，不同项目各有其特殊的发展规律，也不是所有的项目都可以赢得市场的青睐和商家的赞助，诸如举重、摔跤、皮划艇等小众项目，就难以通过市场募集发展所需的全部资源。当然，一些具有民族特色的项目在部分国家发展空间较大，比如日本的相扑、印度的板球等，虽然能够在各自国家和民族获得广泛认可和市场支持，但是并不意味着这些极具民族特色的项目就可以在更大范围获得推广和持久的生命力。透过现代奥运会竞赛项目变迁的历史，也可以清晰地发现这个规律。1896 年第一届现代奥运会只有田径、游泳、举重、射击、自行车、古典式摔跤、体操、击剑和网球 9 个大项；而 100 年后 1996 年第 26 届奥运会则设置了 27 个大项、271 个小项的竞赛；2016 年第 31 届奥运会则设置了 28 个大项、306 个小项的比赛，其中高尔夫球重返奥运会、七人制橄榄球首次加入奥运会；而即将于 2020 年举办的第 32 届奥运会竞赛项目则增加至 34 个大项、324 个小项，其中滑板、冲浪、攀岩、棒垒球和空手道 5 个大项正式成为奥运会比赛项目。从一般趋势上看，现代奥运会的项目设置越来越多，参赛规模越来越大，但是也有个别项目被淘汰出局。由于各国经济社会制度的差异和不同竞技体育项目的特殊性，经济社会制度不同的国家发展竞技体育的体制机制差异较大，即便是经济社会制度大致相同的国家也可以根据本国竞技体育发展水平选择合适的体制机制。竞技体育体制机制从根本上受制于各国的基本经济社会制度，同时又要符合竞技体育发展规律和满足竞技体育国际竞争格局的需要。

综上所述，举国体制的存在能够将市场的决定性作用和更好发挥政府作用相结合，确保竞技职业改革发展的社会主义方向。党的十九大报告两次论及体育也都是在思想文化领域，在中国特色社会主义整体事业发展布局中，竞技体育中的职业体育部分和竞赛表演业仍属于文化的范畴。因此，职业体育的发展同样要坚持社会效益放在首位、社会效益和经济效益相协调的发展方向，体育赛事经营运作要坚持社会主义先进文化发展方向，运动员更应积极践行社会主义核心价值观，为构建社会主义和谐社会传递体育正能量。

（三）举国体制有利于促进竞技体育治理现代化和民主化

竞技体育治理体系现代化根源于竞技体育全球化、职业化、系统化发展规律的客观要求，从世界范围来看各国竞技体育管理制度虽然不尽相同但都普遍加大了对竞技体育的科技支持和经费投入，特别是世界主要大国更是加大了对竞技体育的干预力度。中共十八届三中全会提出全面深化改革总目标是“坚持和完善中国特色社会主义制度，推进国家治理体系和治理能力现代化”，为新时代竞技体育管理体制改革提供了基本遵循。以竞技体育为代表的体育事业在党和国家全局中占有重要地位，竞技体育举国体制作为国家基本政治经济制度在竞技体育领域的具体体现，构成中国特色社会主义制度的重要组成部分。全面深化竞技体育举国体制改革要求推进竞技体育治理体系和治理能力现代化，但必须立足于坚持和完善中国特色社会主义制度，构建“系统完备、科学规范、运行高效”的制度体系。早在改革开放初期，邓小平同志就曾经提出到 21 世纪中叶，要使各方面的制度更为成熟定型的改革目标。国家治理体系是指“在党的领导下管理国家的制度体系”，涵盖“五位一体”总布局和党的建设领域的具体机制、法律法规安排，也就是一整套紧密相连，相互协调的国家制度。竞技体育整体上可以划归文化范畴，举国体制作为我国文化领域的具体体制是国家制度体系的有机组成部分。竞技体育举国体制的改革和完善是国家政治、经济、文化制度的“随动系统”，必然伴随国家基本制度的改革进行调整和完善，同时又以其自身的实践承担完善中国特色社会主义制度的使命。所谓国家治理能力是指“运用国家制度管理社会各方面事务的能力”，从党和国家大局出发具体包括改革发展稳定、内政外交国防、治党治国治军等各个方面。相应的随着所有制结构的深刻调整，市场在竞技体育资源配置发挥更大作用，特别是竞技体育的全球化和职业化深度发展，职业运动员在经济利益驱动下参加训练和比赛，对为国争光、顽强拼搏的传统体育精神构成消解，“全国一盘棋”的奥运备战机制与地方政府对政绩的追求发生冲突，对举国体制综合运用行政、市场两种手段调节配置竞技体育资源和协调多元主体利益冲突的能力提出更高要求。国家治理体系和治理能力是个有机整体，能否建立起符合中国实际的制度体系既是提高国家综合治理水平的重要基础，同时又是考验执政党政治智慧的重要体现。所谓国家治理体系和治理能力现代化是指党领导人民治理国家制度的科学化、规范化和程序化，治理能力的高效化、公平化和公开化。[①] 中国共产党在领导中国革命、建设和改革不同历史时期，运用马克思列宁主义基本原理分析解决中国实际问题，创造了一系列符合中国实际的制度体系，为胜利实现民族解放和国家独立提供了制度基础。以举国体制发展竞技体育就是中国共产党领导人民为冲破西方政治封锁、激发民族自豪感和自信心的制度选择。

国家体育治理就是在党的领导下，综合发挥制度优势和市场作用，实现国家体育目标和满足人民体育需求，促进体育事业发展的过程。国家体育治理体系则是党的领导下，以政府主导，有效促进体育事业全面、协调、可持续发展的制度体系，而国家体育治理能力则主要是指体育行政部门在国家治理总体框架下制定体育制度的能力以及运用制度促进体育发展的能力两部

① 胡鞍钢:《中国国家治理现代化》，中国人民大学出版社 2014 年版，第 69—87 页。

分。国家体育治理体系和治理能力现代化是指“在体育事业发展中，政府、社会、市场之间构建一种规范理性的权力分享、责任分担、资源共享、合作共治的稳定关系模式和体育治理格局”，以及治理过程的“规范化、制度化、程序化”。[①] 总之，国家体育治理体系是国家治理体系的重要组成部分，国家体育治理能力则是国家治理能力的重要体现，相应的国家竞技体育治理能力和治理体系的现代化，则可以概述为国家管理竞技体育发展的制度体系以及综合运用制度体系促进竞技体育可持续发展的能力。根据“新纲要”精神和竞技体育“十三五”规划要求，衡量我国竞技体育可持续发展能力的重要指标就是确保奥运金牌榜前列、提高竞技体育综合实力和国际竞争了。因此，举国体制是实现竞技体育治理体系现代化的基础，而“奥运争光”计划则成为衡量竞技体育治理能力现代化的重要标志。

当今世界经济全球化、政治多极化、社会信息化和文化多样化深度融合，国际形势和政治格局正在发生前所未有的深刻变化。随着中国经济实力和综合国力的大幅提升，中国前所未有接近世界舞台中央，成为世界政治经济秩序的参与者、建设者和维护者。现代竞技体育和奥林匹克运动都是起源于西方资本主义工业文明，并伴随着世界经济全球化时代的到来获得广泛的影响力。因此，现代竞技体育和奥运会的全球化在一定意义上也是西方化、资本主义化，当然在这个过程中资本主义文明也同其他国家和地区文化的交流交锋交融，促进了当今世界文化多样性的深度融合。但是，西方文化仍占据主导地位，相应的在全球化过程中其他非西方文化和竞赛项目正受到奥运会的影响，体现出两种截然相反的发展趋势，或者加入奥运会成为世界运动而获得迅速发展，或者偏安一隅影响力日渐消退甚至逐渐消失。现代竞技体育全球化趋势并没有改变甚至是强化了西方中心格局，国际奥林匹克运动委员会（IOC）、国际足球联合会（FIFA）、国际篮球联合会（FIBA）、国际田径联合会（IAAF）等世界竞技体育组织总部都位于欧洲，主席人选长期为欧美国家把持，其运行机制和价值理念也是按照西方资本主义文明体系构建。国

① 杨桦：《中国体育治理体系和治理能力现代化的概念体系》，《北京体育大学学报》2015 年第 8 期。

际奥委会及部分国际单项体育组织会员数量甚至超过了联合国，具有广泛的世界影响力，国际竞技体育组织作为国际组织的重要组成部分也是构建新型国际秩序的重要渠道。

世界竞技体育现代化发展趋势要求国际竞技体育治理民主化，数量众多的发展中国家成为国际竞技体育组织民主化治理的重要推动力量。但是包括国际奥委会在内的国际体育组织主席人选长期为西方垄断、国际单项体育竞赛也长期在欧美国家城市举办的现状与国际竞技体育治理民主化趋势南辕北辙。国际竞技体育的西方化有深厚的历史根源，另一方面也说明欧美国家竞技体育整体实力仍然高于广大发展中国家。这种情况在冬季奥运表现得更为突出，冬奥会金牌奖牌榜前 20 位基本都是欧美国家。“西强我弱”的总体态势在竞技体育领域也基本相同，也再次印证了竞技体育整体竞争力根源于国家综合实力是颠扑不破的真理。中国不仅是世界上最大的发展中国家，还是最大的社会主义国家，社会主义是当代中国最鲜明的旗帜。社会主义的制度属性决定了中国在竞技体育发展过程中不仅可以通过行政手段“集中力量”，更重要的是确保这种“力量”的“集中”是为了绝大多数人的根本和长远利益。在长期发展过程中形成了具有中国特色的竞技体育举国体制，不仅推动了中国竞技体育国际竞争力的提升，也走出了一条不同于西方资本主义的竞技体育发展道路，证明了世界上不仅没有完全相同的政治制度，也不存在完全相同的体育发展模式。中国竞技体育综合实力以及广大发展中国家竞技体育整体实力的上升，要求改变以西方为主的不合理国际竞技体育秩序，构建更为公平公正合理的国际竞技体育秩序，从而真正推动奥林匹克“促进世界和平和人类发展”的宗旨。110 年前，中国先进分子目睹西方文明的发达，有感于民族的羸弱，提出了著名的“奥运三问”，成为中华民族的奥运梦想。但是直至 1984 年中国才获得第一枚奥运金牌、2008 年“集全国之力”才举办了一届奥运会，为实现这个奥运梦想中华民族进行了长达一个世纪的奋斗和准备。北京奥运会被称为东西方文明的交流，其实也是起源于资本主义的奥林匹克与实现改革开放的中国特色社会主义创造的先进文化的交流。中国从被奥林匹克排斥、到参加奥运并夺得金牌，再到成功举办奥运会，基本经验就是充分发挥社会主义制度“集中力量办大事”的优越性。邓小平同志曾经讲到，社会主义要赢得与资本主义的比较优势，不仅要发展得快些、好些，而且还要破解西方资本主义由于制度原因导致的不公正和消极腐败现象。邓小平的上述观点，同样也可以应用到竞技体育领域和国际竞技体育组织民主化治理。中国特色社会主义制度优越性体现在竞技体育领域就不单是获得奥运金牌、举办奥运会，还要再次举办奥运会，并通过自身的努力让更多的发展中国家不仅成为国际奥委会会员，还要让国际奥委会委员的分布更具代表性，打破国际奥委会主席一直被欧美少数国家所垄断的格局，推动以国际奥委会为代表的国际体育组织实现民主化，更好践行奥林匹克促进人的全面发展、推动世界和平的宗旨，赢得与资本主义的比较优势，占领代表人类社会发展方向的道义制高点。单就促进人的全面发展方面而言，奥林匹克蕴含的精神追求与社会主义理想具有内在的一致性。21 世纪，中国特色社会主义理应为此作出更多、更大的贡献，举国体制作为饱含中国智慧的中国方案，无疑为更多发展中国家参与奥运竞争提供了有益借鉴。

三、坚定不移走中国特色社会主义体育发展道路

（一）明确举国体制改革的制度基础

举国体制作为具有鲜明中国特色的竞技体育管理制度是中国特色社会主义基本政治经济制度在竞技体育领域的具体体现。举国体制的建立、形成和改革完善始终必须在中国社会主义制度的框架内，而不能够单独突破基本政治经济制度的制约，尽管在特定历史时期竞技体育可以承担国家体制改革探索的任务，但也是在国家基本制度允许范围之内进行。因此，竞技体育举国体制改革必须始终坚持中国特色社会主义发展方向，为实现党和国家确立的体育发展目标服务。首先，必须明确竞技体育举国体制改革并不是因为它不好，而是为了将市场在竞技体育资源配置中决定性作用和更好发挥政府作用紧密结合起来，更好满足新时代党和国家体育强国建设战略和奥运战略需要，满足人民日益增长的美好生活对竞技体育的需要。举国体制是具有中国特色的竞技体育管理制

度，符合中国竞技体育发展不平衡不协调实际和现代竞技体育发展规律，是被中国竞技体育发展历史证明了的正确道路，深化竞技体育管理体制改革必须“坚持和完善举国体制”，而不能削弱更不能废弃制度优势。举国体制作为资源配置手段既可以与计划经济相结合也可以与市场经济相结合，既可以被社会主义国家所利用也可以为资本主义国家服务。要正确认识具有中国特色的竞技体育举国体制产生的历史文化传统和现实基础，不能因为西方国家没有类似的体制机制就简单认为多余、应该废止，也不能简单认为西方国家采取社会化、市场化方式发展竞技体育就简单认为应该向西方学习、采取西方模式。否则，“邯郸学步”照抄照搬国外经验只能是“未得国能，又失其故能矣”！中国不仅是世界上最大的发展中国家，还是最大的社会主义国家，在为人类探索更公平、更公正社会制度方面理应有更积极的作为。

（二）坚持党对举国体制改革的领导

“东西南北中，工农商学兵，党是领导一切的。”中共十九大不仅向世界郑重宣示中国特色社会主义进入新时代，更是旗帜鲜明的重申“中国特色社会主义制度最本质的特征和最大的政治优势就是中国共产党的领导”，而且还要坚定中国特色社会主义道路、理论、制度和文化自信。竞技体育具有国际通约性、可比性的特点，奥运会又是当今世界规模最大、水平最高的综合性竞技体育比赛，社会主义中国拥护奥林匹克价值观、积极参与奥林匹克运动，最根本的原因在于奥运会为实现世界和平发展、促进人类团结进步的宗旨同社会主义的价值追求是基本一致的。中国参与奥林匹克竞争自然会尊重奥林匹克规则，但是这并不能以否定中国社会主义基本政治经济和文化制度为前提。举国体制在参与奥运竞争、遵守国际体育规则方面没有中国特色，中国特色体现在举国体制发展竞技体育的目的和配置竞技体育资源的手段方面。其中，党的领导和强有力的思想政治工作是举国体制最鲜明的特色。社会主义中国参加奥林匹克运动的曲折经历是竞技体育举国体制形成的重要因素。奥运会之于中国的意义早已超越了竞技体育的范畴，而是同国家危亡和民族复兴紧密联系在一起。近代中国学习西方竞技体育的主要目的在“强国强种”，从近代的兵操、军国民体育，再到新中国成立以后的爱国卫生运动，无不体现了国家通过发展体育运动增强民族体质的夙愿。但是，没有国家独立和民族解放，单纯改进体质或者辛辣批判“国民性”的麻木是不能改变中国人民的悲惨命运的，“实业救国”“教育救国”也都被证明收效甚微。中国共产党成立以后，不仅中国革命面貌焕然一新，更重要的是开始学会运用马克思列宁主义作为观察解决中国问题的钥匙，中国人在精神上获得了独立，不再盲目追随西方资本主义发展模式，从此开创性地走出具有中国特色的革命、建设和改革之路，为实现中华民族伟大复兴开辟了光明前景。在中国共产党为实现中华民族接续奋斗的历程中，竞技体育发挥了特殊而又重要的作用，逐步形成了“突出国家利益至上性”的中国特色竞技体育举国体制，以各级体育行政部门为主导，构建了以“奥运战略”为龙头“全国一盘棋、国内练兵、一致对外”的训练竞赛体制，实现了中国竞技体育的“超前”发展，在不同历史时期为洗刷民族耻辱、激发民族自信、增强民族体质、振奋民族精神、展示民族形象发挥了重要作用，“小球转动打球”更是成为世界政治、外交和体育史上的传奇。中国共产党的初心和历史使命就是实现中华民族伟大复兴，竞技体育在民族伟大复兴事业中占据特殊地位，在举国体制形成和改革完善过程中必须始终坚持党的领导，而不允许削弱党的领导。

（三）明确奥运战略的公益属性定位

奥运会起源于西方资本主义时代，但是在全球化时代已经成为人类共同文明的重要组成部分，不再为欧美传统西方国家所独享。尽管西方在奥运会全球化过程中仍占据优势地位，但是奥运会全球化趋势不可逆转，世界各国参与奥运会的热情还会随着经济社会发展水平的提高而增加。政府主导竞技体育发展模式最早应用于苏联，在 21 世纪的中国重新焕发生机和活力，将其形象地概括为举国体制的主要原因在于政府在竞技体育资源配置中发挥决定性作用。举国体制形成于社会主义国家，但是作为资源配置手段资本主义国家同样可以适用。事实上，2008 年金融危机以来，一向奉行自由主义市场经济的西方资本主义发达国家也纷纷加大了对经济的干预力度，包括美国、英国在内的资本主义国家也从未终止过对竞技体育的资助和对奥运会的重视。作为竞技体育平台，起源于西方资本主义文明的奥运会已经全球化了；作为资源配置手段，起源于社会主义国家的举国体制正获得越来越多的国家支持。

“大道远而难遵，邪径近而易践”！当今世界，两种制度、两条道路的较量远没有结束，周期性爆发的政治经济危机表明全球化时代资本主义仍然没有挣脱其固有的矛盾，马克思主义并“没有过时”仍然是无产阶级政党认识和解决问题的科学世界观和方法论。但社会主义作为人类历史上崭新的社会制度并不完善，仍然需要各国无产阶级政党根据本国国情制定符合实际的社会主义革命和建设道路。社会主义建立在生产资料公有制和生产力高度发达的基础之上，以“人自由而全面的发展”为价值指向，揭示了人类社会发展的普遍规律，代表着人类社会发展的方向。马克思主义关于资本主义必然灭亡和社会主义必然胜利的论断非但没有过时，相反必将在 21 世纪闪耀其真理的光芒。但是，在这个过程中，资本主义不甘心退出历史舞台，必然竭尽所能进行殊死搏斗，“和平演变”“颜色革命”就是其惯用的伎俩。“殷鉴不远，就在王后之世。”东欧剧变、苏联解体的重要原因就是历史虚无主义在意识形态领域大行其道，大量抹黑苏联社会主义政治经济和文化的谣言满天飞，其中关于苏联社会制度的攻击更是瓦解了人民的信心。竞技体育具有国际可比性的特点，使其更容易成为诋毁和褒扬社会主义制度的手段。事实上，苏联解体以后，西方势力仍然没有放弃以奥运会这个斗争的阵地，屡屡以兴奋剂为由作为抵制和丑化俄罗斯的武器，就足以证明奥运会不单单是竞技体育的“盛会”，还是综合国力较量的前沿和不同发展模式的较量。

“意识形态是党的一项极端重要的工作。”奥运会和举国体制的意识形态色彩正在加速褪去，作为体育竞技平台和竞技体育资源配置手段的工具性凸显，但是仍然不能放松对奥运会和举国体制极端重要性的重视。竞技体育本身不具有意识形态性，从这个意义上并不存在资本主义的田径和社会主义的游泳之分，但是对竞技体育结果的解读和发展竞技体育模式的评价却具有典型的意识形态性。在这个问题上松懈或含混不清，就有可能引发颠覆性和系统性错误。举国体制的精神支柱在于“为国争光”，而关键在于政府“举全国之力”的政治和经济基础即政治上的中央集权和经济上公有制占主体，“全国一盘棋”“集中力量办大事”只不过是其形象概括。只有在公有制基础上，政府才可以凭借各级体育行政部门对全国竞技体育资源进行优化配置。长期以来，关于中国竞技体育举国体制的争议不断，其焦点是对奥运金牌的不同评价，而矛头则是指向发展模式。“金牌无效说”认为国民体质下降，金牌再多又有什么用；“金牌低效说”认为靠巨额的财政投入仅仅获得数十枚金牌，凸显制度低效；“金牌高效说”认为举国体制是夺牌利器，运动员就是竞赛机器……围绕金牌投入产出比的争论往往陷入了经济利益的窠臼不能自省，本质上是以“经济人”假设推定判断经济社会发展的成果的表现。那种认为中国奥运金牌“含金量”不够的观点同样是经不起推敲的，实事求是地讲，任何一枚奥运金牌其价值都是相同的，都寄托着运动员对“更快、更高、更强”奥林匹克精神的追求。如果奥运金牌都要刻意划分出三六九等，首先与“没有任何歧视”的奥林匹克精神相抵触。对于上述错误言论仅仅在理论上驳斥还是不够的，更重要的是能够透过表象看到其要害并采取切实措施坚持和完善举国体制。当然，并不是所有的批评都是“阴谋”，关于中国竞技体育项目结构不合理、集体球类项目国际竞争力弱等现象的批评也不乏真知灼见，对此还是要具体问题具体分析，不能简单归咎于举国体制。在中国体育社会化、职业化发展程度不高的现实条件下，以奥运会为最高代表的国际竞技体育仍然具有公共产品的公益属性，政府主导竞技体育资源配置具有合理性和必然性。

（四）保留体育行政机构建制

2018 年 3 月，第十三届全国人大第一次全体会议审议通过国务院机构改革方案，方案以加强党的全面领导为统领、以国家治理能力和治理体系现代化为导向，着力破解制约使市场在资源配置中发挥决定性作用和更好发挥政府作用的体制机制弊端，将职能相近、机构交叉重叠的部门进行了大范围撤并调整。[①] 改革后国务院正部级部门减少 8 个、副部级单位减少 7 个，新组

① 《国务院机构改革方案》,《人民日报》2018 年 3 月 18 日。

建了文化和旅游部、国家卫生健康委员会等部门，而教育部、国家体育总局作为国务院组成部门和直属机构予以保留，机构设置、职能配置更加科学合理，为实现中华民族伟大复兴中国梦提供了有力制度保障。此前，关于国家体育总局将并入教育部的改革建议也曾经广为流传，而此次国家体育总局作为国务院直属机构得以保留，再度说明体育在党和国家事业全局中的重要地位受到重视。1998 年，国务院机构将国家体育运动委员会改组为国家体育总局的改革后，省市县地方政府在机构改革中也相继改组省级体育运动委员会为体育局，但 46.8% 的县级体育行政机构则进行了合并改革，合并的对象多为教育、文化等部门，县级体育行政机构的裁撤合并在一定意义上弱化了举国体制的根基，不利于调动地方政府资源投入竞技体育发展。因此，2002 年中共中央国务院《关于进一步加强新时期体育工作的意见》，才专门强调在机构改革中“体育机构只能加强，不能削弱”。新时代中国特色社会主义，保留国家体育总局体现了加快体育强国建设、筹办好冬奥会的国家意愿，也是新时代坚持和完善竞技体育举国体制的重要原因。

从中央到地方完备的体育行政机构，国家和省市两级专业运动队建制以及全国运动会赛制，是举国体制的基本组织框架，其中国家体育总局作为国务院直属机构则是体育行政系统的“龙头”，在国务院领导下负责统筹协调全国体育事业发展。在“大部制”改革的时代背景下，国务院对机构进行了大范围的撤并调整，文化部和国家旅游局合并组建文化和旅游部，也体现了国家重视文化自信和旅游市场健康发展的决心。国家体育总局肩负管理包括竞技体育在内的全国体育事业发展的重要职能，也是贯彻执行竞技体育举国体制的最重要的行政力量。长期以来，鉴于竞技体育与群众体育发展不平衡现状，也有关于国家体育总局“金牌至上”发展观、政绩观错位，只重视发展奥运项目而忽视群众体育的指责，甚至提出“国家竞技体育总局”的呼声，反映出社会对于国家体育总局职能设置和履职尽责的能力关切。完备的体育行政机构是中国特色社会主义竞技体育发展道路的重要体现，国家体育总局作为国务院直属机构得以保留完整建制，也发出了新时代坚持和完善举国体制的明确信号。

结论

一、竞技体育和奥运会现代化趋势不可逆转

竞技体育是人类社会特有的文化现象，世界各国的不同民族在其长期发展过程中都曾经创造出独具民族和地区特色的竞技体育活动，有丰富的竞技思想，承载着人类对于强身健体和公平竞争美好生活秩序的追求。竞技体育的内涵和外延不是僵化不变的，随着人类社会的进步不断丰富和发展。现代意义上的竞技体育以规则标准化、计量精确化和目的功利化等特点，从体育中独立出来成为高度职业化和专业化的领域，其功能也不再仅仅局限于强身健体、塑造公正的社会秩序，而是具备了复杂的经济、政治、外交等多种功能，成为推动经济社会发展和衡量不同国家综合实力的重要动力和标志。现代竞技体育是资本主义工业文明的产物，资本主义大工业为竞技体育的专业化、职业化和全球化发展提供了坚实的物质基础和技术准备。竞技体育借助电视互联网等先进传播技术手段和跨国企业的力量，竞技体育竞赛项目更为一致，竞赛规则体系标准化程度更深，竞赛传播范围更广、更为便捷。竞技体育“身体语言”的特点和规则国际通约性、结果国际可比性的特征，使得世界各国普遍加大了对竞技体育的重视和支持力度。另外，系统化发展趋势也使得竞技体育竞争更为激烈，成为国家综合实力和科技实力的较量。

现代奥林匹克运动会是目前世界上影响最广、水平最高、规模最大的综合性竞技体育运动会，奥林匹克宪章和宗旨致力于推动世界和平进步和人的全面发展，国际奥委会成员涵盖 206 个国家和地区，超过了联合国 193 个成

员国、2 个观察员国的规模，现已在世界四大洲 18 个国家的 23 个城市举办了 31 届夏季奥运会（其中，一战和二战时期停办了 3 届），包括中国、美国、日本、俄罗斯和欧洲诸国在内的世界主要大国无不高度重视奥运会的重大意义。奥运会现代化和竞技体育现代化紧密相关，奥运会作为最高水平的竞技体育平台不可避免要顺应竞技体育最新发展态势要求，现代奥运会也呈现出全球化、市场化相互交织的发展格局。奥运会现代化历程深受国际政治格局的影响，甚至成为冷战期间美苏争锋的前沿阵地和国际恐怖主义势力袭扰的目标。目前，美俄之间围绕竞技体育的国际竞争仍然没有停息，兴奋剂、人权和地缘政治时常成为不同国家利益集团抵制包括奥运会在内的国际竞技体育竞赛的借口和理由，但是政府支持和国际形势始终是奥运会能否顺利举办的关键因素。奥运会现代化进程中，尽管国际奥委会借助市场的力量获得了财务独立，增强了在国际政治中的谈判能力，但是又深受过度商业化的侵害，导致兴奋剂泛滥成灾、查禁兴奋剂成本居高不下，损害了运动员权益和公平竞争的奥运精神。另外，经济全球化、政治多极化和文化多样化趋势也要求奥林匹克治理更加民主化，改变国际奥委会为少数西方发达国家把持、奥运会主要在发达国家城市举办的格局。总之，在全球化时代，起源于西方资本主义工业文明的现代竞技体育和奥运会已经获得广泛的世界影响力，奥运会已经超越传统体育领域而成为反映国家综合实力和社会文明进步的重要标志。

二、举国体制是中国竞技体育实现“奥运争光”战略的致胜法宝和基本经验

现代竞技体育和奥运会发展历程表明，国际竞技体育和奥运会同国际政治存在着密切的联系，竞技体育和奥运会的国际通约性主要表现在竞赛规则的一致性，即所有参赛国家和地区的运动员都要在相同的规则下公平竞赛，但是包括奥运会在内的国际竞技体育项目设置和竞赛规则制定本身则是由西方发达国家主导制定，代表特定国家的特殊利益对不同社会制度和不同发展阶段国家又是不公平。竞技体育和奥运会本质上归属于大文化范畴，具有意

识形态属性和政治功能，但是竞技体育中关于运动训练规律的部分，则属于人体运动科学的范畴，因此并不存在社会主义的田径和资本主义的游泳之分。但是在资本主义和社会主义两种制度条件下竞技体育的发展目的和发展方式具有较大差异，进而决定了不同社会形态国家竞技体育管理制度和政策不尽相同。另外，历史文化传统和竞技体育发展规律也是影响竞技体育管理制度的重要因素。总之，竞技体育管理制度作为国家基本政治经济制度在竞技体育领域的具体体现，从根本上受制于国家经济社会水平和竞技体育自身发展规律。世界上既没有完全相同也没有十全十美的竞技体育发展制度，各国应根据各自国情选择符合实际的政策和制度。

中国竞技体育举国体制是在学习借鉴苏联经验基础上逐步确立并完善的，大致可以划分为四个主要阶段，即 20 世纪 50 年代雏形显现，80 年代基本定型，90 年代更趋成熟，21 世纪改革完善。在不同阶段各有所侧重，20 世纪 50 年代举国体制初步确立的主要标志是 1952 年成立了“中央人民政府体育运动委员会”，为此后建立从中央到地方的体育行政体制奠定了制度基础；80 年代基本定型的主要标志是 1984 年国务院颁布《关于进一步发展体育运动的通知》，明确了举国体制“全国一盘棋”“国内练兵、一致对外”的基本思路和主要理念及举措；90 年代举国体制更趋成熟的主要标志是 1995 年《体育法》和《奥运争光计划纲要》的颁布，举国体制开始出现在领导人讲话和官方文件；21 世纪举国体制进入改革和完善时期主要标志在于成功举办北京奥运会后，全面推进体育强国战略和全面建成小康社会对竞技体育提出新的更高要求。竞技体育举国体制始终围绕“国家利益至上性”和竞技体育“为国争光”职能，以政府行政手段为主集中配置全国竞技体育资源以在奥运会取得优异成绩为主要目标的政策、制度和机制的总和。根据国家面临的形势和时代主题的转换，20 世纪 50 年代为打破西方政治孤立和粉碎“两个中国”阴谋，中国选择学习借鉴苏联经验做法成立专门行政机构、组建国家集训队参与奥运竞争，初步意识到竞技体育的政治和外交价值；80 年代为向世界展示改革开放中国的和平国际形象和取得优异奥运成绩以振奋民族精神，突出了竞技体育“为国争光”的属性并明确了举国体制的基本理念；90 年代以来为成功筹办北京奥运会强化了举国体制，首次以法律的形式明确了国家发展竞技体育的责任，并形成了完备的“奥运争光计划纲要”；21 世纪以来，北京奥运会的成功经验和建设体育强国战略的现实需要，让“坚持和完善举国体制”成为竞技体育改革发展的主旋律。60 多年来，举国体制运行的制度环境发生了深刻的变化，我国经历了由计划经济体制向社会主义市场经济体制的转轨，竞技体育职业化和全球化发展趋势也削弱了其政治功能，奥运会也在全球化过程中面临商业浪潮的冲击和民主化改革的迫切需求，但是举国体制为国争光的核心职能始终没有变，党的领导和社会主义发展方向始终没有变。2008 年北京奥运会前后，关于举国体制的争议和质疑达到高潮，焦点在于举国体制形成于计划经济难以适应社会主义市场经济体制改革需要，但其实质在于通过夸大举国体制的弊端达到否定社会主义“集中力量办大事”制度优势的目的。兴奋剂的泛滥和拜金主义对竞技体育的侵蚀是全世界面临的共同问题，并不是举国体制的必然产物，相反举国体制还在抑制竞技体育过度商业化方面发挥了重要作用。总之，在不同历史时期，从打破西方封锁参加奥运会到实现奥运金牌零的突破，再到成为奥运强国乃至成功举办奥运会，竞技体育在增强民族凝聚力、振奋民族精神、展示国家和平发展国际形象方面发挥了巨大作用，举国体制作为中国发展竞技体育的制度设计和政策选择为实现国家利益作出了突出贡献，是中国参加奥运会竞争和成功申办奥运会的制胜法宝和基本经验。

三、坚定走中国特色社会主义竞技体育发展道路自信

中国参与奥运竞争的成功经验，一方面表明世界上并不存在统一的竞技体育发展模式和道路；另一方面也预示着中国特色社会主义竞技体育发展道路的旺盛生命力，中国已经成功走出了一条不同于西方的竞技体育发展道路。另外，在“西强我弱”总体态势下，实施“奥运争光”战略和竞技体育适度超前发展仍有其巨大的现实意义，更要有坚定不移走中国特色社会主义体育发展道路的自信。新时代中国特色社会主义是党领导人民进行伟大社会

革命的宝贵成果，新时代竞技体育举国体制改革必须高举中国特色社会主义伟大旗帜。构建系统完备、科学规范、运行高效的竞技体育管理体制，实现竞技体育治理体系和治理能力现代化也必须坚持和发展中国特色社会主义，而不是西方化、更不是资本主义化。尽管举国体制面临应对多种所有制结构冲突乏力和利益协调机制不畅通的不足，但是从历史与现实相贯通的宽广视角出发，新旧中国在奥运会上的表现天壤之别，改革开放后的中国迅速实现奥运金牌零的突破，并成功举办了“无与伦比”的北京奥运会。同为发展中国家和世界人口大国，中印在奥运会金牌榜的排名相差悬殊；苏联和美国作为社会主义和资本主义两大阵营的旗手在奥运会金牌榜的排名难分伯仲，继承苏联遗产的俄罗斯在奥运会上却再难以撼动美国地位；冷战结束后，美国长期居于奥运金牌榜首位，只有 2008 年北京奥运会被中国超越而屈居次席。从国际与国内的比较分析来看，中国竞技体育举国体制的历史贡献不容否认，坚定举国体制自信具有深厚的历史根源和现实基础。

改革开放 40 多年来，中国成功走出了一条不同于西方的竞技体育发展道路。中国特色社会主义进入新时代，竞技体育职业化、市场化发展趋势如火如荼，只有坚持举国体制才可以确保竞技体育的发展为实现人的全面发展服务、而不是为少数人追逐经济利益服务；才可以真正推动奥运会民主化改革、全面践行奥林匹克促进世界和平的宪章精神。职业体育作为竞赛表演行业具有巨大的经济价值，但本质上仍属于文化范畴应把社会效益放在首位，举国体制可以更好地发挥政府作用，利用行政手段引导职业体育资源配置，确保职业体育沿着社会主义先进文化前进方向，为社会发展和人的全面发展提供正能量。竞技体育举国体制作为资源配置手段，最早应用于苏联等社会主义国家，但并不是区别社会主义和资本主义的标志，资本主义国家同样可以采用举国体制。中国竞技体育举国体制虽然形成于 20 世纪 50 年代的计划经济时代，但是在社会主义市场经济条件下重新焕发了生机和活力。总之，竞技体育举国体制并不是计划经济和社会主义的专有名词，而是符合中国实际和竞技体育发展规律的制度体系和政策架构，是中国为推动世界对更好社会制度探索贡献的中国智慧和中国方案。

主要参考文献

一、著作类

孙越等:《奥林匹克运动简明百科知识》,青岛出版社 2008 年版。

高翠:《百年中国社会图谱:从“东亚病夫”到体育强国》,四川人民出版社 2003 年版。

曹可强:《体育产业概论》,复旦大学出版社 2015 年版。

董守义:《奥林匹克与中国　奥运会与中国》,文史资料出版社 1985 年版。

高铁英、曹伟美等:《萨马兰奇:IOC 主席的风采》,中国对外贸易教育出版社 1993 年版。

国家体育总局编:《改革开放 30 年的中国体育》,人民体育出版社 2008 年版。

国家体委体育文史工作委员会、中国体育史学会编:《中国近代体育史》,北京体育学院出版社 1989 年版。

胡丁:《NBA 世纪风云》,花城出版社 2001 年版。

黄莉:《中华体育精神研究》,北京体育大学出版社 2008 年版。

郝勤:《完美使命:萨马兰奇与奥运改革》,四川文艺出版社 2002 年版。

刘福林:《体育游戏(修订版)》,北京体育大学出版社 2009 年版。

刘晖:《从“民族救亡”到“民族复兴”——我国近现代体育发展的历史动因》,北京体育大学出版社 2011 年版。

刘湘溶、刘雪丰：《体育伦理：理论视域与价值范导》，湖南师范大学出版社 2008 年版。

卢元镇：《体育社会学》，高等教育出版社 2010 年版。

卢元镇：《中国体育社会学》，北京体育大学出版社 2001 年版。

梁晓龙、鲍明晓、张林：《举国体制》，人民体育出版社 2006 年版。

梁晓龙、杨卫东：《当代中国体育概述》，苏州大学出版社 2012 年版。

毛泽东：《体育之研究》，人民体育出版社 1979 年版。

裴海泓：《体育（第 4 版）》，人民卫生出版社 2008 年版。

《当代中国》丛书编辑部：《当代中国体育》，中国社会科学出版社 1984 年版。

首都体育“三老”联谊会：《人民没有忘记——纪念毛主席题词四十周年集》，人民体育出版社 1992 年版。

邰崇禧等：《奥运冠军南通现象研究》，北京体育大学出版社 2014 年版。

谭华：《体育史》，高等教育出版社 2005 年版。

体育史教材编写组：《体育史（第二版）》，高等教育出版社 1996 年版。

王润斌：《民族主义演进与奥林匹克发展》，北京体育大学出版社 2010 年版。

汪智：《20 世纪的中国·体育卫生卷》，甘肃人民出版社 2000 年版。

伍绍祖：《中华人民共和国体育史·综合卷（1949—1998）》，中国书籍出版社 1999 年版。

徐本力：《21 世纪中国竞技体育》，北京体育大学出版社 2001 年版。

熊晓正、钟秉枢：《新中国体育 60 年》，北京体育大学出版社 2010 年版。

熊文：《竞技体育与伦理》，华东师范大学出版社 2008 年版。

颜绍泸：《竞技体育史》，人民体育出版社 2006 年版。

杨奇虎：《追寻经济正义：竞技体育伦理批判》，中南大学出版社 2015 年版。

张振亭：《奥运潮涌中华魂》，中共中央党校出版社 1996 年版。

中国大百科全书出版社编辑部：《中国大百科全书（体育）》，中国大百科全书出版社 1982 年版。

周西宽：《体育基本理论教材（体育院校通用教材）》，人民体育出版社 2004 年版。

[美]大卫·科兹、费雷德·威尔：《来自上层的革命——苏联体制的终结》，曹荣湘、孟鸣歧等译，中国人民大学出版社 2008 年版。

[德]黑格尔：《精神现象学》，贺麟、王玖兴译，商务印书馆 1979 年版。

[荷兰]胡伊青加：《人：游戏者》，成穷译，贵州人民出版社 1998 年版。

[德]康德：《康德经典文存论种类的特性》，上海大学出版社 2002 年版。

[美]杰·科克利：《体育社会学：议题与争议（第 6 版）》，管兵、刘穗琴等译，清华大学出版社 2003 年版。

[西班牙]胡安·安东尼奥·萨马兰奇：《奥林匹克回忆》，孟宪臣译，世界知识出版社 2003 年版。

[美]罗伯特·基欧汉、约瑟夫·奈：《权力与相互依赖》，门洪华译，北京大学出版社 2002 年版。

二、期刊类

陈培德等：《论“举国体制”的思想渊源和理论基础》，《体育文化导刊》2003 年第 3 期。

崔晓林：《3 年收购 15 家海外足球俱乐部：中国富豪为何爱上“赔钱货”》，《中国经济周刊》2016 年第 33 期。

丁浩、王岗：《解读 NBA 全球化》，《体育文化导刊》2006 年第 4 期。

董虫草：《胡伊青加的游戏理论》，《浙江大学学报（人文社会科学版）》2005 年第 3 期。

董杰：《论奥运会的全球化特征》，《体育与科学》2006 年第 2 期。

范凯斌：《我国优秀运动员结构研究》，《体育文化导刊》2010 年第 8 期。

《冯文彬在全国体育总会筹备会议上的报告》，《新民主主义的国民体育》1950 年第 1 期。

古维秋、刘晖：《关于“奥运三问”真伪的辨析》，《成都体育学院学报》2009 年第 4 期。

韩春利、孙晋海、曹莉：《我国“奥运争光计划”可持续发展的研究》，《体育科学》2004 年第 8 期。

韩丹：《谈“奥运三问”的历史真相》，《体育与科学》2015 年第 6 期。

郝勤：《论中国体育“举国体制”的概念、特点与功能》，《成都体育学院学报》2004 年第 1 期。

郝勤：《选择来自愤怒——1952 年的两岸对峙与中国的奥运之路》，《体育文化导刊》2002 年第 3 期。

郝勤：《论中国体育“举国体制”的概念、特点与功能》，《成都体育学院学报》2004 年第 1 期。

郝勤：《社会主义市场经济与新型“举国体制”的形成》，《体育文化导刊》2005 年第 3 期。

郝勤、任海：《论举国体制与“奥运争光计划”的关系》，《体育文化导刊》2003 年第 12 期。

胡舒立：《“举国体制”淡出正其时》，《领导荟萃》2010 年第 8 期。

胡小明：《“举国体制”的改革》，《体育学刊》2002 年第 1 期。

金太军、周义程：《西式选举民主的病症与病根》，《红旗文稿》2016 年第 17 期。

李滨、陈光：《跨国垄断资本与世界政治的新变化》，《世界经济与政治》2014 年第 6 期。

李海、徐剑：《举国体育体制下的“冠军”之殇》，《科技创业月刊》2014 年第 3 期。

李力研：《竞技体育在中国超前发展的文化机制与社会价值》，《体育与科学》1989 年第 1 期。

李艳翎、郑吾真：《中国竞技体育的利益分析》，《体育科学》2000 年第 5 期。

李元伟等：《关于进一步完善我国竞技体育举国体制的研究》，《中国体育科技》2003年第8期。

梁晓龙:《当代体育运动发展的基本趋势、规律与特点》,《体育文化导刊》2003年第8期。

梁晓龙:《竞技体育举国体制运行中存在的问题及完善对策》,《体育科研》2006年第3期。

刘盼盼等:《习近平主席索契冬奥会之行看体育与外交的相互融合》,《北京体育大学学报》2014年第12期。

卢元镇:《中国竞技体育现行管理体制的制度性代价》,《体育学刊》2010年第3期。

潘宁、丁丽丽:《马克思的异化劳动理论及其当代意义》,《江西社会科学》2010年第3期。

彭杰、童昭岗:《从社会心理层面论北京申奥成功的原因及其影响》,《南京体育学院学报》2003年第5期。

裴长洪:《后危机时代经济全球化趋势及其新特点、新态势》,《国际经济评论》2010年第4期。

祁靖、李静波:《优秀运动员退役再就业政策观念研究》,《山东体育科技》2014年第3期。

秦椿林等:《再论"举国体制"》,《北京体育大学学报》2005年第4期。

任海:《奥林匹克运动的全球化与文化的多样性》,《体育文化导刊》2002年第1期。

邵桂华、满江虹:《"举国体制"下的竞技体育异化现象分析》,《体育学刊》2015年第4期。

沈定珠:《科学地认识和发展中国体育的举国体制》,《体育与科学》2009年第5期。

《是时候告别金牌崇拜、关注全民健康了》,《中国新闻周刊》2016年第31期。

伍绍祖:《中国的体育改革及奥运战略》,《体育文史》1994年第5期。

谢琼桓:《论北京奥运会后中国竞技体育的价值取向和策略取向》,《武汉体育学院学报》2011 年第 6 期。

熊斗寅:《奥林匹克运动面临的挑战》,《天津体育学院学报》1993 年第 4 期。

颜天民:《竞技体育的价值研究》,《体育科学》2000 年第 1 期。

杨桦等:《坚持和进一步完善我国竞技体育举国体制的研究》,《北京体育大学学报》2004 年第 5 期。

于善旭:《对当前使用“举国体制”概念的置疑》,《天津体育学院学报》2002 年第 2 期。

俞吾金:《再论异化理论在马克思哲学中的地位和作用》,《哲学研究》2009 年第 12 期。

张联华:《粉碎国际体育组织中“两个中国”的阴谋》,《体育文丛》1958 年第 9 期。

周爱光:《试论竞技运动在学校体育中的地位与作用》,《中国学校体育》1999 年第 4 期。

周爱光:《现代竞技运动中异化现象的类型分析》,《体育学刊》2000 年第 5 期。

《朱德在全国体育总会筹备会议上的讲话》,《新民主主义的国民体育》1950 年第 1 期。

朱国平:《金牌举国体制改革》,《体育文化导刊》2005 年第 5 期。

后　记

2019年底，新型冠状病毒肺炎疫情肆虐，我足不出户、思虑颇多。大千世界纷纷扰扰自有其亘古不变的规律，人生一世吵吵闹闹又何尝超越过生死名利、功过是非呢。千百年来，人类追问天道、探究人事，成就斐然，制度就是其中璀璨的明珠。在某种程度上，甚至可以说人类文明史也是制度沿革史，制度是衡量判别人类社会发展成熟的重要标尺。此次抗击疫情，中国特色社会主义制度优势淋漓尽致，又尤以“党的集中统一领导”“人民至上”“集中力量办大事”等理念和举措最为世人称颂。反观西方特别是美国，政坛乱象丛生、政府进退失据、政客翻云覆雨，其中最为关键的就是其政治制度的设计严重背离了初衷，在“政治正确”的旗帜下沦为少数精英争名夺利的砝码。美国作为当今世界最发达的资本主义国家，面对类似疫情这样的重大公共卫生事件，其政治制度的缺陷尚且如此不堪，由此管中窥豹，国家制度建设的重要性、长期性和艰巨性不言而喻。2013年11月，中共十八届三中全会首次提出，全面深化改革开放的总目标是“完善和发展中国特色社会主义制度，推进国家治理体系和治理能力现代化”，事实上构建“系统完备、科学规范、运行高效”的制度体系始终是改革开放以来孜孜以求的重要目标，但囿于国际、国内形势的千变万化，中国特色社会主义制度的完善仍然任重道远。

举国体制作为极具中国特色的竞技体育管理体制、机制及经验、做法，集中体现了社会主义“集中力量办大事”的制度优势，其产生和发展具有客观必然性。然而，在举国体制长期运行过程中，伴随着社会主义市场经济体制的改革完善，也暴露出这一体制管办不分、政企不分、难以充分调动社会力量积极性等问题。本书虽然较为客观、全面地梳理了举国体制的历史沿革，肯定了其历史成就，也指出了其存在的局限和不足，但是由于资料、视野的局限和时间条件的紧张，特别是篇章结构布局的实际需要，本书没有具体展开举国体制在运动员选拔、教练员管理、财政拨款、竞赛组织等竞技体育各环节的实际施行情况，最重要的是也没有深入回应新时代如何改革竞技体育举国体制的实际关切，另外，个别史料的考证使用还不够细致。对于这些不足我将在未来的研究著述中予以特别重视解决。

论著从选题到篇章布局直至修订出版离不开导师张星星研究员的悉心指导和大力支持。张老师治学严谨、谆谆教诲、循循善诱让我受益终身，也给予我攀登书山、学海弄潮的激励。“文章千古事，得失寸心知。”此书的写作过程比较顺利，甚至可以说是一气呵成，但是此书的立意构思可以追溯至 10 年前，最初是为博士考试准备的科研计划大纲。在这个意义上，也可谓是十年磨一剑。10 年来，我为攻读博士学位愁肠百结、风雨兼程，幸运的是得到导师指点、勉励；值得高兴的是结识众多志同道合的朋友、同学；遗憾的是华发渐生、成果稀疏；感谢的是至亲、妻女的期许与抚慰，师友家人的陪伴助我坚定信心、砥砺前行。

我写作这部论著时，参考、借鉴、引用了众多学界前辈同仁的研究成果，评审专家的评阅修改意见以及同学们的建议也为它增添了光彩，每念至此深为感谢。由于能力和视野的局限，疏漏、不当之处难以避免，还请学界同仁批评、指正。

李静波

2020 年 6 月